U0917915

本书系河南省高校人文社会科学重点研究基地（2019培育）、河南省高校哲学社会科学创新团队支持计划（2020-CXTD-11）、河南省高校哲学社会科学基础研究重大项目（2019-JCZD-007）、河南省高等学校哲学社会科学研究优秀学者资助项目（2019-YXXZ-08）阶段性研究成果。

大学之道

中华优秀文化的传承与创新读本

靳义亭　主编

中国社会科学出版社

图书在版编目（CIP）数据

大学之道：中华优秀文化的传承与创新读本 / 靳义亭主编．—北京：中国社会科学出版社，2020.9

ISBN 978－7－5203－6997－8

Ⅰ.①大…　Ⅱ.①靳…　Ⅲ.①中华文化—高等学校—教学参考资料　Ⅳ.①K203

中国版本图书馆 CIP 数据核字（2020）第 153385 号

出 版 人　赵剑英
责任编辑　夏　侠
责任校对　夏慧萍
责任印制　王　超

出　　版　中国社会科学出版社
社　　址　北京鼓楼西大街甲 158 号
邮　　编　100720
网　　址　http://www.csspw.cn
发 行 部　010－84083685
门 市 部　010－84029450
经　　销　新华书店及其他书店

印　　刷　北京明恒达印务有限公司
装　　订　廊坊市广阳区广增装订厂
版　　次　2020 年 9 月第 1 版
印　　次　2020 年 9 月第 1 次印刷

开　　本　710×1000　1/16
印　　张　14.5
插　　页　2
字　　数　202 千字
定　　价　86.00 元

前　言

习近平同志指出："弘扬中华优秀传统文化，要处理好继承和创造性发展的关系，重点做好创造性转化和创新性发展。创造性转化，就是要按照时代特点和要求，对那些至今仍有借鉴价值的内涵和陈旧的表现形式加以改造，赋予其新的时代内涵和现代表达形式，激活其生命力。创新性发展，就是要按照时代的新进步新进展，对中华优秀传统文化的内涵加以补充、拓展、完善，增强其影响力和感召力。"对中华优秀传统文化的传承发展需要与时俱进，这是时代赋予我们的责任，是时代的呼唤。这对于提升我国的文化软实力、文化自信，践行社会主义核心价值观具有重要的现实意义和历史意义。

本书内容包括四部分，主要是：第一章，阐述中国传统文化、中华优秀传统文化的内涵及研究背景、如何对待中华优秀传统文化、学习中华优秀传统文化的意义和方法、中华优秀传统文化的创造性转化和创新性发展研究综述。第二章，中华优秀传统文化的时代价值。它是文化强国的历史支撑，是社会主义核心价值观的营养源泉，是以德治国、以文化人的根本，促进人与自然和谐共生，促进和谐社会、和谐世界的构建。第三章，以科学的态度对待中华优秀传统文化。坚持唯物辩证法的扬弃观，毛泽东的"文化扬弃论"，反对文化复古主义、文化虚无主义、文化功利主义错误思潮，坚持"创造性转化、创新性发展"方针，传承发展中华传统文化。第四章，中华优秀传统文化创造性转化和创新性发展的途径。

目　录

第一章

绪　　言

第一节　中国传统文化的内涵及研究背景

一　中国传统文化的内涵

（一）中国传统文化、中华优秀传统文化的内涵

中华，中者，即是指中原河洛地区（河，黄河；洛，洛水、洛阳）。因其在四方之中，以区别其他四方而称为中国（古代“中国”与“中原”同义）。后随着历史的演化与融合，因此凡属于中华文化范畴的皆属中国。

华者，初源于华胥氏（位于华山之西，今西安市蓝田华胥镇）。《列子·黄帝》有载，华胥生男名“伏羲”，生女名“女娲”，伏羲、女娲生子少典。《国语·晋语》载：“昔少典娶于有蟜氏，生黄帝、炎帝。”故而，华胥正是炎黄之祖也。

中国台湾历史学家姚荣龄先生认为“中华”源于永济，“中”指太行山脉的中条山，“华”指秦岭山脉的华山的论断。正由于鹳雀楼立晋望秦，西为华，东为夏，正好坐落在华夏历史坐标的中点上。

顾实在《华夏考源》一文中，认为“胥、疋、雅、夏古字相通，华夏即华胥也。……华胥特为华夏，遂为吾种族之名”。章太炎在《中华民国解》中说：“大略说我国古代以‘夏’为族名，以‘华’为国名。又说‘夏’从夏水得名，‘华’从华山得名。”

徐旭生在《中国古史的传说时代》中认为，中国古代部族的分野，大致可分为华夏、东夷、三苗三大集团。华夏集团地处古代中国的西北，主要由炎帝和黄帝所代表的部落组成。他在该书中还论证了秦岭在古代通称华山，而汉水古名曾称夏水。

“古史辨”派认为，“华”与“夏”古字相同，“华”即是“夏”，“夏”即是“华”。故华夏之“夏”，一为中国人说，夏字像舞蹈者；二为大禹治水说，夏字像农夫治畦；三为图腾族徽说，夏字像蝉或爬虫；四为夏水说，族名取自水名，而夏水位于雍梁之际，古夏水自然发源于秦岭腹地；五为夏国说，先有夏国，后有夏人之称。这些认识都已接近“华夏”所指的本原。

“中国传统文化”这一概念中的“中国”指的是我们民族文化形成的摇篮，既是地理概念，也是文化概念。地理概念是指中国的版图，文化概念是指整个中华儿女精神家园。在古代，中国与“中华”“中夏”“中土”“中州”含义相同，最开始是指天下之中央，后逐渐延伸为统治所及的区域。上古时期，华夏族（古汉族自称）建国于黄河流域，自认为居于天下之中央，故称中国，而将周边地区称为四方或四夷。《诗经》说：“民亦劳止，汔可小康。惠此中国，以绥四方。”《庄子》载：“吾闻中国之君子，明乎礼义而陋于知人心。”均为此义。秦汉以降，以汉族为主体的大一统中央政权建立，“中国”的内涵随之拓展，但直至隋唐乃至以后，“中国”仍指定都中原的王朝。自元代开始，自称其统治所及区域为中国，明清沿袭此称谓。中国版图在历史上多有伸缩，至清乾隆年间大体奠定了现在的领土范围。① 中华民族是中国传统文化的创造主体，中国传统文化实际上就是中华民族的文化，它是中国境内由华夏族演绎而来的汉族及55个少数民族的总称。在漫长的历史岁月里，随着疆域的扩大，社会的发展，境内各民族间联系纽带日益强化，民族共同体诸要素（共同语言、共同地域、共同经济生活以及表现于共同文

① 赵洪恩、李宝席：《中国传统文化通论》，人民出版社2002年版，第4页。

化上的共同心理素质）渐趋完备。至近代，整体意识、族群观念更加自觉，“中华民族”遂成为包括中国境内诸民族的共同称谓。也就是说，传统文化是在华夏这片土地上以各个民族为主体所创造的文化的总和，既包括中国汉族的文化，也包括少数民族文化以及佛教文化等。

从“中国传统文化”中的“传统”，从文化社会学的角度诠释，是指世代传承的具有自身特点的社会历史因素，如风俗习惯、伦理道德、制度规范等，是历史延传下来的思想文化、制度规范、风俗习惯、宗教艺术乃至思维方式、行为方式的总和，具有时间上的历史性、延续性以及空间上的拓展性和权威性的特点。从历史学的角度诠释，“传统”是指在历史的基础上稳定起来，又随着历史的发展而不断变迁的。传统文化是历史的产物，但它并不是博物馆里的陈列品，毫无改变地保存着并传给子孙后代，而是具有强大生命力的东西。传统是需要在稳定中延续的，不过没有发展与变迁就谈不上传统了。并不是所有在历史上出现过的文化都可称为传统文化。只有那些具有重要价值、具有生命活力的文化得以积淀、保存、延续下来，成为后世文化的主要组成部分。

文化有广义和狭义之分。广义的“文化”，指人区别于动物，人类社会区别于自然界的本质特征，是人类卓立于自然的独特生活方式，是人类生活的总和，包括精神生活、物质生活和社会生活等极其广泛的方面。狭义的“文化”，则是排除了人类社会历史生活中关于物质创造活动及其成果的部分，即只包括精神创造及其成果，是意识、观念、心态和习俗的总和。本书研究“中国传统文化”，其中“文化”以狭义文化为论述范围，探讨精神创造领域的文化现象，主要包括制度层面（即人类在社会实践中建构的各种社会规范、典章制度）、行为层面（即人类在交往中约定成俗的习惯定式，以礼俗、民俗、风俗形态出现的行为模式）、观念层面（即人类在社会实践和意识活动中化育出来的价值取向、审美情趣、思维方式）的文化。

我们将这些具有重要价值、具有生命活力因而得以积淀、保存、延续下来的文化称为传统文化。传统文化是历史的结晶，但它并不只是博物馆里的陈列品，而是有着鲜活的生命。传统文化所蕴含的、世代相传的思维方式、价值观念、行为准则，一方面具有浓厚的历史性、遗传性，另一方面具有强烈的现实性、变易性。中国传统文化已成为人们生活中不可缺少的一部分，体现在广大人民的言、行、思中。我们每个人每天都生活在中国的文化传统之中，我们观赏名胜古迹，朗诵诗词歌赋，欣赏琴棋书画……我们始终以自己的言语、行动和思维直接或间接地显示出这个传统或优或劣的特色，包括人民的衣食住行、人际关系、价值观等。例如，2003 年非典时期，2008 年的抗冰雪灾害和四川汶川大地震，全国军民万众一心、众志成城，一方有难八方支援，共渡难关，体现了我们传统文化的爱国主义精神和强大的民族凝聚力。这些都说明了中国传统文化作为历史的积淀，仍然保留在中华民族中间，不论何时何地，它都在制约、影响着当今的中国人。不论是从纵向分析，还是横向来看，传统文化主要指中国传统社会中民族的整体生活方式和价值系统，除儒家、道家、法家和佛教学说外，还包括自然科学、人文科学的各个门类，如艺术、法律、哲学、道德等，以及历史、地理、文物、书法、服饰、陵墓、医学、天文、农学等古籍文书。就性质而言，它是中华民族赖以长期发展、不断进步的精神支撑和智力支持；就结构而言，它是包括物质文化、制度文化和思想文化等层面在内的完整系统；就内容而言，它是以汉民族文化为主体并包括各民族文化在内的多元一体（中华民族）的文化；就思想学术发展的历程而言，它是包括先秦子学、两汉经学、魏晋玄学、隋唐佛学、宋明理学、清代朴学和新学等不同发展阶段的文化实体；就学术流派而言，它是包括儒家、道家、墨家、法家、佛家、阴阳家、兵家、名家、杂家等在内的诸子百家分途发展而又相互碰撞交流吸收的结果；就载体而言，它包括经史子集之类的典籍和风俗习惯、生活方式等；就民族性而言，它是前后相继、不断发展，体现民族智慧的重要载体；就历史发展阶段而言，主要指我国传统社会的文化，到清朝晚期之前的文化；就价值取向而言，是以中华民族精神为核心，以爱国主义为导向，蕴含团结统一、贵和尚中、守成创新、以人为本的一整套价值理念的整合。总之，中国传统文化是指在历史发展过程中，在中国华夏民族的这片土地上以各个民族为主体创造的，中国人世代传承的，至今仍有影响的文化；是在历史发展中具有稳定形态且不断发展延续的文化；是人们生活的一部分，体现在广大人民的言语、行动、思维中的文化。

关于“中国传统文化”的内涵，学术界一向有不同的看法。从时间方面，有观点认为，“传统文化”是在过去的一个很长历史进程中形成和发展起来的，是指周秦至清中叶这三千多年历史中形成并发展起来的文化。另一种观点则认为，“传统文化”是指从过去一直发展到现在的东西，还有学者认为，“传统文化”不仅包括封建时代的文化，而且还包括近代文化和五四以后的新文化。在内容方面，有观点认为，“传统文化”是指根植于自己民族土壤中的稳态的东西，但又有动态的东西包含其中，是过去与现在交融的过程，渗入了各时代的新思想、新血液。有学者提出，“传统文化”不仅表现在各种程式化了的理论形态方面，而且更广泛地表现在人们的风俗习惯、生活方式、心理特征、审美情趣、价值观念等非理论形态方面。从根源上讲，有的学者认为，“中国传统文化”不是一源分流，而是殊途同归，是各种文化的大融合。这些观点都从不同方面和不同角度对中国传统文化的含义做出了有益的探索。

笔者认为，中国传统文化是指从远古至晚清，即1840年鸦片战争以前的历史进程中形成和发展起来的、根植于中国疆域以中华民族为创造主体的、具有鲜明特色和稳定结构的、世代传承并影响整个社会历史的宏大文化体系。我们强调：

第一，中国的。中国传统文化强调的是中国的文化，是中华民族的文化，而不是他国、其他民族的文化。它是中华民族在特定的历史时期、地域空间范围内，在特定的政治、经济、习俗等方面的条件下，创造出来的文化成果。它的创造主体是中华民族，是中华民族在特殊的自然环境、经济模式、政治结构、意识形态等方面的作用下所形成的文化习惯和文化积淀。它存在于中华民族的思维模式、价值观念、知识结构、伦理规范、行为方式、审美情趣、风俗习惯等主题形式中，经过数千年的演绎和扬弃，已深深融进中华民族的思想意识和行为规范之中，成为制约社会历史发展、支配人们思想行为和日常生活的强大力量。2014 年 4 月 1 日，习近平在比利时布鲁日欧洲学院的演讲中指出：“2000 多年前，中国就出现了诸子百家的盛况，老子、孔子、墨子等思想家上究天文、下穷地理，广泛探讨人与人、人与社会、人与自然关系的真谛，提出了博大精深的思想体系。他们提出的很多理念，如孝悌忠信、礼义廉耻、仁者爱人、与人为善、天人合一、道法自然、自强不息等，至今仍然深深影响着中国人的生活。中国人看待世界、看待社会、看待人生，有自己独特的价值体系。”

第二，传统的。传统文化是相对当代文化而言，传统代表过去，传统代表历史，传统是相对于现在、相对于当代而言的，它代表过去，代表历史。社会在不断进步，历史在不断发展。但它不仅仅存在于过去和历史当中，随着后世的继承、发扬、创新，以史为鉴、传承文明是当代的宝贵财富和文化发展的历史趋势。中国传统文化是上下五千年中华民族所创造的灿烂文化，是珍贵历史文化遗产。中国传统文化是一个民族的根，一个民族的标志，也是一个民族的骄傲，中国传统文化就像牛顿所说的“巨人的肩膀”，我们要想看得更远、做得更好就必须站在这巨人的肩膀上。

第三，传承的。中国传统文化是中国历代相传的文化成果。这里的历代指的是从有文字开始，至当代以前的各个历史时期的文化，而各个历史时期所形成的文化不是已经湮灭了，而是能世代相传的，因此，中国传统文化就是中国各个历史时期形成的诸如道德伦理、制度规章、民族风俗等各种文化成果。它是前人所创造的物质财富、精神财富的所有遗存，也就是所谓的历史文化遗产。它是具有历史继承性的历史文化遗产，它是指从同时期的政治、经济关系中分离出来，具有一种跨社会制度、跨越空间、跨越时代，具有传承活性的意识形态，它能够对当代或后代社会的政治、经济制度，对人的头脑，对人们的习俗，对人们的行为道德，对人们的生产方式有着巨大影响的意识形态。

我们将中国传统文化的丰富内涵概括为以下几个方面：

一是自强不息的奋斗精神。孔子说："天行健，君子以自强不息。"自强不息的内涵体现为"夸父追日""精卫填海""大禹治水""愚公移山"等不屈不挠的精神，体现为"因时而变""随时而变""与时偕行""与日俱新"等与时俱进的精神。正是这种入世的人生哲学，培育了中华民族敢于向一切自然与社会的危害和不平进行顽强抗争。中国人自古以来就有不信邪、不怕"鬼"的精神，强调人生幸福靠自己去创造，自信自尊的精神弥足珍贵。中华民族之所以能在五千多年的历史进程中历经挫折而不屈，屡遭坎坷而不馁，靠的就是这样一种自强不息的精神。自强不息是中华民族生生不息的源泉，体现了中华民族勇于进取的精神境界，激励着一代代中国人发愤进取、不懈奋斗。

二是知行合一观。中国儒家文化所讲的"力行近乎仁"，在一定程度上体现了"行重知轻"的认识论思想，这与实践品格具有某种一致性。实践是认识的源泉。尤其在道德养成方面强调道德践履。

三是重视人的精神生活。中国传统文化非常重视人的内在修养与精神世界，鄙视那种贪婪与粗俗的物欲。孟子提出"充实之谓美"，并认为"富贵不能淫，贫贱不能移，威武不能屈"，这是对人格的根本要求，这种传统美德，对现代人格的塑造，也是非常可贵的。

四是爱国主义精神。爱国主义，就是千百年来巩固起来的对自己祖国的一种最深厚的感情，爱国主义，是我们中华民族的优良传统。古人云："天下兴亡，匹夫有责"。在今天，一个国家只有走上现代化，国家才会繁荣富强。而实现现代化，全靠全国人民团结一致，共同奋斗。

五是追求真理，勇于奉献的精神。中国传统文化蔑视那种贪生怕死、忘恩负义、追逐名利的小人。古人在谈到对真理的追求时，认为“朝闻道，夕死可矣”。宣扬“路漫漫其修远兮，吾将上下而求索”的精神。这种对真理的执着、献身精神是推动现代化的强大动力。

六是团结互助、尊老爱幼的伦理规范。古人说：“老吾老以及人之老，幼吾幼以及人之幼。”一个社会只有严于律己，宽以待人，形成团结互助、尊老爱幼的社会风气，社会才能充满温馨与和谐，才能给人带来希望与力量。

（二）中国传统文化的特点

中国传统文化丰富多样，居中心地位的是以儒家伦理道德为核心的，一种以扬善抑恶、以真善美相统一、以文化教化为目的的伦理政治型文化。它是一种德智统一、以德摄政的文化，是带有一种民族的、独特的、重伦理价值取向的特色。中国传统文化具有以下特点：

一是典型的伦理型特征。与世界各国不同，中国是在血缘纽带解体不充分的情况下步入阶级社会的。与之相联系，血亲意识构成了社会意识的轴心，即所谓“六亲”（父子、兄弟、夫妇）、“九族”（父族四、母族三、妻族二）等观念深入人心。血缘观念成为人们心理沟通和感情认同的基础。这种血亲宗法意识在社会上弥漫开来，孕育了一整套特别强调“忠”“孝”的行为规范。“正心、诚意、修身、齐家、治国、平天下”，家国同构，重视人伦，传统文化充满人文精神。

二是具有顽强的生命力和发展创新性。中国传统文化是世界上唯一绵延不绝发展至今的文化类型，是在发展中一脉相承又汇入了我国各民族智慧形成具大生命力的文化体系，犹如万里长江汇集无数涓涓细流一直向前直到大海。正如毛泽东所说：“中国是世界文明发达最早的国家之一，中国已有了将近四千年的有文字可考的历史。”在世界四大文明古国中，中华文明是唯一延续时间最长、未曾中断的文化系统。它不像埃及、巴比伦、印度等文化那样无以后继，更不像古希腊、罗马文化那样中经蹂躏以至荒芜。中华民族自夏代进入文明社会，历经各朝代，传统文化代代相传，经久不衰，这都展现了它所具有的顽强生命力和应变能力，这正是中国传统文化的一个重要特征。中国传统文化不仅在漫长而曲折的过程中顽强地传承下来，而且经历了无数个后人继承前人又发展前人，虚心学习前人又丰富前人，依据时代需求又超越前人，这样一个周而复始、连续不断的接力运动，在历史的长河中不断得到充实、丰富、发展和创新。而这些都付出了几十代人坚持不懈的刻苦努力和巨大心血，才逐步形成、不断补充、不断完善成熟起来的，来之不易。

三是具有较强的融合性和凝聚性。中国的传统文化是多元化的。传统中国社会，儒、道、佛等多种派系并存，这就决定了中国传统文化有着汇集百川优势、兼容八方智慧的显著特点。中国地域辽阔，民族众多，各民族在生活方式和文化理念上存在很大的差异。自秦朝建立了统一的中央集权的封建政权以来，各民族之间融合的步伐大大加快，出现了几次大规模的民族融合。中国文化历经艰辛，在数千年的发展中经历了多民族、各地域文化的融合发展，以汉民族文化为主体、以中原文化为核心的中国传统文化，逐渐融合其他少数民族文化和周围地域文化，形成了同一性与多样性相结合的发展态势。同时，中国传统文化对于外来文化有着宽厚的包容性和强大的同化力。比如，西方的佛教、基督教、伊斯兰教，各国的天文、地理、建筑、艺术、舞蹈、绘画等，还有西方自然科学的大量涌入，都被中国所接纳，融入中国传统文化之中，并使之中国化。比如，佛教在中国的传播就是典型的例证。在两汉之际，佛教作为一种异质文化传入中国后，经过长时期的排斥、磨合、同化，最后在中国扎下根，为广大中国人所普遍接受，成为中国传统文化的一个重要组成部分。中国传统文化在经过融合、包容其他文化后形成的新文化，并不是分散的、凌乱的，而是凝聚成了中华民族特有的精神文化，一股强大的民族凝聚力。尤其表现在“爱国主义”“自强不息”“天下为公”等精神上。正是中国文化以其海纳百川的胸怀与气魄，接受来自世界各地的先进文明，形成中国特色的文化，形成强大的民族凝聚力，才会生生不息，延续至今。

四是既具有民族性，又具有世界性。每个国家和民族都有自己的传统文化，这种文化体现了国家和民族的历史发展、民族内质和思想精髓，具有区别于其他国家和民族的特点。中国的传统文化渗透着古老东方民族的睿智与特色，具有鲜明的中华民族性。越是民族性的东西越具有世界性，越具有全球性。确实如此，各国的传统文化不是一成不变的，是随着各个国家民族在相互的交往活动中，相互学习、相互吸收而不断充实发展自己。随着漫长的历史交往，各个国家民族的文化逐步成为多元统一体的全球文化。如果失去了民族性，就谈不上世界性和全球性。因为世界本身就是一个多元化的统一体，离开多元化、统一体也就没有存在的价值了。中国传统文化蕴含的文化软实力资源必将随着世界文化的交融而走向世界面向全球。如今中国很多非物质遗产已经在世界上广泛传播，并得到世界人民的认可。“己所不欲，勿施于人”被誉为处理国家间关系的黄金法则受到世界人民的普遍赞同。

五是传统文化具有两面性。中国传统文化维系了伟大中华民族延续几千年而不衰，我们应该充分肯定其中的精华部分，中国优秀的传统文化具有独特的东方内质与形态，是经过千百年的浸润、融合、撞击超越了时代局限性而沉淀下来的珍品，但它不是博物馆里的古董，而是有着鲜活生命的东西。正如习近平总书记在讲话中指出：“我们要善于把弘扬优秀传统文化和发展现实文化有机统一起来，紧密结合起来，在继承中发展，在发展中继承。”但同时，也要看到它的历史局限性，摒弃其中的糟粕。封建性和等级性正是传统文化的缺陷和不足之处。中国传统文化的核心是儒学。儒学因与皇权结合而政治化，成为为封建统治服务的工具。它的主要表现是封建专制主义思想和封建宗法等级制度，以君权、父权、夫权为核心的等级制度和人身依附关系，官本位思想和重男轻女观念，这都严重影响和禁锢了中国人的头脑。所以，真正做到“取其精华，弃其糟粕”，这对继承和发扬传统文化具有至关重要的作用。我们应该熟悉民族的传统文化，研究民族的传统文化，尊重民族的传统文化，真正做到取其精华，弃其糟粕，继往开来，综合创新，使中华文明在新的千年放射出新的光彩，走在人类文明的前列。

（三）中国优秀传统文化的内涵

“中国优秀传统文化”属于“中国传统文化”的范畴，是“中国文化”的重要内容。但是，究竟何谓“中国优秀传统文化”，人们往往没有一个确切、明晰的概念界定。从20世纪80年代以来这么多年的中国传统文化研究过程中，问世的论著可谓汗牛充栋，但对于“中国优秀传统文化”的内涵却缺少充分的揭示[①]。

张岱年先生认为：“中国文化的优秀传统有丰富的内容，其中最主要的是两个基本思想观点：一是人际和谐，二是天人协调。”“这类优秀传统文化在今天应该得到进一步的阐扬。”[②] 古代唯物主义与无神论传统、辩证思想、人本思想、坚持民族独立的爱国传统，都是“中国文化中的优良传统”[③]“中国文化的优秀传统的核心是关于人生意义、人生价值、人生理想的基本观点，可以称为人本观点”[④]。天人合一、知行合一、以和为贵等，也是中国文化优秀传统中的精湛思想，但最重要的是关于人们道德自觉性的思想，“这确实是传统文化的精华”[⑤]。

李宗桂认为，优秀文化传统应当具备的特征是：反映中国文化

---

① 李宗桂：《试论中国优秀传统文化的内涵》，《学术研究》2013年第11期。

② 张岱年：《传统文化的发展与转变》，《光明日报》1996年5月4日。

③ 张岱年：《中国古典哲学中的优良传统》，《高校理论战线》1993年第1期。

④ 张岱年：《中国文化优秀传统的生命力》，《中国文化研究创刊号》1993年。

⑤ 张岱年：《传统文化的精华》，《张岱年全集》第七卷，河北人民出版社1996年版。

健康的精神方向；能够鼓舞人们前进，无论是在历史上还是在当代中国文化的建设中，都具有激发民族自信心和自豪感的作用；具有民族文化认同功能；具有历史继承性和稳定性；是中华文化的活精神，在今天仍然具有强大的生命力。优秀文化传统在当代的主要表现是：自强不息的奋斗精神，和谐统一的博大胸襟，崇德重义的高尚情怀，整体为上的价值取向。[①] 同时，中华民族精神“是中华文化优秀传统的集中体现”，其主要内容是：爱国主义的民族情怀、团结统一的价值取向、贵和尚中的思维模式、勤劳勇敢的优良品质、自强不息的进取意识、厚德载物的博大胸襟、崇德重义的高尚情怀、科学民主的现代精神。[②] 李宗桂认为，中国优秀传统文化，是指中国传统文化的精华所在、精神所在、气魄所在，是体现民族精神的价值内涵。她在中华民族发展历程中，在中国思想文化发展历史上，曾经起过积极的作用，迄今仍有合理价值，能够为中华文化的现代传承和创新发展起到积极作用，能够促进社会进步和民族发展，主要体现于思想文化的层面。所谓中国优秀传统文化，就是中华民族长期发展过程中形成的、有着积极的历史作用、至今具有重要价值的思想文化，即把优秀传统文化纳入思想文化的范畴，或者说从思想文化的层面发掘传统文化的现代价值。实际上我们所要传承弘扬并创新发展的优秀传统文化，主要是无形的方面，正所谓“形而上者谓之道”也。以爱国主义为核心的中华民族精神，天下为公的崇高理想，“己立立人，己达达人”“己所不欲，勿施于人”的忠恕之道，贵和尚中的和谐思想等，都是无形的精神财富，是生生不息代代传承的中华民族价值观的正能量。今天我们所要弘扬的中华优秀传统文化，要建设的中华优秀文化传承体系，正是从精神内涵的层

---

① 李宗桂：《优秀文化传统与民族凝聚力》，《哲学研究》1992 年第 3 期。

② 李宗桂：《中国文化精神与中华民族精神的若干问题》，《社会科学战线》2006 年第 1 期。

面切入，以思想文化为主导的那些内容和范围。[①] 同时，中国优秀传统文化，应当既包括传统文化，也包括文化传统。如果说传统文化狭义地就是指中华民族在历史上创造的思想文化，那么，文化传统则是指中华民族历史上创造的文化中具有稳定性、连续性和传承性的某种价值观念、行为方式、风俗习惯。传统文化包蕴着文化传统，文化传统是传统文化在精神领域的集中体现。传统文化和文化传统都是历史，都可能具有社会作用的两重性，都可能具有生命力，都可能传承到当代。既关注文化传统，同时也要重视传统文化，对于我们把握中国优秀传统文化的内涵将大有助益。[②]

2013 年五四青年节，习近平总书记在北京大学师生座谈会上发表重要讲话，明确指出，中华优秀传统文化已经成为中华民族的基因，植根在中国人内心，潜移默化影响着中国人的思想方式和行为方式。今天，我们提倡和弘扬社会主义核心价值观，必须从中汲取丰富营养，否则就不会有生命力和影响力。比如，中华文化强调"民为邦本""天人合一""和而不同"，强调"天行健，君子以自强不息""大道之行也，天下为公"；强调"天下兴亡，匹夫有责"，主张以德治国、以文化人；强调"君子喻于义""君子坦荡荡""君子义以为质"；强调"言必信，行必果""人而无信，不知其可也"；强调"德不孤，必有邻""仁者爱人""与人为善""己所不欲，勿施于人""出入相友，守望相助""老吾老以及人之老，幼吾幼以及人之幼""扶危济困""不患寡而患不均"，等等。像这样的思想和理念，不论是过去还是现在，都有其鲜明的民族特色，都有其永不褪色的时代价值。这些思想和理念，既随着时间推移和时代变迁而不断与时俱进，又有其自身的连续性和稳定性。正是我们对中国优秀传统文化的理解。习近平提出："中华文化积淀着中华民族最深沉的精神追求，是中华民族生生不息、发展壮大的丰厚滋养。""中华

① 李宗桂：《试论中国优秀传统文化的内涵》，《学术研究》2013 年第 11 期。

② 同上。

文明源远流长，孕育了中华民族的宝贵精神品格，培育了中国人民的崇高价值追求。自强不息、厚德载物的思想，支撑着中华民族生生不息、薪火相传。”“优秀传统文化可以说是中华民族永远不能离别的精神家园。”中华文化塑造了中华民族自强不息、厚德载物的“最深沉”的精神追求，赋予中华民族生生不息的生命力。

中华传统文化的核心精髓是什么？习近平深刻指出“和”，即和合、和谐、中和的思想。指出“这种‘贵和尚中、善解能容、厚德载物、和而不同’的宽容品格，是我们民族所追求的一种文化理念。自然与社会的和谐，个体与群体的和谐，我们民族的理想正在于此，我们民族的凝聚力、创造力也正基于此，甚至还可以毫不夸张地说，我们中华民族传统文化的精髓也正是在于这种伟大的和谐思想”。在2014年5月的国际友好大会上他又说：“中华民族历来是爱好和平的民族。中华文化崇尚和谐，中国‘和’文化源远流长，蕴含着天人合一的宇宙观、协和万邦的国际观、和而不同的社会观、人心和善的道德观。在5000多年的文明发展中，中华民族一直追求和传承和平、和睦、和谐的坚定理念。以和为贵，与人为善，己所不欲、勿施于人等理念在中国代代相传，深深植根于中国人的精神中，深深体现在中国人的行为上。”习近平同志对“伟大的和谐思想”及内容功能的科学概括，使对传统“和”思想的认识提升到一个新水平。

二 中国传统文化研究的背景

（一）中国传统文化研究的横向宏观背景

中国传统文化对于破解后工业时代难题有吸引力。中国优秀传统文化中丰富的哲学思想、人文精神、教化思想、道德理念等，可以为人们认识和改造世界提供有益启迪。经济全球化在带来社会、经济与技术飞速进步的同时，也带来了道德问题、人文缺失、资源危机、环境问题和一系列人类可持续发展的重大问题。高度发达的技术与不断堕落的精神之间的矛盾是发达国家从工业社会到信息社会所谓的第三次浪潮中非常突出的问题。这个矛盾也使他们把目光转向东方，企图在东方文化里找到一些拯救他们精神文明的东西，东方文化崇尚自然、生生不息、德性实践的和谐色彩和温馨气氛具有很大吸引力。老子及道家思想所蕴含的生存智慧特别是生态智慧，正在得到世界日益广泛的关注和认同，展现出其超越时代、民族和国界的强大生命力，成为一种有着警世、医世、救世功能的普世文化，在当代愈加显示出其独特的价值和魅力。1988 年 1 月，当时全世界曾经获得过诺贝尔奖的得奖人在法国巴黎开了一次会，会议结束时的《宣言》中提到：如果人类要在 21 世纪生存下去，必须回首 2500 年前，去汲取孔子的智慧。"当今世界，人类文明无论在物质还是精神方面都取得了巨大进步，特别是物质的极大丰富是古代世界完全不能想象的。同时，当代人类也面临着许多突出的难题，比如，贫富差距持续扩大，物欲追求奢华无度，个人主义恶性膨胀，社会诚信不断削减，伦理道德每况愈下，人与自然关系日趋紧张，等等。要解决这些难题，不仅需要运用人类今天发现和发展的智慧和力量，而且需要运用人类历史上积累和储存的智慧和力量。世界上一些有识之士认为，包括儒家思想在内的中国优秀传统文化中蕴藏着解决当代人类面临的难题的重要启示。"①

中国传统文化对东亚工业兴起具有影响力。东亚工业的兴起，其有别于西方的现代化模式显示出东方文明的坚实内核，东方文化的内核正是儒家的传统精神，也引起中国传统思想在世界范围内越来越受到重视。日本著名学者岛田虔次教授曾说："儒家思想不仅是中国的精神文明，而且是东亚的精神文明。"1983 年，在召开的第十七届世界哲学大会上加拿大蒙特利尔大学校长高启（C. Cauchy）教授曾说："在过去的一二百年间，由于西方的技术占尽优势，所以在哲学、人文科学方面也就自居先进地位。但如今东方的技术已经

---

① http://www.xinhuanet.com//politics/2014-09/24/c_1112612018.htm，2014 年 9 月 24 日。

赶上来了，甚至有凌驾西方的趋势，现在应该是西方觉醒虚心向东方智慧学习的时候。”加拿大另一哲学家金·法罗（King Farlow）说：“如今应该重新重视东方统一与和谐的智慧。”有学者认为，在后工业化时代，在一个企业内部重视和谐，重视集体的作用和人际关系，就能加强一个企业的外部竞争力，而这种内部和谐的精神正是东方的思想，特别是儒家思想的特点。①

中国传统文化对中国文化软实力有支撑力。中国改革开放以来取得的成绩举世瞩目，中华民族伟大复兴展现出光明前景。伴随着中国和平崛起的历程，中国文化发展战略也日益受到世界关注。毫无疑问，中国传统思想文化对中华民族的民族心理有着深刻的影响，它凝结成中华民族的特殊心理特征，这种心理特征长期影响着这个民族的各个方面，支配着人们的思想和生活态度。就像习近平总书记在纪念孔子诞辰2565周年国际学术研讨会上的讲话中所指出的那样：“儒家思想同中华民族形成和发展过程中所产生的其他思想文化一道，记载了中华民族自古以来在建设家园的奋斗中开展的精神活动、进行的理性思维、创造的文化成果，反映了中华民族的精神追求，是中华民族生生不息、发展壮大的重要滋养。中华文明，不仅对中国发展产生了深刻影响，而且对人类文明进步作出了重大贡献。”因此，如何对待自己的传统文化，实现传统文化的现代化，发展中国特色社会主义文化，发挥文化软实力构筑文化强国，是中国传统文化受到世界关注的又一重要原因。就像习近平明确提出的那样：“在确立人类社会普遍的道德规范方面，中华文化有其优长之处。”认为中华文化中包含着许多为人类所共同遵循的普遍性的生存智慧。“老子、孔子、墨子、孟子、庄子等中国诸子百家学说至今仍然具有世界性的文化意义。”指出这些“思想家上究天文、下穷地理，广泛探讨人与人、人与社会、人与自然关系的真谛，提出了博

---

① 汤一介：《论中国传统文化》，《中国文化书院演讲录》（第一集），生活·读书·新知三联书店1988年版。

大精深的思想体系”。强调老子、孔子等人的思想中包含了许多正确反映人与人、人与社会、人与自然和谐生存发展规律的真理性认识，这些思想“思考和表达了人类生存与发展的根本问题，其智慧光芒穿透历史，思想价值跨越时空，历久弥新，成为人类共有的精神财富”。

（二）中国传统文化研究的纵向历史背景

自19世纪90年代提出中学为体、西学为用的“中体西用”以来，百多年来中国文化所存在的“中西古今”之争，在这个历史发展的纵线上，对中国传统文化的估价、中西文化的比较研究以及中国文化如何发展等问题被历史性地提了出来。著名学者汤一介先生认为在这个问题上存在两种偏向：一种观点认为“中西”之争都是“古今”之争，全盘西化派大都持此种看法；另一种观点认为“中西”之争都不是“古今”之争，国粹派大都持此观点。在当时的争论中，“中西”之争确有“古今”的问题，例如要不要“科学与民主”的问题，“三纲五常”“三从四德”等是否适合现代社会的要求以及维护专制制度的礼乐制度是否合理等，这些问题是要不要走出“前现代”、是“古今”之争的问题，是属于时代性的问题。但并不是“中西”问题都和“古今”问题有关，例如在中国传统哲学中的“天人合一”“知行合一”“情景合一”“以德抗位”“和为贵”“和而不同”等问题，特别是以内在超越为特征的人的主体意识，这些问题并不因其与西方文化不同，也不因时代的变迁而失去意义，它们完全可以随着我们民族文化的发展而“苟日新，日日新，又日新”。因此，我们可以说，正是中国文化中有这些深远意义的思想观点和对这些观点在不同历史时期新的诠释，我们的民族文化才可以在现代文化发展的总趋势中发挥特殊的积极作用。今日之世界联系非常密切，无论哪一个国家或民族都不能不关注当今人类社会所面临的共同问题，这就是“和平与发展”的问题，所以世界文化只能是在全球意识下在文化多元化的进程中得到发展。“全球意识”这是个时代性的问题，这是一个文化发展的“共性”问题；“文化的多元化发展”是各民族文化所表现的民族特色问题，这是一个文化发展的“个性”问题。在现今任何民族文化的发展都应体现“共性”与“特性”、“时代性”与“民族性”的结合[①]。世界是在人类各种文明交流交融中成为今天这个样子的。推进人类各种文明交流交融、互学互鉴，是让世界变得更加美丽、各国人民生活得更加美好的必由之路。正确对待不同国家和民族的文明，正确对待传统文化和现实文化，是我们必须把握好的一个重大课题[②]。

（三）中国传统文化研究的现实背景

中国经济的快速发展使国人看到中华民族伟大复兴的美好前景，但众多的社会道德问题、精神家园的失落问题也在一定程度上唤醒了心灵深层的传统文化基因。不少人有这样一个幻觉，以为只要中国还在，中国人还在，普通话还在，关于中国的学问和文化遗产还在，中国的传统文化就还安安稳稳地存在着。但现在的问题在于，中国传统文化活生生地存在着，但是就要被我们遗忘了，中国传统文化的主流正面临无以为继的重大危机。鸦片战争失败使国人对自己的器物产生怀疑；甲午战争的惨败使国人对自己的制度产生怀疑；巴黎和谈的屈辱让国人对自己的思想也开始怀疑！对中国屹然存在两千多年的传统文化采取了全盘否定的态度，国魂此时经历第一次浩劫。中华人民共和国成立后，特别是改革开放后，西方文化大量涌入中国，在 1992 年经济体制改革后，我国引入了竞争机制，传统文化没有适应市场经济，竞争力下降，受到了更大冲击，衰败的速度加快。弘扬传统文化迫在眉睫！中国传统文化正逐渐被西方同化。要知道国家灭亡了不可怕，可怕的是民族失去国魂，失去几千年来相互传承的核心价值体系。拾起国人的

---

① 汤一介：《略论百年来中国文化上的中西古今之争》，《中国文化研究》2001 年第 2 期。

② http：//www. xinhuanet. com//politics/2014 - 09/24/c_1112612018. htm，2014 年 9 月 24 日。

精神食粮比基础设施建设更重要；重塑国人的核心价值观比 GDP 增长的高能消耗更有意义；扬弃传统精神文化，树立中国特色的新文化精神，学习老祖宗的优秀品质和天人合一精神比盲目照搬摄取西方文化更有意义！

2013 年 11 月下旬，习近平在考察曲阜孔府、视察孔子研究院时指出，“我这次来曲阜，就是表明中央对传统文化的高度重视”，“山东是齐鲁文化发祥地，是孔孟之乡，也是墨子、孙子、荀子等古代思想家的故里，在弘扬中华民族传统美德方面资源丰富”①。作为一次对传统寻根问道的文化之旅，中国共产党领导人首次在孔子家乡，以最鲜明的姿态和话语表明了对孔子、儒学和中华文化的敬重、热爱与深刻理解，对中华优秀传统文化作出了空前高度的评价，大大提高了中华文化在中华民族复兴大业中的地位和人们对传承优秀传统文化重要性的认识。2014 年 9 月 24 日，国家主席习近平出席纪念孔子诞辰 2565 周年国际学术研讨会暨国际儒学联合会第五届会员大会开幕会并发表重要讲话，讲话中指出：“儒家思想同中华民族形成和发展过程中所产生的其他思想文化一道，记载了中华民族自古以来在建设家园的奋斗中开展的精神活动、进行的理性思维、创造的文化成果，反映了中华民族的精神追求，是中华民族生生不息、发展壮大的重要滋养。中华文明，不仅对中国发展产生了深刻影响，而且对人类文明进步作出了重大贡献。”习近平总书记指出，要重视中华传统文化研究，继承和发扬中华优秀传统文化。实现中华民族伟大复兴的中国梦，必须要有中国精神，而中国精神必须在坚持社会主义核心价值体系的前提下，积极深入中华民族历久弥新的精神世界，把长期以来我们民族形成的积极向上向善的思想文化充分继承和弘扬起来，使之为培育和践行社会主义核心价值观服务，为建设社会主义先进文化服务，为党和国家事业发展服务。

---

① 王大千：《走进孔子，习近平总书记表达了什么?》，《孔子研究》2014 年第 2 期。

谈到中国传统文化研究与马克思主义中国化关系，即马克思主义中国化把马克思主义根植于中国的优秀文化之中发展和创新马克思主义。在一定意义上，马克思主义中国化的过程就是马克思主义与中国传统文化交流、冲突、融合和发展的过程。在这个过程中，中国传统文化为马克思主义中国化提供了思想土壤和民族形式，而马克思主义中国化使中国传统文化发生现代化变革。马克思主义中国化研究强调马克思主义的指导地位，正确认识马克思主义与中国传统文化的关系：一是坚持马克思主义的科学学说。“中国共产党人是马克思主义者，始终坚持马克思主义的科学学说，坚持和发展中国特色社会主义”。中国共产党是马克思主义政党，中国共产党人“是坚定的马克思主义者，我们党的指导思想就是马克思列宁主义、毛泽东思想和中国特色社会主义理论体系”①。历史已经证明，马克思主义揭示了人类社会历史发展的一般规律，它的基本原理是正确的，具有强大的生命力。马克思主义连同马克思主义中国化的所有理论成果一起，永远是中国共产党的行动指南和立身之本。习近平多次强调：“革命理想高于天”，“对马克思主义的信仰，对社会主义和共产主义的信念，是共产党人的政治灵魂，是共产党人经受住任何考验的精神支柱”。② 如果放弃了马克思主义的科学学说，中国共产党人也就失去了政治灵魂和精神支柱，也就不再是马克思主义者，中国共产党领导中国人民进行的革命、建设、改革事业就会失败。二是坚持和发展中国特色社会主义。中国共产党人把马克思主义基本原理与中国具体实际有机结合，形成和开创了中国特色社会主义道路。中国特色社会主义是“植根于中国大地、反映中国人民意愿、适应中国和时代发展进步要求的科学社会主义”，是“党和人民长期实践取得的根本成就”，是“科学社会主义理论逻辑和中国社

---

① http：//politics. rmlt. com. cn/2014/1014/328868. shtml，2014 年 10 月 14 日。

② 《十八大以来重要文献选编》（上），中央文献出版社 2014 年版，第 80、116 页。

会发展历史逻辑的辩证统一”，是当代中国发展进步的根本方向。[1]在当代中国，要实现国家富强、民族振兴、人民幸福，既不能走老路，也不能走邪路，只有坚持和发展中国特色社会主义一途，舍此别无他途。这就是朝什么方向走、走什么道路的问题。方向决定道路，道路决定命运。中国向何处去、走什么道路，历史和人民已经作出了选择，这就是中国特色社会主义道路。在对待中国传统文化问题上要坚持和要求运用马克思主义的立场、观点和方法进行分析和辨别，把弘扬中国优秀传统文化与“我们今天的事业”相联系，以为中国特色社会主义的实践服务为根本出发点和落脚点。可以说，“始终坚持马克思主义的科学学说，坚持和发展中国特色社会主义”是我们正确理解马克思主义与中国传统文化关系以及习近平关于中国传统文化一系列重要论述的思想基础和根本前提。只有在这样的基础和前提下，才能理解得全面、准确、深刻，才能避免以偏概全、断章取义、浅尝辄止。抛弃马克思主义、社会主义，推行西方的所谓“普世价值”“公民社会”“三权分立”“宪政民主”“多党竞争”那一套，是对中国特色社会主义的误解和背离，是错误的、有害的；同样，抛开马克思主义、社会主义，主张“完全回到孔子”“以儒治国”“全面儒化中国”等复古主义那一套，也是对中国特色社会主义的误解和背离，也是错误的、有害的。因此，在今日之中国，要弘扬中国优秀传统文化，真正发挥好优秀传统文化“以古鉴今”“古为今用”的作用，不能也不可能离开马克思主义、社会主义这个思想基础和根本前提，马克思主义的指导地位要始终坚持，须臾不能动摇。马克思主义是行动指南和立身之本，中国传统文化则是精神命脉和丰厚滋养，二者不仅有时代性上的差异，也有层次和本质上的区别，不能模糊差异和区别，不能相互替代、不分彼此；另外，二者又互为需要、不可分割。马克思主义为中国传统文化的现代化

---

① 《十八大以来重要文献选编》（上），中央文献出版社 2014 年版，第 73、118 页。

转变提供理论支持和方法指导，而中国传统文化为马克思主义中国化提供文化载体和精神营养。二者辩证统一于中国特色社会主义的伟大事业之中。

中国传统文化研究与社会主义核心价值观。建设社会主义核心价值体系，培育和弘扬社会主义核心价值观，是中国共产党在国际国内形势发生深刻变化、意识形态和宣传思想工作领域面临空前复杂局面的大背景下，为进一步推动马克思主义与中国传统文化的有机结合，从而牢牢掌握意识形态和宣传思想工作领域的主动权、主导权、话语权，提升国家软实力而采取的重大举措。核心价值体系和核心价值观，是决定文化性质和方向的最深层次要素，是文化软实力的灵魂，是一个国家的重要稳定器[①]。2014 年 5 月 4 日，习近平在同北京大学师生座谈时指出："人类社会发展的历史表明，对一个民族、一个国家来说，最持久、最深层的力量是全社会共同认可的核心价值观。核心价值观，承载着一个民族、一个国家的精神追求，体现着一个社会评判是非曲直的价值标准。"历史和现实都表明，"如果一个民族、一个国家没有共同的核心价值观，莫衷一是，行无依归，那这个民族、这个国家就无法前进"。[②] 每个时代都有每个时代的价值观念。在当代中国，我们应该坚守什么样的核心价值观呢？习近平强调："一个民族、一个国家的核心价值观必须同这个民族、这个国家的历史文化相契合，同这个民族、这个国家的人民正在进行的奋斗相结合，同这个民族、这个国家需要解决的时代问题相适应。"[③] 这实际上指明了确立当代中国的核心价值观的两条标准：一是要同中国历史和传统文化相契合，二是要同中国人民正在进行的中国特色社会主义事业和实现中华民族伟大复兴的中国梦的实践相

---

① 《习近平总书记系列重要讲话读本》，学习出版社、人民出版社 2016 年版，第 92、93 页。

② 习近平：《青年要自觉践行社会主义核心价值观——在北京大学师生座谈会上的讲话》，人民出版社 2014 年版。

③ 同上。

适应。培育和弘扬社会主义核心价值体系和核心价值观的要求，正是基于这样的标准提出的。“中国古代历来讲格物致知、诚意正心、修身齐家、治国平天下。从某种角度看，格物致知、诚意正心、修身是个人层面的要求，齐家是社会层面的要求，治国平天下是国家层面的要求。我们提出的社会主义核心价值观，把涉及国家、社会、公民的价值要求融为一体，既体现了社会主义本质要求，继承了中华优秀传统文化，也吸收了世界文明有益成果，体现了时代精神。”[①] 在现代世界，各种社会生活，既有世界性和人类性的一面，也有国家性和民族性的一面；与科学技术活动、经济（器物文化）和政治（制度文化）生活等相比，以道德为核心的价值生活（精神文化）与本国和本民族传统的联系显然是最为紧密的。还有，现代经济生活中的市场体制和政治生活中的民主体制，也具有世界性和人类性。然而，如果要在具体时空中实施市场和民主的制度，显而易见，其涉及的国家性和民族性的程度要远远超过科学技术及其应用。至于以道德为核心的价值生活，当然有其世界性和人类性，如前现代各国家和民族之间的交流和融合，全球化时代各国家和民族之间的模仿和趋同；但是，由于与国家和民族的生活习俗、礼仪举止、价值观念以至心理语言和信仰认同等直接和深度相关，有了这样一个思想史背景，我们就能够更好地理解习近平关于“培育和弘扬社会主义核心价值观必须立足中华优秀传统文化。牢固的核心价值观，都有其固有的根本。抛弃传统、丢掉根本，就等于割断了自己的精神命脉。博大精深的中华优秀传统文化是我们在世界文化激荡中站稳脚跟的根基”[②] 的论断。绝大多数学者坚定地倡导在坚持民族和国家之文化自主性和根基性的基础上充分吸收其他民族的优秀文化，强

① 习近平：《青年要自觉践行社会主义核心价值观——在北京大学师生座谈会上的讲话》，人民出版社 2014 年版。

② 习近平：《在中共中央政治局第十三次集体学习时强调把培育和弘扬社会主义核心价值观作为凝魂聚气强基固本的基础工程》，《人民日报》2014 年 2 月 25 日。

调只有具有坚实、鲜明的中华文化传统的现代化中国，才能自立于世界民族之林，认为只要继续非常自觉地认知、认同、继承中华文明的主要根底，勇于吸收世界其他各种文明的精华来滋养自己，中华民族必定能够复兴。他们之所以坚持这样的观点，与中国近代以来中华民族历经磨难、逐步走向伟大复兴的曲折道路和光明前景密切相关。特别令人欣慰的是，随着改革开放30多年来取得的历史性成就，中国人的文化自觉、自信和自强意识大为增强。因此，在经历了100多年的苦难和奋斗之后，在比历史上任何时期都更接近实现中华民族伟大复兴目标的关键时刻，我们要更加自觉地认识到在全社会牢固树立社会主义核心价值观必须立足中华优秀传统文化的道理。在当今信息化、网络化时代，各个国家、各个民族在频繁交往过程中共创共享人类先进的文明成果，是一种大趋势。但是，由于世界各个民族在发展过程中有着各自特有的历史经历、精神记忆和民族性格，今天又面临着各自特有的生存环境和现实问题，故而世界上供人们享用的文化成果必然兼具多样性，必然会表现出“和而不同”的面貌。我们应该有这样的文化自信：在各种文化的交会、碰撞、交融过程中，中华文化必然，也应该占有不可或缺的重要一席，我们应学会在积极借鉴吸收人类社会一切优秀文明成果的基础上，努力使中华优秀传统文化发挥服务世界和平和谐的巨大作用，为全人类的文明进步做出贡献。

中国传统文化研究与中华民族伟大复兴中国梦。习近平强调，中华优秀传统文化是我们最深厚的文化软实力，也是中国特色社会主义植根的文化沃土。每个国家和民族的历史传统、文化积淀、基本国情不同，其发展道路必然有着自己的特色。一个国家的治理体系和治理能力是与这个国家的历史传承和文化传统密切相关的。解决中国的问题只能在中国大地上探寻适合自己的道路和办法。数千年来，中华民族走着一条不同于其他国家和民族的文明发展道路。我们开辟了中国特色社会主义道路不是偶然的，是我国历史传承和文化传统决定的。我们推进国家治理体系和治理能力现代化，当然要学习和借鉴人类文明的一切优秀成果，但不是照搬其他国家的政治理念和制度模式，而是要从我国的现实条件出发来创造性前进。

习近平强调，实现“两个一百年”奋斗目标、实现中华民族伟大复兴的中国梦，需要充分发挥全党全国各族人民今天所具有的伟大智慧，也需要充分运用中华民族5000多年来积累的伟大智慧。中华民族的历史智慧是中国人民世世代代形成和积累的，我们要总结发扬，使之服务于实现中华民族伟大复兴的伟大事业。中华优秀传统文化具有穿越时空的恒久魅力。讲仁爱、重民本、守诚信、崇正义、尚和合、求大同的价值追求，贯穿于中华文化的始终。其中，“天人合一”“协和万邦”“和而不同”的和谐思想，“天行健，君子以自强不息”的坚定信念，“富贵不能淫，贫贱不能移，威武不能屈”的浩然正气，“常思奋不顾身，以殉国家之急”的爱国精神，“长风破浪会有时，直挂云帆济沧海”的远大情怀，“人生自古谁无死，留取丹心照汗青”的崇高气节，“安不忘危，治不忘乱”的忧患意识等，都反映了中华民族所特有的品格心性，是我们民族的“根”和“魂”，是民族自信心的源泉动力。今天，社会主义核心价值观所包含的国家价值目标、社会价值取向和公民价值准则，都与中华民族的优秀传统文化存有割不断的联系。中华优秀传统文化所倡导的价值追求、做人之道、道德精神、君子人格等，对于匡正社会风气和教化民众有着重要作用。

中华优秀传统文化是推进创新的精神动力。不忘本来才能开辟未来，善于继承才能更好创新。“周虽旧邦，其命维新”，“苟日新，日日新，又日新”，这些人们熟悉的经典名句，表明中华传统文化自古就具有海纳百川、自我更新的传统。在当代中国，创新离不开马克思主义指导，但发展马克思主义必须与中国实际相结合，而中国的实际就包括了中华传统文化从历史到现实无所不在的影响。郭沫若在1925年写过一篇题为《马克思进文庙》的小说，文中写道：文庙中的孔子用“有朋自远方来，不亦乐乎”开场，欢迎远道而来的马克思，实际上表达了中国文化富含包容性的隐喻。经过交谈，孔子发现马克思的理想社会与自己的大同理想“不谋而合”，马克思也发现自己对世界与人生的看法与孔子“完全相同”。最后，马克思慨叹：“我想不到在两千多年前，在遥远的东方，已经有了你这样一个老同志!”郭老笔下这个具有隐喻意义的故事说明，中华优秀传统文化正是马克思主义在中国生根结果的土壤；中国特色社会主义与中国五千年文明史有着内在的联系。继承是创新的前提，创新是最好的继承。我们只有充分汲取中华优秀传统文化中的丰富营养，才能顺利地培育和践行社会主义核心价值观，才能在实践中不断把马克思主义中国化推向前进，建设中国特色社会主义，从而实现“两个一百年”的奋斗目标，实现中华民族伟大复兴的中国梦。

第二节　如何对待中华优秀传统文化

一　对中华优秀传统文化的几种认识

1.“中体西用”论：“中学为体，西学为用”一语最早见于1896年4月沈寿康在《万国公报》上发表的《匡时策》中。“夫中西学问，本自互有得失，为华人讲，宜以中学为体，西学为用。”是整个19世纪后半期的时代思潮，当时的各派知识分子，凡是讲西学谈时务的人，差不多都赞成此论或受到它的影响①。正如梁启超后来回忆所说：“中学为体，西学为用的口号，为当时维新派的流行语，而举国以为至言。”② 以中国传统文化作为治国之本，以西方近代科学技术与文化作为治国之辅。

2.“东方文化”论：五四运动前后，关于东西文化的区别，有一种比较流行的观点，即认为东方文化主静，西方文化主动；东方

① 张岱年、程宜山：《中国文化与文化论争》，中国人民大学出版社1990年版。

② 梁启超：《清代学术概论》，商务印书馆1923年版。

是精神文明，西方是物质文明。他们把第一次世界大战的悲剧视为西方文化破产的标志，主张用东方文化去拯救世界。主要代表人物是梁漱溟、梁启超、张君劢、章士钊等人。

3. “打倒孔家店”和“全盘西化”论：在五四新文化运动中，与一些激进思想家提出“打倒孔家店”的口号相联系，陈序经、胡适等人提出了“全盘西化”论。这种“全盘西化”论在20世纪80年代末又曾喧嚣一时。他们不仅在文化主张上全盘否定传统文化，全方位引进西方文化，而且在社会经济制度上也主张全盘西化，是民族虚无主义理论，不仅在理论上是完全错误的，而且在实践下也是极为有害的。没有民族化，也不可能有世界化，这是文化发展的基本法则。

4. “中国本位文化”论：1935年1月，陶希圣等十位国民党教授以《中国本位的文化建设宣言》正式提出了建设中国本位的文化的旗号①，主张反对复古守旧，也反对全盘否定古代的“中国制度思想”，主张“把过去的一切，加以检讨，存其所当存，去其所当去”（陶希圣等，《中国本位的文化建设宣言》）；他们也反对全盘西化，认为“吸引欧、美的文化是必要而应该的，……吸收的标准，当决定于现代中国的需要”。

5. “保存国粹”和“儒学复兴”论：五四新文化运动时期，一些守旧派文人与“打倒孔家店”相对抗，提出了“保存国粹”的口号，被称为“国粹派”。他们主张保存中国传统文化中的精粹，继承优秀文化传统，但他们认为传统是不能移易的，实际上成了“全盘继承”，是一种抱残守缺的理论。在传统文化的现代意义的讨论中，在当代文化热潮中，一些倡导“新儒学”的学者们提出“儒学复兴”的主张。他们认为，只要抓住复兴儒学这个“根本”，就可以解决当代中国的一切问题。其实，历史早已证明，以儒学为代表的中国传统文化有其不容否定的积极价值，但也有其自身的局限性，

---

① 张岱年、程宜山：《中国文化与文化论争》，中国人民大学出版社1990年版。

因而主张恢复儒学在中国文化中的统治地位，并用以指导中国的现代化建设，不仅是一厢情愿的主观幻想，而且是一种复古主义的历史倒退[①]。

6. “西体中用”论：20 世纪 80 年代末期有的学者提出来的“西学为体，中学为用”。以西方文化（包括西方制度）作为治国之本或主体；以中国传统文化作为辅助和补充。他们认为现代化是一种“体”的根本变化，即把“中体”变为“西体”，从中国传统文化中吸收一些可资利用的东西作为补充。很显然，这种“主体西化”论同“全盘西化”论没有什么本质区别，差异只在有无中国传统文化作为附属而已。

7. “中体西用”与“西体中用”之争。从更加宽泛的意义上来说，“全盘西化”论与“中国本位文化”论及现代新儒家也可以归于这种争论。“中体西用”论的早期代表张之洞指出：“夫所谓道本者，三纲四维是也，若并此弃之，法未行而大乱作矣，若守此不失，虽孔、孟复生，岂有议变法之非者哉？”（《劝学外篇·变法第七》）“中学为内学，西学为外学，中学治身心，西学应世事，不必尽索之于经文，而必无悖于经文。”（《劝学外篇·会通第十三》）薛福成也指出：“取西人器数之学，以卫吾尧、舜、禹、汤、文、武、周、孔之道，俾西人不敢蔑视中华。”[②] 虽然在不同的历史时期，“中体西用”论者所认为的中学之“体”和西学之“用”有所不同，所起的历史作用也不一样，但他们基本上都认为：“中，体也，本也，所谓不易者，圣之经也。时中，用也，末也，所谓变易者，圣之权也。”[③] 与“中体西用”论相反，李泽厚提出了“西体中用”论，即“要用现代化的‘西体’——从科技、生产力、经营管理制度到本体意识（包括马克思主义和各种其他重要思想、理论、学说、观念）来努力

① 赵洪恩、李宝席：《中国传统文化通论》，人民出版社 2002 年版。

② 张岱年：《筹洋刍议——薛福成集》，辽宁人民出版社 1994 年版。

③ 郑观应：《盛世危言》，辽宁人民出版社 1994 年版。

改造‘中学’，转换中国传统的文化心理结构，有意识地改变这个积淀”，从而防止“‘西学’被中国本有的顽强的‘体’和‘学’——从封建小生产方式、农民革命战争到上层孔孟之道和种种国粹所俘虏、改造或同化掉”。[①] 虽然李泽厚的理论不乏创造性思想，但并没有从根本上超越“中西”“体用”的思维模式，因而受到较多的批判。

8. 综合创新论。近年来，就中国的新文化建设中如何处理中、西、马三“学”或三“流”的关系，方克立在继承张岱年的中、西、马“三流合一”、综合创新文化观的基础上，提出了“马学为魂，中学为体，西学为用，三流合一，综合创新”，即“马魂、中体、西用”的文化观。这里，方克立对“体用”进行了新解释，他说“马魂”是指在文化建设时“必须坚持以马克思主义世界观和方法论为指导，坚持中国新文化建设的社会主义方向”。在这里“体”的含义已不是指精神指导原则，而是指文化的民族主体性，即在一种文化中，它的运作主体、生命主体、创造主体和接受主体到底是什么。“中学”是“有着数千年历史传承的，经过近现代变革和转型的，走向未来、走向世界的活的中国文化生命整体”。“西用”既是“对于作为指导原则的马克思主义来说的，也是对于作为接受主体的中国文化来说的；对于指导原则来说它是‘应事之方术’即原则的具体应用，对于接受主体来说它是为我所用的‘他山之石’”。[②] 从理论上说，“马魂、中体、西用”的文化观比较合理地处理了马克思主义、中国传统文化与西方文化这三种文化之间的关系，强调一切有利于中国文化建设的优点都应该吸收，但是如何在实践中运用，还需进一步研究。[③]

---

① 李泽厚：《中国现代思想史论》，天津社会科学院出版社 2004 年版。

② 方克立：《关于文化体用问题》，《社会科学战线》2006 年第 4 期。

③ 陈方刘：《论对中国传统文化的批判与继承》，《思想理论教育》2014 年第 12 期。

二 正确对待中国传统文化

习近平强调，怎样对待本国历史？怎样对待本国传统文化？这是任何国家在实现现代化过程中都必须解决好的问题。我们党在领导革命、建设、改革的进程中，一贯重视学习和总结历史，一贯重视借鉴和运用历史经验。历史虽然是过去发生的事情，但总会以这样那样的方式出现在当今人们的生活之中。我国传统思想文化根源在社会生活本身，是人们思想观念、风俗习惯、生活方式、情感样式的集中表达。古代思想文化对今人仍然具有很深刻的影响。我们要对传统文化进行科学分析，对有益的东西、好的东西予以继承和发扬，对负面的、不好的东西加以抵制和克服，取其精华、去其糟粕，而不能采取全盘接受或者全盘抛弃的绝对主义态度。传统文化在其形成和发展过程中，不可避免会受到当时人们的认识水平、时代条件、社会制度的局限性的制约和影响，因而也不可避免会存在陈旧过时或已成为糟粕性的东西。这就要求人们在学习、研究、应用传统文化时坚持古为今用、推陈出新，结合新的实践和时代要求进行正确取舍，而不能一股脑儿都拿到今天来照套照用。要坚持古为今用、以古鉴今，坚持有鉴别地对待、有扬弃地继承，而不能搞厚古薄今、以古非今，努力实现传统文化的创造性转化、创新性发展，使之与现实文化相融相通，共同服务以文化人的时代任务[①]。

用历史唯物主义的观点评价中国传统文化。对中国传统文化要坚持两分法和具体分析。无视其历史作用和现实意义，把它说得一无是处、踩到地上，视之为影响中国进步的万恶之源，或者忽视其局限性和落后、消极因素，把它说得尽善尽美、吹到天上，视为解决一切问题的万能妙药，都是不正确的。如上所述，按照历史唯物主义的观点科学评价中国传统文化，认识到中国传统文化的历史传

① http：//www. xinhuanet. com//politics/2014－09/24/c_1112612018. htm，2014 年 9 月 24 日。

承性，认识到其对中国历史发展和社会进步的重要作用和深远影响，认识到其对中国乃至世界的现实意义，认识到其中客观存在的局限性和落后、消极因素。能否科学地评价中国传统文化，取决于采用什么样的方法。中国共产党人评价中国传统文化的方法，是马克思主义哲学特别是历史唯物主义。习近平指出："马克思主义哲学深刻揭示了客观世界特别是人类社会发展一般规律，在当今时代依然有着强大生命力，依然是指导共产党人前进的强大思想武器。学哲学、用哲学，是党的一个好传统。要坚持用马克思主义哲学教育和武装全党，党的各级领导干部特别是高级干部要原原本本学习和研读经典著作，努力把马克思主义哲学作为自己的看家本领，掌握科学的世界观和方法论，更好认识规律，更加能动地推进工作。""历史唯物主义是马克思主义哲学不可分割的重要组成部分。在革命、建设、改革各个历史时期，我们党运用历史唯物主义，系统、具体、历史地分析中国社会运动及其发展规律，在认识世界和改造世界过程中不断把握规律、积极运用规律，推动党和人民事业取得了一个又一个胜利。"① 掌握了马克思主义、历史唯物主义，也就找到了科学评价中国传统文化的钥匙。中国共产党人是马克思主义者、历史唯物主义者，不是历史虚无主义者、文化虚无主义者，这鲜明地表明了中国共产党人在评价中国传统文化问题上的基本态度。

1. 认识传统文化的历史传承性

要正视历史、尊重历史，而不能割断历史、虚化历史，承认今日中国是历史中国的延续和发展，现实文化的发展离不开历经几千年形成和发展起来的中国传统文化的滋养，不忘历史才能开辟未来。中华民族具有五千多年连绵不断的文明历史，创造了博大精深的中华文化。中华文化积淀着中华民族最深沉的精神追求，包含着中华民族最根本的精神基因，代表着中华民族独特的精神标识，是中华民族生生不息、发展壮大的丰厚滋养。"优秀传统文化是一个国家、

① 《习近平总书记系列重要讲话读本》，人民出版社2014年版，第175页。

一个民族传承和发展的根本，如果丢掉了，就割断了精神命脉”；“文明特别是思想文化是一个国家、一个民族的灵魂”[①]。“灭人之国，先去其史。”一个国家、一个民族，如果不敢正视甚至全面否定自己的历史，不够珍惜甚至彻底贬损自己的思想文化，不能懂得甚至有意模糊自己的来路，那就丢掉了灵魂、丧失了命脉，这个国家、这个民族是立不起来的、没有希望的。对于我们自己的历史和传统文化，应该本着实事求是的客观态度，既不能骄傲自大、故步自封，也不能妄自菲薄、数典忘祖。习近平强调，中国优秀传统思想文化体现着中华民族世世代代在生产生活中形成和传承的世界观、人生观、价值观、审美观等，其中最核心的内容已经成为中华民族最基本的文化基因，是中华民族和中国人民在修齐治平、尊时守位、知常达变、开物成务、建功立业过程中逐渐形成的有别于其他民族的独特标识。中国人民的理想和奋斗，中国人民的价值观和精神世界，是始终深深植根于中国优秀传统文化沃土之中的，同时又是随着历史和时代前进而不断与日俱新、与时俱进的。习近平指出，在21世纪的今天，几千年来人类积累的一切理性知识和实践知识依然是人类创造性前进的重要基础。只有不断发掘和利用人类创造的一切优秀思想文化和丰富知识，我们才能更好认识世界、认识社会、认识自己，才能更好开创人类社会的未来。

批判继承传统文化是马克思主义的一个基本观点。马克思主义认为，社会存在决定社会意识，经济基础从根本上决定思想文化上层建筑，但马克思主义也认为，社会意识具有相对独立性，这种独立性的表现之一就是社会意识在发展过程中有着自身系统的特殊历史继承性。马克思说过：“人们自己创造自己的历史，但是他们并不是随心所欲地创造，并不是在他们自己选定的条件下创造，而是在

① http：//www.xinhuanet.com//politics/2014－09/24/c_1112612018.htm，2014年9月24日。

直接碰到的、既定的、从过去继承下来的条件下创造。”[①] 恩格斯也指出：“我们自己创造着我们的历史，但是第一，我们是在十分确定的前提和条件下创造的。其中经济的前提和条件归根到底是决定性的。但是政治等等的前提和条件，甚至那些萦回于人们头脑中的传统，也起着一定的作用，虽然不是决定性的作用。”[②] 当然，马克思主义经典作家所说的继承是指一种扬弃，因为按照辩证法的本性，它是批判的、革命的，它在对一切事物的肯定的理解中包含着对这一事物否定的理解，即必然灭亡的理解。自从 1938 年毛泽东向全党提出马克思主义中国化命题以来，中国共产党一直坚持对中国传统文化采取批判继承的方针，努力使马克思主义与中国传统文化结合起来。毛泽东就如何对待中外文化的文学艺术遗产问题进行过系统阐述，他说：“我们必须继承一切优秀的文学艺术遗产，批判地吸收其中一切有益的东西，作为我们从此时此地的人民生活中的文学艺术原料创造作品时候的借鉴。有这个借鉴和没有这个借鉴是不同的，这里有文野之分，粗细之分，高低之分，快慢之分。所以我们决不可拒绝继承和借鉴古人和外国人，哪怕是封建阶级和资产阶级的东西。”而且毛泽东指出：“继承和借鉴决不可以变成替代自己的创造，这是决不能替代的。”[③] 党的七大通过的党章指出：“对于中国的与外国的历史遗产，我们既不是笼统地一概反对，也不是笼统地一概接受，而是以马克思主义的辩证唯物主义与历史唯物主义为基础，批判地接受其优良的与适用的东西，反对其错误的与不适用的东西。”实际上，“就每一时代具体的社会意识形成来说，都有两个来源：一是反映那个时代的社会存在，二是继承历史上先辈们留下来的精神文化成果。社会意识就是在这两种来源的相互作用中形成的。……在二者的相互作用中形成的社会意识，对社会就不可能是

① 《马克思恩格斯选集》第 1 卷，人民出版社 1995 年版，第 585 页。

② 《马克思恩格斯选集》第 4 卷，人民出版社 1995 年版，第 696 页。

③ 《毛泽东选集》第 3 卷，人民出版社 1991 年版，第 860 页。

一种绝对的依附关系，而是一个具有自身特殊发展规律的系统。”① 如果片面强调社会存在决定社会意识的原理，机械地认为既然中国传统文化所赖以建立的封建主义经济基础和政治上层建筑已经消失了，中国传统文化也就应该寿终正寝了。有人指出：“中国传统文化是农业封建主义文化。这个文化，辛亥革命动摇了它的政治基础，而新文化运动使它遭到了根本性的打击。随着中国经济的发展，随着政治革命的发展，传统文化已经土崩瓦解，而在中国土地上逐渐形成了一种新的文化。因此，不存在中国传统文化的现代化问题，只存在中国文化的现代化问题。”② 而这恰是有些学者“站在马克思主义”立场上否认马克思主义可以与中国传统文化结合起来的原因，他们机械地对待社会存在决定社会意识的原理，把中国传统文化等同于封建文化，认为马克思主义是现代的科学的意识形态，而中国传统文化是封建意识形态，从而否认二者的结合，这是需要特别注意的。

2. 认识传统文化对中国历史发展和社会进步的重要作用与深远影响和对中国乃至世界的现实意义

首先，要充分肯定中国传统文化对中国历史发展和社会进步所起的重要作用和发挥的深远影响。习近平对此进行了高度概括和深刻总结：“从历史的角度看，包括儒家思想在内的中国传统思想文化中的优秀成分，对中华文明形成并延续发展几千年而从未中断，对形成和维护中国团结统一的政治局面，对形成和巩固中国多民族和合一体的大家庭，对形成和丰富中华民族精神，对激励中华儿女维护民族独立、反抗外来侵略，对推动中国社会发展进步、促进中国社会利益和社会关系平衡，都发挥了十分重要的作用。”③

---

① 肖前：《马克思主义哲学原理》，中国人民大学出版社 1994 年版，第 301 页。

② 黄楠森：《我的哲学思想》，《高校理论战线》2003 年第 3 期。

③ http：//www. xinhuanet. com//politics/2014 - 09/24/c_1112612018. htm，2014 年 9 月 24 日。

其次，要高度重视中国传统文化对中国经济社会发展的现实意义。今天中国人民正在进行的中国特色社会主义伟大事业，深深地植根于中国传统文化的沃土之中。2014 年 10 月 13 日，习近平总书记在主持中共中央政治局第十八次集体学习时强调："历史虽然是过去发生的事情，但总会以这样那样的方式出现在当今人们的生活之中。我国传统思想文化根源在社会生活本身，是人们思想观念、风俗习惯、生活方式、情感样式的集中表达。古代思想文化对今人仍然具有很深刻的影响。"① 传统文化的精华促进了中国社会的发展毫无疑问，中国传统文化能够绵延几千年而不绝，其中自有精华之所在，而且这些精华是"一以贯之"的，在当代仍然具有一定的价值，如中国传统文化中独立自主、自强不息的精神，经世致用、实事求是的精神，阴阳互补、辩证思维的精神，民贵君轻、以民为本的精神，穷变通久、探索创新的精神，等等。对于这些传统文化的精华，当然应该以马克思主义为指导，赋予它们新的含义，使其转变为社会主义现代化建设所需要的思想资源。"假如中国光有劣根性，中华民族就应该灭亡，就没有存在的价值了。我认为中华民族绝对不会光有劣根性，还有良根性，还有反压迫、反侵略、积极斗争、保持民族独立的这种优良的品质。我们要认识，要有自觉性，要有自我认识，要改造劣根性，发扬良根性。"② 中国共产党在马克思主义中国化的过程中，发扬自强不息的精神，坚持独立自主地进行革命和建设，把中国传统文化中经世致用的精神，改造为中国共产党的实事求是的思想路线，吸收阴阳互补的思想，丰富马克思主义的辩证法，等等，就充分说明了这一问题。毛泽东指出："我们这个民族有数千年的历史，有它的特点，有它的许多珍贵品。对于这些，我们还是小学生。今天的中国是历史的中国的一个发展；我们是马克思主义的历史主义者，我们不应当割断历史。从孔夫子到孙中山，我

---

① http：//politics. rmlt. com. cn/2014/1014/328868. shtml，2014 年 10 月 14 日。

② 张岱年：《文化与哲学》，中国人民大学出版社 2006 年版，第 93、94、312 页。

们应当给予总结，继承这一份珍贵的遗产。”① 诚如此言，中国优秀传统文化中蕴含的丰富哲学思想、人文精神、道德理念等，可以为我们认识和改造世界提供方法指引，可以为我们治国理政和推动经济发展提供智慧启示，可以为我们建设社会主义核心价值观提供经验借鉴。

最后，中国传统文化中蕴含的宝贵思想资源，对解决当今世界各国共同面临的难题也具有启示和借鉴意义。当今世界各国共同面临着许多突出的难题，比如，贫富差距持续扩大，物欲追求奢华无度，个人主义恶性膨胀，社会诚信不断削减，伦理道德每况愈下，人与自然关系日趋紧张，等等。怎么解决这些难题呢？习近平指出："世界上一些有识之士认为，包括儒家思想在内的中国优秀传统文化中蕴藏着解决当代人类面临的难题的重要启示。”② 他列举了中国优秀传统文化中蕴藏的一些至今仍具有启示和借鉴意义的思想：关于道法自然、天人合一的思想，关于天下为公、大同世界的思想，关于自强不息、厚德载物的思想，关于以民为本、安民富民乐民的思想，关于为政以德、政者正也的思想，关于苟日新日日新又日新、革故鼎新、与时俱进的思想，关于脚踏实地、实事求是的思想，关于经世致用、知行合一、躬行实践的思想，关于集思广益、博施众利、群策群力的思想，关于仁者爱人、以德立人的思想，关于以诚待人、讲信修睦的思想，关于清廉从政、勤勉奉公的思想，关于俭约自守、力戒奢华的思想，关于中和、泰和、求同存异、和而不同、和谐相处的思想，关于安不忘危、存不忘亡、治不忘乱、居安思危的思想等。③ 从这个意义上说，中国传统文化虽然孕育、产生、发展于中国，但其意义和影响早已超出了中国的范围，成为世界文化的

① 《马克思主义党学基础》，人民出版社 1994 年版，第 511 页。

② 习近平：《要维护世界文明多样性》，《新京报》2014 年 9 月 25 日第 8 版。

③ http：//www. xinhuanet. com//politics/2014 - 09/24/c_1112612018. htm，2014 年 9 月 24 日。

重要组成部分。

3. 认识传统文化客观存在的局限性

"传统文化在其形成和发展过程中，不可避免会受到当时人们的认识水平、时代条件、社会制度的局限性的制约和影响，因而也不可避免会存在陈旧过时或已成为糟粕性的东西"①，比如，男尊女卑、三从四德、愚忠愚孝、"刑不上大夫，礼不下庶民""劳心者治人、劳力者治于人""一人得道，鸡犬升天"，等等，后来逐步成为束缚和阻碍中国思想文化进步和经济社会发展的消极因素。从1840年鸦片战争爆发到1949年中华人民共和国成立，中华民族遭受外族入侵和内部动荡，中国人民遭受前所未有的苦难，一度到了濒临亡国灭种的危险境地。造成这种局面的原因很多也很复杂，但当时社会制度的僵化落后、封建社会文化的束缚羁绊，却是怎么也回避不了的重要原因。虽然经过五四时期的批判、涤荡和中华人民共和国成立后的改造、扬弃，中国传统文化中的落后和消极因素一时大大弱化和减少了，但仍在社会上不同程度地存在着，并不时地在社会环境合适时冒出来，束缚社会的发展进步。传统文化的糟粕阻碍了中国社会的进步。在对中国传统文化的精华充分肯定的同时，我们还应该看到，中国传统文化毕竟是在长期的封建社会中产生的农业文化，它具有一些与现代社会格格不入的东西，如宗法等级、鄙视劳动、因循守旧、天命神权以及谶纬迷信等观念。近代以来的中国社会发展史已经证明，中国传统文化既不能解决近代中国救亡图存的问题，更不能解决中国现代化的问题，特别是传统文化中的糟粕，严重阻碍了社会的发展进步，"死的拖住活的"是近代中国革命异常艰难的重要原因。对于传统文化中的糟粕，必须无情抛弃，即使是一些在封建社会带有历史进步意义的思想，也只能在批判的基础上继承。"对中国传统文化，我们在看到它的优秀的、有价值的、需要继承

---

① http://www.xinhuanet.com//politics/2014-09/24/c_1112612018.htm，2014年9月24日。

面的同时，还要看到它的不适应现代化社会、需要变革创新的一面。”“对中国传统文化应取分析的态度，区分精华和糟粕，不可一概肯定，不能只说好，不说坏。即使对于好的，也要分析。”① 坚持对中国传统文化，特别是对传统文化糟粕的批判，需要对20世纪二三十年代的“文化本位主义”派，特别是现代新儒家进行批判。他们共同的特点是：坚持认为中国传统文化优于外来文化，未来的中国乃至世界将由中国传统文化甚至儒家文化所主导。

第一，他们未能正确认识传统文化中的糟粕，在中外文化交流中坚持本位文化优越论，不能平等地对待外来文化。梁漱溟曾指出：文化是一个民族的生活的样法，而生活和人生的不同又是由于“意欲”的不同造成的。就意欲而言，西方文化是“以意欲向前为根本精神”“中国文化是以意欲自为调和折中为其根本精神”“印度文化是以意欲反身向后要求为其根本精神”。总而言之，中国文化优于西方文化，“世界未来文化就是中国文化的复兴，有似希腊文化在近世的复兴那样”。②

第二，他们认识到文化的民族性特征，建设中国的现代文化离不开对中国传统文化的批判继承，但是他们又往往忽视了文化的时代性特征。事实上，即使是中国传统文化中的精华，也必须结合我国现代化建设的需要进行创造性的转换，绝不能无批判地继承。在中国传统文化中，“精华部分也是历史的产物，都带有时代和阶级的烙印。例如，‘忠’和‘孝’都是封建社会的道德规范。‘忠’在封建社会虽然也有各种不同含义……但封建社会的忠更多的是指忠君……又如‘孝’，几千年来一直是维系父子、长幼的人际关系，这个关系使民众之中的孝敬长辈，以及‘老有所终’‘老有所养’成为人类一种普遍的美德，这当然是有其合理内容的。但不同的社会

---

① 许全兴：《大胆吸取和借鉴当代西方文明——兼谈文化交往的一个规律》，《中共中央党校学报》1999年第2期。

② 梁漱溟：《东西文化及其哲学》，商务印书馆1999年版，第202页。

形态，‘孝’的本质并不是一样的，在封建社会道德规范中，‘父为子纲’是不可更改的，父子关系极不正常，在‘父叫子死，子不得不死’的严酷教条中，不少子辈失去了做人的权利，产生了多少人生的悲剧。”[①] 毛泽东认为：“中国历史遗留给我们的东西中有很多好东西，这是千真万确的。我们必须把这些遗产变成自己的东西。然而我们中国有些人却崇拜旧的过时的思想，这些思想对于我们今天的中国不仅不适用而且有害，这样的东西必须抛弃。”

4. 继承和弘扬中国优秀传统文化

“中国共产党人始终是中国优秀传统文化的忠实继承者和弘扬者”，如何对待中国传统文化，就当代中国的实际而言，就是如何继承和弘扬中国优秀传统文化、为中国特色社会主义事业服务的问题。这里有两个层次不同的概念：“中国传统文化”“中国优秀传统文化”。显然，后者加了“优秀”这一限定词，范畴上比前者要小。中国共产党人始终要“忠实继承和弘扬”的当然是作了限定的“中国优秀传统文化”，而非一概而论的“中国传统文化”。关于正确对待中国传统文化、继承和弘扬中国优秀传统文化的问题，习近平在多个场合反复阐述过。梳理和领会这些论述，可以归纳出五点要求：

一是要根据实际需要对中国传统文化进行鉴别与分析、取舍与扬弃。要忠实继承和弘扬中国优秀传统文化，首先要通过鉴别与分析、取舍与扬弃，弄清楚中国传统文化中哪些是“优秀的”，这是忠实继承和弘扬的前提。如前所述，中国传统文化中难免存在过时的、腐朽的、糟粕性的东西，因此，对中国传统文化，我们应该“多一份尊重”，也应“多一份思考”，要以马克思主义的立场、观点和方法，本着“择其善者而从之、其不善者而放之”的科学态度[②]，按照“古为今用、以古鉴今”，“去粗取精、去伪存真”的原则，结合

---

① 苏双碧：《传统文化的批判继承及其他》，《中国社会科学院研究生院学报》1996年第6期。

② http://politics.rmlt.com.cn/2014/1014/328868.shtml，2014年10月14日。

发展中国特色社会主义文化、建设社会主义核心价值观的实际和要求，加以鉴别与分析、取舍与扬弃，而不能搞全盘接受、照套照用，也不能搞厚古薄今、以古非今，只有这样，才能使传统文化“与现实文化相融相通，共同服务以文化人的时代任务”[①]。

以历史唯物主义态度去对待传统文化，我们就会发现，精华与糟粕只是就其时代属性而言，并不是永恒不变的。但不管在哪种社会形态下，那些真正精华的部分，总是构成这个民族积极向上及生存发展的动力，推动生产力发展和社会进步，而糟粕部分则成为各历史时代的阻滞力，妨碍生产力发展和社会进步。“在历史大变革时代，即社会形态的转换期阶段，旧社会形态的一些精华会转变成新社会形态的糟粕。因此，在传统文化中区分精华与糟粕，一般应以对整个历史进程所发生的实际影响，以及对现实社会是否有积极作用为准，而不仅是看它在过去社会是否起过积极作用。”[②] 所以，必须全面认识中国传统文化，取其精华，去其糟粕，使之与当代社会相适应、与现代文明相协调，保持民族性，体现时代性。有人认为，从实际需要出发，以适应生产力发展和推动社会进步作为判断传统文化精华与糟粕的标准与毛泽东从“封建性”和“民主性”来判断传统文化的糟粕与精华是相矛盾的，依据是毛泽东曾指出：“中国的长期封建社会中，创造了灿烂的古代文化。清理古代文化的发展过程，剔除其封建性的糟粕，吸收其民主性的精华，是发展民族新文化提高民族自信心的必要条件；但是决不能无批判地兼收并蓄。必须将古代封建统治阶级的一切腐朽的东西和古代优秀的人民文化即多少带有民主性和革命性的东西区别开来。”[③] 在这里毛泽东确实是从政治性的方面来判断传统文化的糟粕与精华。但是，我们应该看

---

① http：//www. xinhuanet. com//politics/2014 - 09/24/c_1112612018. htm，2014 年 9 月 24 日。

② 苏双碧：《传统文化的批判继承及其他》，《中国社会科学院研究生院学报》1996 年第 6 期。

③ 《毛泽东选集》第 2 卷，人民出版社 1991 年版，第 708 页。

到，实际需要不是抽象的，而是具体的，新民主主义文化是“人民大众反帝反封建的文化”，当然要服务于反帝反封建这一最大的政治需要，从政治性来判断传统文化的糟粕与精华正好说明了毛泽东是从实际出发来判断传统文化的糟粕与精华的。当然，从政治性来判断传统文化的糟粕与精华也是有局限性的，因为政治方面的实际需要还只是实际需要的一个方面，而实际需要是全面的，还应该包括经济、文化等各个方面的实际需要，归根结底，还是应该以适应生产力发展和推动社会进步作为判断传统文化糟粕与精华的根本标准。需要说明的是，在对中国传统文化批判继承的过程中，还必须处理好批判、继承与创新的关系。首先，对中国传统文化的批判和继承是对立统一的。从两者的对立性来说，从文化的民族性出发，从保存民族文化的精华出发，必然强调对传统文化的继承；但从文化的时代性出发，从否定民族文化的糟粕出发，必然强调对传统文化的批判。从两者的统一性来说，正是因为文化既具有民族性特征，又具有时代性特征，所以，对中国传统文化的批判与继承，也是紧密联系而不能截然分开的。而且，批判的目的本身就是继承，只讲批判不讲继承是对传统文化采取虚无主义的态度，会使马克思主义中国化失去思想基础；但继承也只能是在批判的基础上继承，只讲继承不讲批判是对中国传统文化采取全盘肯定的态度，会导致马克思主义封建化、儒家化。只有把批判与继承统一起来，在批判中继承，在继承中批判，才能真正做到剔除其糟粕、汲取其精华，把珍贵的历史遗产继承下来，转化为我国社会主义新文化的一部分。其次，对中国传统文化的批判继承还不能代替中国传统文化的创新，更不能代替中国传统文化的现代化。在全球化的社会背景下，要实现传统文化向现代化的转变，还必须吸收世界各国的优秀文明成果。[①]

二是要加强对中国优秀传统文化的学习和研究。学习和研究是

---

① 陈方刘：《论对中国传统文化的批判与继承》，《思想理论教育》2014 年第 12 期。

文明传承之途。要忠实继承和弘扬中国优秀传统文化，首先要加强学习和研究。要通过学习和研究，“讲清楚中华优秀传统文化的历史渊源、发展脉络、基本走向，讲清楚中华文化的独特创造、价值理念、鲜明特色，增强文化自信和价值观自信”[①]。中华文明有五千多年的历史，中国传统文化尤其是作为其核心的思想文化的形成和发展，大体经历了中国先秦诸子百家争鸣、两汉经学兴盛、魏晋南北朝玄学流行、隋唐儒释道并立、宋明理学发展等几个历史时期，前后有两千多年的历史。对这些历史时期中国传统文化发展的基本情况、主要特征、思想精华作出细致、系统的梳理和归纳，并进而深入阐发和挖掘，是继承和弘扬中国优秀传统文化的基础工作。应当看到，有些人对弘扬优秀传统文化不太理解，出现了不同程度的认识误区。一种观点认为，弘扬优秀传统文化实际上是在弘扬封建文化，因而难以接受。有人以一些庙坛的祭祀活动为例，认为恢复一些祭祀礼仪是“愚昧的”，“在工业文明曙光的时代，做这些祭祀，就像在看腐尸的舞蹈，让人反胃！”也有观点认为弘扬优秀传统文化应该从恢复一些过去被人们公认为“糟粕”的传统做起。有人在网上发言说，“裹小脚也是华夏传统文化的载体”，甚至有人认为，一夫多妻也是优秀文化传统，“弘扬文化传统从废除重婚罪，倡导一夫多妻制开始”。还有观点认为，现在提出弘扬优秀传统文化与我们过去对待传统文化的态度反差较大，不好理解。这些认识需要引起我们足够的重视。

首先必须真正讲清楚什么是“优秀传统文化”。习近平总书记在系列讲话中多次强调，“要加强对中华优秀传统文化的挖掘和阐发”“要讲清楚中华优秀传统文化的历史渊源、发展脉络、基本走向”。事实证明，一些人陷入认识误区的一个直接原因是对“优秀传统文化”的内涵和外延理解不清。真正讲清楚什么是“优秀传统文化”，关键在于“优秀”二字。评价“优秀”与否，既要坚持真理尺度，

① 《习近平总书记系列重要讲话读本》，人民出版社2014年版，第100页。

也要坚持价值尺度。总的来说，优秀传统文化应是剥离或改造了那些与现代化文明绝对相悖的方面，同时也有利于促进人们形成正确的价值观，特别是符合社会主义核心价值观的文化精华。只有真正讲清楚了这个问题，才能正本清源，有利于弘扬优秀传统文化。其次，要充分讲清楚今天我们为什么要弘扬“优秀传统文化”。一些人陷入认识误区的另一个直接原因在于我们过去和现在对“优秀传统文化”的态度差异。需要指出的是，近代以来传统文化在中国确实存在不同的境遇，在某些时期确实存在把部分优秀传统文化当作腐朽而批判、抛弃、破坏的现象。但我们应该分清主流和支流，看到继承和发展是历史的主流；也应该积极面对历史的挫折，勇于用现实补偿历史。讲清楚我们为什么要弘扬“优秀传统文化”，既是个历史问题，也是个现实问题。具体来说，需要讲明白“三个关系”：一是讲明白中国共产党和中国优秀传统文化的关系。就是从主客体的维度，讲明白中国共产党作为中国先进文化前进方向的代表，也就意味着需要扛起弘扬中国优秀传统文化的大旗，讲明白中国共产党成立至今是如何坚持和弘扬中华优秀传统文化的。二是讲明白坚持马克思主义和弘扬中国优秀传统文化的关系。就是从理论和历史的维度，指出马克思主义基本原理和中国优秀传统文化的价值共鸣，讲明白马克思主义在中国化的过程中是如何与中国优秀传统文化相结合的。三是讲明白坚持改革开放和弘扬中国优秀传统文化的关系。就是从实践和现实的维度，讲明白弘扬中国优秀传统文化是坚持改革开放的题中之意，坚持改革开放需要中国优秀传统文化提供精神助力。①

三是要切实推进中国优秀传统文化的教育和普及。“致天下之治者在人才”，“百年大计，教育为本。教育是人类传承文明和知识、

① 王小龙：《弘扬优秀传统文化要走出三个误区》，《中国社会科学报》2014 年第 11 期。

培养年青一代、创造美好生活的根本途径”。[①] 中国优秀传统文化应该成为我国教育的重要内容。2014 年 9 月 9 日，习近平视察北京师范大学，谈到教材编写工作时指出：“我很不赞成把中国古代经典诗词和散文从课本中去掉，‘去中国化’是很悲哀的。应该把这些经典嵌在学生脑子里，成为中华民族文化的基因。”[②] 中华文化绵延数千年，形成了独特的价值体系，代表着中华民族独特的精神标识。从特定意义上讲，中国人之所以为中国人，很重要的因素是中国文化的存在。“中华优秀传统文化已经成为中华民族的基因，植根在中国人内心，潜移默化着中国人的思想方式和行为方式。”[③] 但是，在全球化深入发展、科学技术日新月异、各国各地区联系日益紧密的今天，如果只学习西方和外国，“言必称希腊”，处处“去中国化”，忽视中国优秀传统文化的教育和普及工作，那么，时间日久，已经成为中华民族基因的中华优秀传统文化也会弱化甚至丢失。所以，在学校以至全社会切实推进中国优秀传统文化的教育和普及，是继承和弘扬中国优秀传统文化的关键所在。

四是要高度重视中国优秀传统文化的践行和应用。研究的目的在于践行和应用。马克思主义要求的理论联系实际，中国传统文化提倡的“经世致用”，讲的都是这个道理。对中国优秀传统文化的研究，应从研究者的书斋中和课堂上，走到群众中和社会实践中去。在对传统文化进行鉴别和研究的基础上，要真正发挥优秀传统文化以文化人、以文育人的作用，需要在全党全社会大兴学习中国优秀传统文化之风，深入开展中国优秀传统文化的践行和应用工作，“系统梳理传统文化资源，让收藏在禁宫里的文物、陈列在广阔大地上

---

① http：//tv. people. com. cn/n/2013/0926/c141029 – 23049842. html，2013 年 9 月 26 日。

② https：//news. china. com/news100/11038989/20140914/18783893. html，2014 年 9 月 14 日。

③ http：//www. xinhuanet. com//2018 – 05/03/c_1122774230. htm，2014 年 5 月 2 日。

的遗产、书写在古籍里的文字都活起来”，“通过学校教育、理论研究、历史研究、影视作品、文学作品等多种方式，加强爱国主义、集体主义、社会主义教育，引导我国人民树立和坚持正确的历史观、民族观、国家观、文化观，增强做中国人的骨气和底气”，[①] 让中国优秀传统文化深入干部、群众中去，做到入耳、入脑、入心，内化到干部、群众的日常行为中，起到“润物细无声、日用而不知”的效果，发挥中国优秀传统文化资政育人的作用。

五是要推动中华优秀传统文化的创造性转化和创新性发展。诚然，中国传统文化中蕴含着对今天仍有积极意义的思想资源，但毕竟客观实际总是不断发生变化的。因此，中国传统文化与社会主义市场经济、民主政治、先进文化、社会治理等还存在需要协调适应的地方。有鉴于此，习近平指出：“弘扬中华优秀传统文化，要处理好继承和创造性发展的关系，重点做好创造性转化和创新性发展。创造性转化，就是要按照时代特点和要求，对那些至今仍有借鉴价值的内涵和陈旧的表现形式加以改造，赋予其新的时代内涵和现代表达形式，激活其生命力。创新性发展，就是要按照时代的新进步新进展，对中华优秀传统文化的内涵加以补充、拓展、完善，增强其影响力和感召力。”[②] “小康社会”概念的提出，就是创造性转化、创新性发展的一个很好的例子。“小康”这个概念出自《礼记·礼运》，是中华民族自古以来追求的理想社会状态。“使用‘小康’这个概念来确立中国的发展目标，既符合中国发展实际，也容易得到最广大人民的理解和支持。”[③] 推动中国优秀传统文化的创造性转化和创新性发展，是一个值得深入研究的重要课题，也是继承和弘扬

① 习近平：《建设社会主义文化强国·着力提高国家文化软实力》，《人民日报》2014 年 1 月 1 日。

② 中共中央宣传部：《习近平总书记系列重要讲话读本》，人民出版社 2014 年版，第 101 页。

③ http：//www. xinhuanet. com//politics/2014 - 09/24/c_1112612018. htm，2014 年 9 月 24 日。

中国优秀传统文化的本质要求。按照这样的要求去做，才能忠实地继承和弘扬好中国优秀传统文化，从而达到为中国特色社会主义事业服务的目的。如此一来，马克思主义与中国传统文化的关系这一单纯的理论问题，也就落了地、接了地气，成为一个实实在在的实践问题，正确理解和处理这一问题也就有了深刻的现实意义。

创造性转化。继承中国优秀传统文化不能照搬照抄、囫囵吞枣，关键要对其进行“创造性转化”。习近平同志在谈到对待中国传统文化的态度时指出：“要处理好继承和创造性发展的关系，重点做好创造性转化和创新性发展。”如何才能实现对中国传统文化的创造性转化呢？在习近平同志看来，必须“使中华民族最基本的文化基因与当代文化相适应、与现代社会相协调，以人们喜闻乐见、具有广泛参与性的方式推广开来”。这就告诉我们，要实现对中国传统文化的创造性转化，一要使中华传统文化与当代文化相适应，使中国传统文化和传统美德为社会主义先进文化建设服务，为提升当代中国文化软实力、建设社会主义文化强国服务；二要使中华传统文化与现代社会相协调，认真挖掘中华传统文化中的“精华”，并赋予其新的时代内涵，使之真正成为推进改革开放和社会主义现代化建设的精神动力；三要用符合时代需要和大众口味的形式对传统文化作出新的“阐释”，使之以人们喜闻乐见、具有广泛参与性的方式推广开来①。

创新性发展。继承中国优秀传统文化的目的是进一步促进中国传统文化的与时俱进，推进中国传统文化的创新性发展。那么，在当今时代条件下如何实现中国传统文化的创新性发展呢？习近平指出，“提高国家文化软实力，要努力展示中华文化独特魅力”，“把继承传统优秀文化又弘扬时代精神、立足本国又面向世界的当代中国文化创新成果传播出去”。实现中国传统文化的创新性发展，一要促进中国传统文化与时代精神的结合，赋予传统文化其新的时代内

---

① http：//theory. gmw. cn/node_59795. htm，2014 年 9 月 24 日。

涵。比如，社会主义核心价值观所强调的爱国、友善、诚信、公正、和谐等理念，就是把中国传统文化所强调的“讲仁爱、重民本、守诚信、崇正义、尚和合、求大同”的传统价值理念与当今时代特征和我国实际相结合发展而来的，是中国传统价值观的创新性发展。二要既立足本国国情又要面向世界。在当今改革开放新的历史条件下，要实现中国传统文化的创新性发展，必须根据本国国情的需要，认真吸收借鉴世界文明成果之精华，形成面向现代化、面向世界、面向未来的民族的科学的大众的社会主义先进文化，比如，社会主义核心价值观所强调的自由、平等、民主、文明等理念，就是吸收了世界文明有益成果的基础上产生的。

5. 批判“全盘西化”思潮

第一，“全盘西化”论者否认文化的主体性，认为中国传统文化尽是糟粕，没有丝毫可取之处，必须彻底抛弃自己的传统文化，全盘接受西方文化。其实，中国传统文化能够绵延数千年而不断，这本身就说明了它作为一种社会文化积淀已经渗透到中国人的骨髓里面，并不是想斩断就能斩断的。在几千年的历史进程中，外来文化进入中国后，它们并没有取代中国传统文化，而是被中国传统文化所日渐吸收，最终成为中国传统文化的一部分，可见中国传统文化具有强大的生命力。近代以来西方文化的输入，也不会冲击中国传统文化的基础，传统文化在任何时候都是吸收外来文化的前提和基础。

第二，他们多从文化的时代性出发，认为西方文化在各个方面都优越于中国文化。“全盘西化”论者认为西方文化和中国传统文化在时代性上不同，在对中国传统文化基本否定的同时，把西方文化吹捧得完美无瑕，在他们看来，现代化只有一种模式，即西方的现代化，中国只有彻底抛弃传统文化，全盘接受西方文化，才能走向现代化。这是彻头彻尾的民族虚无主义理论，不仅在理论上是完全错误的，而且在实践中也是极为有害的，这种理论在中国这块土地上根本无法生根。如果一个民族为了实现现代化，把自己的传统文化完全抛弃，完全照抄西方那一套，这在理论上和实践中都是行不通的。毛泽东早就说过，“所谓的全盘西化的主张，乃是一种错误的观点”[①]。20 世纪 80 年代鼓吹“全盘西化”的人有时把“全盘西化”当成一个“全方位开放”同义的口号加以肯定，主张全方位引进西方文化，包括哲学、政治、经济等学说和制度，用以冲击中国现有的一切，冲击过后，剩下什么算什么。这种主张的政治含义是效法西方走资本主义道路。诚然，中国的现代化需要西方先进的科学技术，也需要学习和借鉴西方在经济管理、政治司法等方面的成就，但这种学习和引进应当在发扬民族主体性精神的前提下进行，否则的话就会危及我们的社会主义制度。要彻底批判“全盘西化”的错误思潮，必须正确对待中国传统文化，弘扬传统文化精华。在经济全球化、政治多极化、文化多元化的背景下，弘扬我们的传统文化增强民族身份认同尤其重要。“任何一个缺乏自己文化的民族，不管它在物质方面如何‘发达’，它在精神文化方面也必然成为外国文化的俘虏。其结果，无疑是悲惨的。”[②] 实际上，就是一些西方有远见的政治家和学者也早就注意到了中国文化的价值。历史学家汤因比断言：“将来统一世界的大概不是西欧国家，也不是西欧化的国家，而是中国。……恐怕可以说正是中国肩负着不止给半个世界而且给整个世界带来政治统一与和平的命运。”[③] 特别是“9·11”事件以后，西方人更加重视从中国传统文化中寻找西方文化所没有的东西，如中国传统文化一直关注人与天、地的关系，并恰当地摆好这三者的位置，这在西方文化中是比较缺乏的。我们岂能对自己文化的价值视而不见？今天，我们以更加开放的心态参与世界范围内的文化交流。积极学习世界优秀文明成果，但是，离开了民族化，

① 《毛泽东选集》第 2 卷，人民出版社 1991 年版，第 707 页。

② 郭敬文：《民俗文化学的梗概与兴起》，中华书局 1996 年版，第 181 页。

③ ［英］阿·汤因比、［日］池田大作：《展望二十一世纪——汤因比与池田大作对话录》，荀春生、朱继征、陈国梁译，国际文化出版公司 1985 年版，第 289 页。

也就不可能有世界化。这是文化发展的基本法则，也是我们正确对待传统文化的认识前提。

6. 反对教条主义和历史虚无主义

在对待中国传统文化的态度上，有两种错误思潮值得我们高度警惕并坚决抵制：一种是教条主义地对待中国传统文化。持这种态度的人把传统文化视为铁板一块的“高大全”，不加分析地照搬照抄、全盘肯定。他们看不到传统文化的“糟粕性”“封建性”和“局限性”，主张用中国传统文化“代替”社会主义新文化，用所谓“新儒学”“取代”马克思主义理论。这种对待中国传统文化的教条主义态度不仅不利于我们弘扬中国优秀传统文化，而且会给我们今天的现代化建设事业带来非常严重的危害。另一种就是全盘否定中国传统文化的历史虚无主义思潮。这种思潮把中华民族的“民族性”“传统性”贬得一无是处，把中国传统文化视为“沉重的包袱”“历史的惰力”，主张“要反传统”，彻底“摆脱中国文化的传统形态”，“根本改变和彻底重建中国文化”。这种不分青红皂白全盘否定中国传统文化的历史虚无主义思潮，不仅在理论上是完全错误的，而且在实践中也是十分有害的。在对待中国传统文化这个事关国家富强、民族振兴、人民幸福的战略性问题上，我们一定要以习近平同志的重要论述为指针：“对我国传统文化，对国外的东西，要坚持古为今用、洋为中用，去粗取精、去伪存真，经过科学的扬弃后使之为我所用。”这就是我们对待中国传统文化的科学态度，就是要辩证地继承。中华传统文化是中华民族生生不息、发展壮大的丰厚滋养，也是我们今天全面深化改革和推进社会主义现代化建设的强大精神力量。习近平同志指出，要认真汲取中华优秀传统文化的思想精华和道德精髓，大力弘扬以爱国主义为核心的民族精神和以改革创新为核心的时代精神，使中华优秀传统文化成为涵养社会主义核心价值观的重要源泉。我们的先人曾经留下许多宝贵的优秀精神传统，古人所说的“先天下之忧而忧，后天下之乐而乐”的政治抱负，“位卑未敢忘忧国”“苟利国家生死以，岂因祸福避趋之”的报国情怀，“富贵不能淫，贫贱不能移，威武不能屈”的浩然正气，“人生自古谁无死，留取丹心照汗青”“鞠躬尽瘁，死而后已”的献身精神等，都体现了中华民族的优秀传统文化和民族精神，我们都应该继承和发扬。当然，我们必须清楚地看到，在中国传统文化中也有一些糟粕性的东西，正如当年毛泽东所指出的那样，清理古代文化的发展过程，剔除其封建性的糟粕，吸收其民主性的精华，是发展新文化提高民族自信心的必要条件；但是决不能无批判地兼收并蓄。习近平在强调继承中国传统文化精髓的同时也提醒我们：“对历史文化特别是先人传承下来的价值理念和道德规范，要坚持古为今用、推陈出新，有鉴别地加以对待，有扬弃地予以继承。”①

7. 对待传统文化要有三种精神②

一是继往开来的精神。我国是一个历史悠久的文明古国。古往今来，中国人民在建设自己家园的艰苦奋斗中，一代接一代地积累、继承、创新和发展，铸就了源远流长、博大精深的中华优秀传统文化。这一优秀传统文化独树一帜、自成体系，是一个与时俱进、历久弥新的历史范畴，记载和反映了中华民族的坚强意志、崇高精神，早已同中华民族的兴衰存亡融为一体，是永远割不断的精神命脉，也是中华民族永葆青春、开创未来的强大历史基因。习近平同志讲得很清楚：“优秀传统文化是一个国家、一个民族传承和发展的根本，如果丢掉了，就割断了精神命脉。”他强调，要把握好正确对待传统文化和现实文化的重大课题，善于把弘扬优秀传统文化和发展现实文化有机统一起来、紧密结合起来，在继承中发展，在发展中继承。因此，在对待传统文化问题上，我们主张历史与现实的统一，尊重历史而不能割断历史，具备继往开来的精神。不能继往就不能

① 习近平：《在山东考察时的讲话》，《人民日报》2013 年 11 月 29 日。http：//theory. gmw. cn/node_59795. htm，2014 年 9 月 24 日。

② 陈祖武：《对待传统文化得有三种精神》，《人民日报》2015 年 1 月 13 日。

开来。不很好继承中华优秀传统文化，是难以开创社会主义先进文化繁荣发展新局面的。

二是科学扬弃的精神。中华民族的历史和文化，从形成到发展，经历了数千年不间断的漫长过程，走的是一条富有个性的独特发展道路。中华民族传统文化既然是一个历史范畴，就必然受到历史条件的制约，从而打上不同历史时期的文化印记。因而，中华民族传统文化不是单一的、纯粹的、一成不变的体系，而是以积极健康、向上向善的优秀文化为中坚和主导，多元互补、彼此渗透，精华和糟粕杂陈的复合文化形态。中华民族传统文化形成和发展的历史早已证明并将继续证明，把历史问题简单化，故步自封，是古非今，同无视、曲解乃至杜撰历史一样，都不是对待自己民族传统文化的科学态度。我们主张坚持古为今用、推陈出新的方针，坚持科学扬弃的精神，从实际出发，具体问题具体分析，取其精华，去其糟粕，努力实现传统文化的创造性转化和创新性发展。这是我们应该具有的文化观。我们不赞成厚古薄今、以古非今，也不赞成简单地从形式上去模仿甚至复原传统文化的某些特定仪式。

三是以人为本的精神。近百年来，对文化词义的界定，见仁见智，各有依据，可谓百花齐放、百家争鸣。尽管如此，就其本质来认识和把握，仍可以看到一个相似之处，即立足点都在人。在这个问题上，我们赞成这样的见解，即文化是一个民族的精神和灵魂，它既以经济发展为前提，又通过民族文明素质的提高反作用于经济，从而推动社会和历史前进。因此，我们讲弘扬中华优秀传统文化，归根结底是要解决人的问题，通过以文化人，达到提高全民族文明素质的目的。五千年来，中华优秀传统文化涵养了中华儿女的道德情操、精神追求、文化旨趣和人生价值，成为凝聚民族意志、维护国家统一、反抗外敌欺凌、谋求国家富强和人民幸福的强大精神力量。这样一个以文化人的过程，不知不觉地贯穿于每一个人的生命历程。《周易》说的“观乎人文，以化成天下”，讲的大概就是这个道理。在新的历史时期，以文化人仍然是文化建设的神圣使命，需要以人为本的精神。春雨润物，任重道远。作为文化人，唯有慎终如始、持之以恒，为弘扬中华优秀传统文化而奋斗，方能不辜负时代的重托。

第三节　学习中华优秀传统文化的意义和方法

一　学习中华优秀传统文化的意义

（一）有助于坚定中华民族伟大复兴的信心

首先，学习中国传统文化是我们认识自身和把握中华民族精神的可靠途径。美国学者塞缪尔·亨廷顿指出："随着冷战的结束，意识形态不再重要，各国开始发展新的对抗和协调模式。为此，人们需要一个新的框架来理解世界政治，而'文明的冲突'模式似乎满足了这一需要。"[①] 而在这种文明的冲突中，各国如何认识自己的身份非常重要。他在2004年出版的《我们是谁》一书中认为："美国人应当重新发扬盎格鲁—新教的文化、传统和价值观，因为正是它们三个世纪以来为这里的各人种、民族和宗教信仰的人所接受，成为他们自由、团结、实力、繁荣以及作为世界上向善力量道义领导者的地位的源泉。"在经济全球化的今天，我们照样存在自己的身份认同问题。在现代化与全球化的语境下，我们是否存在着身份认同问题呢？我们又是谁呢？随着中国现代化进程的加快和对国际社会的深度参与，我们也越来越感到自己身份认同的重要性，感到自己价值观的缺失而导致的无所适从，感到物质丰富下的精神空虚，我们必须批判地继承自己的传统文化，重塑中华魂。应当看到，文化全球化意味着孕育和造就一种世界文化或全球文化，但同时在某种

---

① ［美］塞缪尔·亨廷顿：《文明的冲突与世界秩序的重建》，张立平等译，新华出版社2002年版，中文版序言。

意义上也意味着民族文化主权的失落和动摇：它削弱了民族文化的向心力和凝聚力，以及人们对民族文化的认同感和归属感，引发了对民族文化的认同危机。故而，全球化给我们提出的任务之一就是保持和弘扬民族精神，这是文化全球化过程中维护民族文化主权以及保持文化多元化和多样性的前提，是中华民族在全球化背景下的一种准确的自我定位的迫切需要，也是今天我们学习和继承中国传统文化精华的意义之所在。

其次，学习传统文化有助于增强民族自尊心、自信心和自豪感。中国传统文化是世界上最古老的文化之一，而且是世界上唯一没有中断过的文化，它是东方文化的典型代表，有着独特的价值系统和思维方式，是人类文明发展史上的一块瑰宝，对世界文化的发展和进步发挥了重大的推动作用。中国传统文化中有不少优于西方文化而且在漫长的岁月中在世界上处于领先地位的方面，即使在科学技术方面也是如此。英国著名中国科技史专家李约瑟博士曾十分中肯地说过："中国文明曾经在科学技术史上起过迄今为止未被人充分认识到的多方面的巨大作用。"① 更不用说辉煌的象形文字、浩瀚的古籍经典、动人的诗词歌赋、灿烂的思想文化、美好的社会理想……学习这些，会以有这样的优秀文化而自豪，从而增强民族自尊心、自信心，而不会妄自菲薄、自暴自弃。

最后，学习传统文化有助于增强民族凝聚力，坚定中华民族伟大复兴的信心。中国传统文化有着悠久的爱国主义传统。"夙夜在公""以公灭私，民其允怀""国而忘家，公而忘私"这些主张中包含着为统治阶级服务的一面，更包含为了国家、为了民族的公利而牺牲个人私欲的爱国主义情怀。正是这种爱国主义精神的激励，才使中华民族在遭受外敌入侵时，能团结一致、不屈不挠、奋起抵抗。顾炎武提出"天下兴亡，匹夫有责"、林则徐写出"苟利国家生死以，岂因祸福避趋之"，都是爱国主义的民族精神的真实写照。中国

① 温克勤：《伦理学与道德建设》，天津人民出版社 2001 年版，第 433 页。

传统文化凝聚力发端于上古，绵延数千年，成为不同民族情感的纽带，体现和融合华夏诸多民族形成一个统一体。传统文化凝聚力不仅表现在全国各民族的团结一致共同奋斗中，还表现在对全球炎黄子孙的联结和沟通中。全球海外华人华侨有五千多万人，心向祖国，一直与祖国心灵相通。当祖国繁荣昌盛时，他们以祖国而自豪；当祖国处在民族危亡时期，他们以各种方式支援祖国。他们一直与祖国荣辱与共。中国传统文化凝聚力是实现祖国统一的深层次的思想基础，是实现祖国统一和维护民族团结、反对分裂之民族大义所在。台湾海峡两岸的中国人有共同的文化传统，有共同的血缘关系，血脉相通、血浓于水。正是由于共同的民族文化素养，共同的民族心理素质，共同的民族根本利益，所以我们坚信海峡两岸一定能在中国传统文化凝聚力的作用下实现祖国的统一。今天，我们比以往任何时候都更加接近中华民族伟大复兴的美好前景，学习中国传统文化，汇集巨大正能量，实现中国梦谱写“长风破浪会有时，直挂云帆济沧海”的壮丽篇章。

（二）有助于坚定中国特色社会主义信念

首先，学习传统文化有助于继承传统。马克思说：“人们创造自己的历史，但是他们并不是随心所欲地创造，并不是在他们自己选定的条件下创造，而是在自己直接碰到的、既定的、从过去承继下来的条件下创造。”[①] 中国传统文化，就是我们“直接碰到的既定的、从过去承继下来的条件”，是影响中国人过去、现在和将来的传统。从一定意义上讲，传统是社会的一种生存机制和创造机制。借助于它，历史才得以延续和发展，社会的精神成就和物质成就才得以保存和实现。正因为如此，文化传统并非仅滞留于博物馆的陈列品和图书馆的线装书之间，它还活跃在今人和后人的实践当中，并在这种实践中不断改变自己的。每一个有志于为民族的未来贡献心智和汗水的中国人，都应该努力熟悉传统、分析传统、继承创新。

---

① 《马克思恩格斯选集》第1卷，人民出版社1995年版，第585页。

而学习中国传统文化正是培育这种理性态度和务实精神的最好课堂之一。

其次，学习传统文化有助于认清现实。社会主义制度在我国的建立，实现了中国历史上最广泛最深刻的社会变革。邓小平曾指出："如果不搞社会主义，而走资本主义道路，中国的混乱状态就不能结束，贫困落后的状态就不能改变。"① 中华人民共和国成立后，中国共产党带领全国人民在建设社会主义的道路上进行了开创性的、艰辛的探索，取得了巨大的成就，事实雄辩地证明，只有社会主义才能救中国，只有中国特色社会主义才能发展中国。中国特色社会主义是当代中国发展进步的根本方向，是发展中国、稳定中国的必由之路。中国特色社会主义道路，来之不易。"这条道路，是在改革开放30多年的伟大实践中走出来的，是在新中国成立60多年的持续探索中走出来的，是在对近代以来170多年中华民族发展历程的深刻总结中走出来的，是在对中华民族5000多年悠久文明的传承中走出来的，具有深厚历史渊源和广泛现实基础。"② 中华文化是我们民族的"根"和"魂"，也是中国道路生于斯、长于斯的深厚土壤。中华民族5000多年创造的灿烂文化，蕴含着宝贵的思想资源和崇高的价值追求，正因为这条道路是对5000多年生生不息的悠久中华文化的传承，从而才有如此深厚的中华文化积淀，才使中国特色社会主义道路充满生命力、活力和凝聚力。学习中国传统文化有助于增强中国特色社会主义的道路自信、理论自信和制度自信。

最后，学习传统文化有助于开拓未来。科学对待文化传统，不忘历史才能开辟未来，善于继承才能善于创新。优秀传统文化是一个国家、一个民族传承和发展的根本，如果丢掉了，就割断了精神

---

① 《邓小平文选》第3卷，人民出版社1993年版，第63页。

② 习近平：《在十二届全国人大闭幕会上的讲话》，《人民日报》2013年3月17日。

命脉。我们要善于把弘扬优秀传统文化和全面建设小康社会有机统一起来，在继承中发展创新开拓未来。2014 年 9 月 24 日，习近平在纪念孔子诞辰 2565 周年国际学术研讨会暨国际儒学联合会第五届会员大会开幕会上指出："中国共产党人是马克思主义者，坚持马克思主义的科学学说，坚持和发展中国特色社会主义，但中国共产党人不是历史虚无主义者，也不是文化虚无主义者"，"中国共产党人始终是中国优秀传统文化的忠实继承者和弘扬者"。学习传统文化，继承传统文化精华，认识中国共产党和中国优秀传统文化的关系，认识坚持马克思主义和弘扬中国优秀传统文化的关系，认识清楚坚持改革开放和弘扬中国优秀传统文化的关系，坚定对中国共产党的信任，坚定中国特色社会主义信念，把中国特色社会主义伟大事业推向前进。

（三）有助于中国特色社会主义文化大发展

首先，学习中国传统文化有助于坚持走中国特色社会主义文化发展道路。坚持中国特色社会主义文化发展道路，必须以马克思主义为指导，必须发挥人民在文化建设中的主体作用，必须坚持自己的民族特色，继承和发扬中华优秀文化传统，大力弘扬中华文化，建设中华民族共有精神家园。必须积极吸收、借鉴国外优秀文化成果，抵制西方腐朽文化的影响。学习传统文化，才能在学习中分清糟粕和精华、辩证扬弃、传承创新，发挥中华优秀传统文化的强大凝聚力作用。

其次，学习中国传统文化有助于培育社会主义核心价值观。面对世界范围思想文化交流交融交锋形势下价值观较量的新态势，面对改革开放和发展社会主义市场经济条件下思想意识多元多样多变的新特点，积极培育和践行社会主义核心价值观，具有重要现实意义和深远历史意义。"富强、民主、文明、和谐；自由、平等、公正、法治；爱国、敬业、诚信、友善"社会主义核心价值观，与中国特色社会主义发展要求相契合，与中华优秀传统文化和人类文明优秀成果相承接，是我们党凝聚全党全社会价值共识作出的重要论断。学习传统文化，有助于理解优秀传统文化对社会主义核心价值观的涵育，实现社会主义核心价值观与优秀传统文化的对接，夯实社会主义核心价值观培育的土壤。

最后，学习中国传统文化有助于建设社会主义文化强国。人类文明进步的历史充分表明，没有先进文化的引领，一个国家、一个民族不可能屹立于世界先进民族之林。当今时代，文化在综合国力竞争中的地位日益重要，谁占据了文化发展的制高点，谁就能更好地在激烈的国际竞争中掌握主动权。实现中华民族伟大事业大复兴，迫切要求我国由一个文化资源大国转变为一个文化强国，这是中华民族几千年文化积淀赋予我们的历史使命。因此，学习传统文化，了解丰厚的文化资源，增强文化使命感，增强文化自信和自觉，有助于增强文化软实力，建设文化强国。

（四）有助于推动中国特色社会主义经济健康发展

古老的中国在漫长的历史时期内，无论是在经济文化方面还是在科学技术领域都走在世界前列，处于领先地位，只是自明中叶以后才逐渐落后于西方列强。近代以来，思想界先驱们在反思过程中，将中国落后的原因归咎于以儒学为代表的中国传统文化，于是才有了“打倒孔家店”之举。然而到了20世纪六七十年代，以中国传统文化为母体文化属于中华文化圈的东亚一些国家的经济开始腾飞，日本及“四小龙”经济出现了快速增长，这一事实显示出以儒学为核心的中国传统文化的价值。据说日本企业成功靠的是《论语》加算盘；新加坡的繁荣得益于重视儒学教育。英国学者迈克法克说东亚几国的经济起飞是因为“它们都享有经世永久的儒学传统”。这种经世致用的以儒学为核心的传统文化对经济基础是有积极的能动作用的。因此，学习传统文化弘扬文化精华对我国经济健康发展必将产生积极的推动作用。另外，中国传统文化中那种自强不息的奋斗精神等，在今天仍有它的现实意义。我们则要顺应时代的潮流，给它们赋予新的时代意义，使其永葆青春活力。在今天的现代化建设中，学习传统文化，有助于我们把中国传统文化凝聚力上升到理性认识，成为中华民族的共识，用中国传统文化凝聚力去团结人民、鼓舞人民，凝聚成现代化建设的巨大物质力量和精神力量，促进经济又好又快发展。

（五）有助于社会主义和谐社会建设

和谐社会是对人类美好社会状态的一种描绘，是人们梦寐以求的社会理想。和谐社会就是人与自然、人与社会、人与人之间和谐统一协调发展的社会。建设社会主义和谐社会，是中国特色社会主义的重大战略任务。和谐的基础是社会中的每一个体都学会做人，而学会做人就是学会处理人与人、人与社会的关系。中国传统文化可以说是如何做人的文化，可以说是学会做人的最好教材。中国传统文化非常注重伦理道德和人格修养，被世人归结为伦理型文化。《大学》一书开宗明义指出："大学之道，在明明德，在亲民，在止于至善。"并且提出正心、诚意、修身、齐家、治国、平天下的主张。这完全是以对道德的自我追求和完善为宗旨的。孔子倡导的"仁者爱人""己欲立而立人，己欲达而达人""己所不欲，勿施于人"，更浸透了怎样做人的伦理精神。儒家的崇仁、尚义、重节的一系列言论，以及道家所主张的不为境累、不为物役、绝圣弃智、洁身自好，实际上也是对理想人格的追求。同时，中国传统文化注重以家庭的稳定维护社会的稳定。建立在伦理规范与小农家庭（家族）经济基础上的传统政治文化，是中国这个泱泱大国延绵几千年的黏合剂。国家与家族同构的模式，使大而统的国家浓缩为一个家庭，保持家庭的和睦关系便成为自觉维护国家正常运行的重要因素，每个成员都守好自己的角色以求得家庭和社会的和谐。因此，学习传统文化经典，汲取人文精神，学会做人，对于促进社会主义和谐社会建设具有重要现实意义。

（六）有助于社会主义生态文明建设

生态文明的核心是正确处理人与自然的关系，首先应该树立生态文明的理念，尊重自然、顺应自然、保护自然，在利用和改造自然的过程中，要主动保护自然，积极改善和优化人与自然的关系，建设健康有序的生态运行机制和良好的生态环境。在这方面，中国传统文化独树一帜光彩夺目。“道法自然、顺天应人”的思想是中国传统文化中宇宙观的主流观念和文化建构中的重要思想支柱。既然天人相谐，人们就应当顺应天时，不破坏自然界的规律。庄子告诫人们“春三月，山林不登斧，以成草木之长；夏三月，山泽不入网罟，以成鱼鳖之长”，不能对大自然肆意破坏。学习这样的传统文化，吸收富有人文主义精神的传统文化精神，有助于将科学精神和人文精神结合起来，有助于纠正20世纪发展到极端的片面的科学主义倾向，实现可持续发展，实现人与自然的和谐相处，建设美丽中国。

二 学习中华优秀传统文化的方法

2013年11月26日，习近平在山东考察时讲道：“一个国家、一个民族的强盛，总是以文化兴盛为支撑的，中华民族伟大复兴需要以中华文化发展繁荣为条件。对历史文化特别是先人传承下来的道德规范，要坚持古为今用、推陈出新，有鉴别地加以对待，有扬弃地予以继承。”提出了学习传统文化的方法论。具体而言，学习中国传统文化需要史论统一、知行统一、理论与实践要结合、承继与创新相结合的学习方法。

1. 历史梳理与逻辑分析相结合。中国传统文化历经数千年积淀，内容非常丰富。在学习时我们既要对中国传统文化的来龙去脉、历史沿革有一个明晰的了解，又要避免被浩如烟海的材料所湮没，就需要将史和论结合起来，将历史和逻辑的方法结合起来。以史求论、以论带史，相辅相成、相得益彰。正如恩格斯所说：“历史常常是跳跃式地和曲折地前进的，如果必须处处跟随着它，那就势必不仅会注意许多无关紧要的材料，而且也会常常打断思想进程……因此，逻辑的研究方法是唯一适用的方式。但是，实际上这种方式无非是历史的研究方式，不过摆脱了历史的形式以及起扰乱作用的偶然性而已。”①

2. 经典诵读与社会体验相结合。中国传统文化的要义多被载录于汗牛充栋的古籍之中，研读这些古籍，尤其是具有经典意义的古籍，如《周易》《诗经》《论语》《史记》等，对于我们把握中国传统文化的精髓，无疑是非常重要的途径。同时，中国传统文化的诸多内容是以非文本的形式存留于不断发展变化的社会生活之中，如起居习俗、交往礼仪、行为规范乃至衣食住行、婚丧嫁娶，等等。这就要求我们将视野扩大到社会生活的广阔领域，将文本与非文本、典籍研读与社会体验、静态的学习与动态的学习结合起来，相互参照，相互印证，从而对生生不息的中国传统文化有一个全面的发展的认识。

3. 批判继承与开拓创新相结合。中国传统文化是历史赋予我们的一份珍贵遗产，是我们建设现代文化的出发点和基础。那种全盘否定和彻底抛弃的民族虚无主义和非历史主义的态度是不可取的。但是我们也不能生吞活剥式地学习，那样就会使中国传统文化的生命危在旦夕。我们必须用历史唯物主义的科学观点和方法，取其精华，去其糟粕，推陈出新，将批判与继承结合起来，传承、创新，建设中国特色社会主义文化。

4. 知行统一的方法。文化是民族的血脉，是人民的精神家园。中华文化源远流长，积淀着中华民族最深层的精神追求，代表着中华民族独特的精神标识，为中华民族生生不息、发展壮大提供了丰厚滋养。学习传统文化，要提高对传统经典学习的重视意识，同时要重视德性实践养成，即知行统一的学习方法。从孝道开始，从娃娃开始，在生活的一言一行中学习传统文化的要义。父母要以身作则，教师要言传身教，学生要身体力行，在实践养成中学习好传统文化。

---

① 《马克思恩格斯选集》第2卷，人民出版社1995年版，第43页。

三　中华优秀传统文化的创造性转化和创新性发展研究综述

（一）对习近平中华优秀传统文化的创造性转化和创新性发展论述总结

学者徐光木、江畅认为①，推动中华优秀传统文化的创造性转化和创新性发展是习近平总书记在中国特色社会主义进入新时代之际提出的重要思想和重大任务。推动中华优秀传统文化的创造性转化和创新性发展成为全党的共识，并上升为党的主张和原则，成为文化强国建设的基本遵循，同时习近平总书记致力于从理论和实践的结合上推动对中华优秀传统文化的创造性转化和创新性发展，取得了重要的理论和实践成果。习近平总书记推动中华优秀传统文化的创造性转化和创新性发展的理论和实践建立在充足理据的基础之上，其合理性正在随着时间的推移日益充分彰显出来，其理论和实践成果反映了我国从富起来到强起来和文化强国建设的客观要求，具有重大的现实意义和深远的历史意义。

徐光木、江畅从以下几个方面总结：

1. 习近平总书记推动中华优秀传统文化创造性转化和创新性发展所取得的成果。第一，将传统民本思想创新性发展为以人民为主体、以人民为中心。第二，将传统文化对“大同”与“小康”的追求创造性地转化为“为国家谋富强、为民族谋振兴、为世界谋大同”。第三，将传统文化的以道德完善为人格理想追求创造性转化为以人民生活美好为奋斗目标。第四，将传统文化以德、礼、法的治理模式进一步转化为法德共治模式，并落实到国家治理体系和治理能力现代化中。第五，将传统文化所注重的修身成人创新性发展为以不懈奋斗实现美好生活。第六，将传统文化的天下情怀创新性发展为推进人类命运共同体建设。

---

① 徐光木、江畅：《习近平总书记对中华优秀传统文化的创造性转化和创新性发展》，《思想理论教育》2019 年第 2 期。

2. 推动中华优秀传统文化创造性转化和创新性发展的合理性依据。习近平总书记对传统文化有深沉的感情、有丰厚的学养，这一点从他的“用典”就可以看出，但他作为一位睿智的思想家和英明的政治家绝不会仅仅根据自己的情感和兴趣来作出重大理论判断和政治决策。他善于集中全党全社会的智慧、汇聚当代哲学社会科学研究成果的精华，加上他本人不懈的理论探索和丰富的政治实践经验，这一切使推动中华优秀传统文化创造性转化和创新性发展的理论和实践建立在充足理据的基础之上，其合理性正随着时间的推移日益充分彰显出来。中华文化绵延五千年薪火不断，是一代又一代中华儿女传承和弘扬的结果。历史演进到了全球化和中国改革开放的时代，传承和弘扬中华文化面临着历史上从未遇到的新挑战、新课题。一方面，必须把中华文化传承下去，不能让文化传统在我们这一代中断、丢失。习近平总书记指出，中国优秀传统思想文化体现着中华民族世世代代在生产生活中形成和传承的世界观、人生观、价值观、审美观等，其中最核心的内容已经成为中华民族最基本的文化基因，是中华民族和中国人民在修齐治平、尊时守位、知常达变、开物成务、建功立业过程中逐渐形成的有别于其他民族的独特标识。因此，我们必须续写传统，将传统文化发扬光大。“抛弃传统、丢掉根本，就等于割断了自己的精神命脉。”另一方面，在全球化时代，必须借鉴外来文化，并在马克思主义指导下创新传统文化，使中华优秀传统文化与当代人类先进文化相对接并反映时代精神的要求。

3. 推动中华优秀传统文化创造性转化和创新性发展的重大意义。第一，正在促进马克思主义与中华优秀传统文化相融合，从而推动着中国特色社会主义基础理论的形成。第二，正在促进中国当代文化植根于传统文化之中，中国当代文化基础越来越深厚、越来越扎实，具有更深刻的意蕴和更深沉的力量，更富有鲜明的民族特色。第三，正在使中国文化加速走向强大，中国人的文化自信有了更加充分的根据。第四，正在不断给其他国家如何对待传统文化提供中国智慧和中国经验，对世界其他国家具有典范意义。

4. 中秋佳节听习近平讲中华优秀传统文化。“悠悠天宇旷，切切故乡情。”作为中华民族传统节日之一，中秋节承载着国人对团圆和睦的美好追求，蕴含着浓浓的家国情怀。习近平总书记对中国传统节日和传统文化十分重视。他曾在不同场合指出中华优秀传统文化的宝贵价值和独特作用，并要求我们继承与发扬中华优秀传统文化。

2019 年 9 月 14 日，央视网《联播 +》和您一同重温习近平关于中华优秀传统文化的深情讲述，坚定文化自信，积聚更基本、更深沉、更持久的力量！

中华优秀传统文化是中华民族的文化根脉，其蕴含的思想观念、人文精神、道德规范，不仅是我们中国人思想和精神的内核，对解决人类问题也有重要价值。

——2018 年 8 月 21 日至 22 日，在全国宣传思想工作会议上的讲话

中华优秀传统文化是中华民族的精神命脉，是涵养社会主义核心价值观的重要源泉，也是我们在世界文化激荡中站稳脚跟的坚实根基。

——2014 年 10 月 15 日，在文艺工作座谈会上的讲话

历史虽然是过去发生的事情，但总会以这样那样的方式出现在当今人们的生活之中。我国传统思想文化根源在社会生活本身，是人们思想观念、风俗习惯、生活方式、情感样式的集中表达。

——2014 年 10 月 13 日，在十八届中共中央政治局第十八次集体学习时的讲话

中华优秀传统文化已经成为中华民族的基因，植根在中国人内心，潜移默化影响着中国人的思想方式和行为方式。

——2014 年 5 月 4 日，在北京大学师生座谈会上的讲话

在5000多年文明发展中孕育的中华优秀传统文化，在党和人民伟大斗争中孕育的革命文化和社会主义先进文化，积淀着中华民族最深层的精神追求，代表着中华民族独特的精神标识。

——2016年7月1日，在庆祝中国共产党成立95周年大会上的讲话

对祖国悠久历史、深厚文化的理解和接受，是人们爱国主义情感培育和发展的重要条件。

——2015年12月30日，在十八届中共中央政治局第二十九次集体学习时的讲话

中国优秀传统文化的丰富哲学思想、人文精神、教化思想、道德理念等，可以为人们认识和改造世界提供有益启迪，可以为治国理政提供有益启示，也可以为道德建设提供有益启发。

——2014年9月24日，在纪念孔子诞辰2565周年国际学术研讨会暨国际儒学联合会第五届会员大会开幕会上的讲话

坚定文化自信，是事关国运兴衰、事关文化安全、事关民族精神独立性的大问题。

——2016年11月30日，在中国文联十大、中国作协九大开幕式上的讲话

一个国家、一个民族的强盛，总是以文化兴盛为支撑的，中华民族伟大复兴需要以中华文化发展繁荣为条件。

——2013年11月26日，在山东考察时的讲话

优秀传统文化是一个国家、一个民族传承和发展的根本，如果丢掉了，就割断了精神命脉。

——2014年9月24日，在纪念孔子诞辰2565周年国际学术研讨会暨国际儒学联合会第五届会员大会开幕会上的讲话

对历史文化特别是先人传承下来的价值理念和道德规范，要坚持古为今用、推陈出新，有鉴别地加以对待，有扬弃地予以继承，努力用中华民族创造的一切精神财富来以文化人、以文育人。

——2014年2月24日，在十八届中共中央政治局第十三次集体学习时的讲话

要加强对中华优秀传统文化的挖掘和阐发，努力实现中华传统美德的创造性转化、创新性发展，把跨越时空、超越国度、富有永恒魅力、具有当代价值的文化精神弘扬起来，把继承优秀传统文化又弘扬时代精神、立足本国又面向世界的当代中国文化创新成果传播出去。

——2014年2月17日，在省部级主要领导干部学习贯彻十八届三中全会精神全面深化改革专题研讨班开班式上的讲话

（二）关于传统文化创造性转化与创新性发展

武汉大学马克思主义学院黄钊教授认为，习近平总书记提出的“实现中华文化的创造性转化和创新性发展”的战略方针，为当代中国特色的文化建设指明了方向。对传统文化进行“创造性转化和创新性发展”是时代发展的必然要求，是中华文化实现自身再优化的需要，是弘扬“与时俱进”民族精神的客观要求。所谓“创造性转化”，强调的是以“创造性”和“转化”作为关键词，要求人们对传统概念的原始意涵作必要改造，但这个改造不能随心所欲，而要体现科学性，即改造后同其原始意涵不相悖逆。所谓“创新性发展”，以“创新性”和“发展”作为关键词。“创新性”，指的是对传统概念实施创造更新，增加原来未发掘出的意涵；“发展”，指的是对传统概念的意涵有所深化与推进。这两者结合起来，便赋予了传统概念新的意蕴。黄钊教授指出，当前优秀传统文化中某些资源还没有被深入地挖掘出来，需要促使可用资源更好地服务于当代文化建设。此外，优秀传统文化资源在表达形式方面还未能顺应时代特征、未能满足社会多样化的需求。因此，我们要下功夫对优秀传统文化做出现代诠释，注重提炼、发掘优秀传统文化的现实价值，深入总结广大群众弘扬优秀传统文化的新经验。

武汉大学哲学学院李维武教授提出，实现传统文化的创造性转

化、创新性发展，是习近平中国特色社会主义文化观的一个重要思想。这一思想的基本点在于，从马克思主义的唯物史观出发，回答传统文化与现时代中国文化发展关系问题。他表示，由此出发，这一思想阐发了传统文化创造性转化、创新性发展的根据、指导思想和切入点，要求处理好中华优秀传统文化、革命文化、社会主义先进文化三者关系，从中来确立中国文化由“古”而“今”的发展方向。

武汉大学中外德育研究中心主任倪素香教授引用习近平总书记的观点，“中华优秀传统文化是我们最深厚的文化软实力，也是中国特色社会主义植根的文化沃土”，认为中华文化历经数千年而不衰，其中一定蕴含着富有生命力的内容，有着推动历史前进的力量。若要更好地发挥中华传统文化的现代价值，实现中国优秀传统文化创造性转化与创新性发展就必须要坚持社会主义核心价值体系的引领。中华优秀传统文化的核心要义是鼓励人们修身养性、团结友爱、爱国爱家，目的是维持社会秩序，促进国家繁荣稳定。这与社会主义核心价值体系所包含的社会主义荣辱观、爱国主义、中国特色社会主义共同理想等价值诉求一致，目的都在于提高国民素质、繁荣社会、富强国家。因此，弘扬优秀传统文化必须以社会主义核心价值体系为指导，切合时代发展需要，只有这样才能更好地发展传承下去。

（三）关于文化软实力和文化自信

武汉大学党委副书记沈壮海认为，我们所要增进的文化自信，即中华民族对于自我文化理想、价值、活力与前景的确信。这里的“中华民族”，是身处当下时空交会点上的中华民族，是承接历史荣光、心怀百年夙愿而致力于新建设的中华民族；这里的“自我文化”，即中华民族的文化创造，既包括我们的先民留下的优秀文化遗产，也包括我们正在进行的文化实践，包括我们所应努力开创的文化新气象。这些规定性的聚合，展示着我们所要涵养的文化自信的本质与内涵。

"我们所要涵养的文化自信是中国特色社会主义的文化自信；我们所要涵养的文化自信是立足当下、继往开来的文化自信；我们所要涵养的文化自信是立足中国、直面世界的文化自信。这些论述，鲜明展开了我们所要涵养的文化自信的中国立场和世界眼光。"沈壮海说，立足中国、面向世界的文化自信，强调坚守中国文化的主体性，强调作出具有中华民族主体性原创性的文化开拓，也注重对世界优秀文化成果的吸纳镜鉴、对人类文明做出新的贡献。

沈壮海表示，如何在国民教育体系中，科学设计课程体系和教育教学，将中国文化的"种子"种植于年青一代的心中；如何面向广泛而多样的社会大众，系统推动中国文化的社会化普及，激发普遍的文化建设的当下意识、责任意识，需要我们有基于新的时代特点、受众特点等的顶层规划与落地设计。与此同时，涵养我们向新而行的文化自信，还需要聚焦核心价值观建设这个核心，抓住全民族文化能力建设这个关键，用好当代中国的发展进步这个最大的教育资源。

（四）中华优秀传统文化与马克思主义的有机结合

华东政法大学马克思主义学院教授崔华前认为，习近平总书记对传承发展中华优秀传统文化进行了科学深邃的方法论思考。传承发展中华优秀传统文化，必须树立文化自信、反对文化虚无主义，推进中华优秀传统文化与马克思主义的有机结合，促进中华优秀传统文化与现代社会相协调，推动中华优秀传统文化走向世界。

"中华文化特别是中华优秀传统文化是中国具体实际的重要组成部分，推进中华优秀传统文化与马克思主义的有机结合是坚持把马克思主义基本原理与中国具体实际相结合的题中应有之义。"崔华前阐释说，一方面，中华优秀传统文化与马克思主义之间具有相通相融性。中华优秀传统文化倡导"和实生物""和而不同"、兼容并包，具有强大的和谐性、包容性；马克思主义是在吸收各民族优秀文化成果的基础上、不断发展的伟大文明成果，具有强大的开放性、吸纳性。二者相互之间有着许多相通相融之处，说明二者的有机结合具有可能性。另一方面，中华优秀传统文化与马克思主义之间具有互补性。确立对待中华优秀传统文化的科学态度、发挥中华优秀传统文化的现实价值、探寻中华优秀传统文化的现实出路，必须以马克思主义立场观点方法为指导，以巩固马克思主义在意识形态领域的指导地位和全党全国人民团结奋斗的共同思想基础为立足点，以马克思主义中国化的现实需求为服务对象；中华优秀传统文化是马克思主义中国化的丰厚滋养，传承发展中华优秀传统文化是马克思主义中国化的实践之需，马克思主义要在中华大地上生根发芽、开花结果，必须借助于中华优秀传统文化，形成中国特色、中国风格、中国气派。二者的互补性，决定了二者有机结合的必要性。

（五）古代构建和谐社会的优秀文化传统

“中国古代思想政治教育渗透着许多道德教育思想，这些思想对于我们进行思想政治教育工作具有重要的启示。”[①] 电子科技大学马克思主义学院教授戴钢书表示，中国古代社会作为中国历史的重要时期，其思想政治教育理论既显示了中华民族悠久的历史文化传统思想，还体现了中华民族优秀的传统道德观念。认识与分析中国古代社会的思想政治教育，对于当前我们进行思想政治教育具有重要的现实启示。它不仅有助于从客观上把握中国古代社会的政治教育，而且可以总结历史经验和教训，为现代社会的思想政治教育提供借鉴和参考。戴钢书阐释说，例如，坚持人性化的教育活动，重视学校教育的作用；注重教育方法的多元化，坚持教育环境的重要性；学习采用多种介体进行思想政治教育；创造爱国主义教育氛围，拓展爱国主义教育内容等方法今天依然值得借鉴。

戴钢书指出，当前的思想政治教育实践活动无论在教育内容、教育方法、教育目的上都必须坚持与时俱进，不断吸收和借鉴春

---

① 以上引文均为在“中国优秀传统文化创造性转化与创新性发展”研讨会上的发言。www. cssn. cn/zx/bwyc/201807/t20180729_4513079. shtm/.

秋战国时期思想家积极的、符合实际的观点的教育方法，弘扬古代构建和谐社会的优秀文化传统，并以此作为建设社会主义和谐社会以及推进和谐世界建设的重要资源，达到思想政治教育的最终目标。

第二章

中华优秀传统文化的时代价值

第一节　优秀传统文化是中华民族的根与魂

一　优秀传统文化是中华民族的基因和精神家园

中华优秀传统文化是中华民族的根与魂，它已经成为中华民族的基因，植根在中国人内心，悄然地影响着中国人的思想方式和行为方式。坚定文化自信，必须传承和弘扬中华优秀传统文化。5000多年的沧桑岁月，中华民族在连绵不断的文明历史中创造了博大精深的中华文化，为人类文明进步做出了不可磨灭的贡献。中华民族和中国人民在修齐治平、尊时守位、知常达变、建功立业过程中培育和形成的基本思想理念，包括革故鼎新、与时俱进、脚踏实地、实事求是、安民富民、道法自然等内容历久弥新，“天下兴亡，匹夫有责”“刚健有为，自强不息”“上善若水，厚德载物”“天下为公，世界大同”，这些我们耳熟能详的古训中所蕴含的丰富哲理、人文精神、教化思想，都闪耀着永恒的光芒。

文化基因和精神家园是一个民族安身立命的基础、生存发展的支撑、身份归属的标志，是维系这个民族发展繁荣的最深沉的力量。中国优秀传统文化体现着中华民族的文化基因，构成了中华民族共同精神家园的重要组成部分。习近平总书记多次谈到这一点，并从不同侧面进行了阐述，概言之，大致包括四层意思。

其一，中国优秀传统文化记载了中华民族自古以来在建设家园的奋斗中开展的精神活动、进行的理性思维、创造的文化成果。其二，中国优秀传统文化积淀着中华民族最深沉的精神追求，代表着中华民族独特的精神标识，其中最核心的内容已经成为中华民族最基本的文化基因。其三，中国优秀传统文化中蕴含的中国人最基本的文化基因，是中华民族和中国人民在修齐治平、尊时守位、知常达变、开物成务、建功立业过程中逐渐形成的有别于其他民族的独特标识。我们生而为中国人，最根本的是我们有中国人的独特精神世界，有日用而不觉的价值观。“我们的同胞无论生活在哪里，身上都有鲜明的中华文化烙印，中华文化是中华儿女共同的精神基因。”其四，稳步推进中国特色社会主义事业，实现中华民族伟大复兴，需要构建中华民族的共同精神家园，而中国优秀传统文化则是其中不可或缺的关键组成部分。

以科学的态度对待传统文化。文化是人的创造物，带有深深的时代烙印，文化的传承与创新贯穿于人类社会发展全过程。在对待传统文化的态度上，马克思主义从来都坚持辩证的方法论，主张剔除其糟粕、汲取其精华，有所保留、有所抛弃、有所转化。推动中华优秀传统文化现代转型，前提是科学评判传统文化，区分精华和糟粕。这种评判不能仅仅凭感觉、凭主观情感，而要根据新时代中国特色社会主义发展的需要、中华民族伟大复兴的需要，形成科学的评判标准。其中，最重要的标尺就是社会主义核心价值观。要根据社会主义核心价值观的要求，传承和弘扬跨越时空、超越国度、富有永恒魅力、具有当代价值的中华优秀传统文化，使其与社会主义先进文化相协调、与现代社会相适应，不断焕发新的生机活力，以滋养当代中国人的精神世界、提振当代中国人的精神力量。我们要进行创造性转化和创新性发展的中华优秀传统文化，是符合以爱国主义为核心的民族精神和以改革创新为核心的时代精神，有利于我们党治国理政、推动经济社会发展、加强道德建设、增进文化认同、促进民族团结、实现中华民族伟大复兴和世界文明发展的中华优秀传统文化。

二　优秀传统文化是中华民族保持生命力的精神支柱、力量源泉

世界四大文明中，唯有中华文明一次次战胜灾难、渡过难关，历经5000多年绵延不断，创造了人类文明发展史上的奇迹。其中一个很重要的原因，就在于中华民族产生和形成了为整个民族共同认可、普遍接受、一脉相承且富有强大生命力的优秀传统文化，从而为中华民族生生不息、发展壮大提供了丰厚滋养。

关于这一点，习近平总书记进行了深刻总结："从历史的角度看，包括儒家思想在内的中国传统思想文化中的优秀成分，对中华文明形成并延续发展几千年而从未中断，对形成和维护中国团结统一的政治局面，对形成和巩固中国多民族和合一体的大家庭，对形成和丰富中华民族精神，对激励中华儿女维护民族独立、反抗外来侵略，对推动中国社会发展进步、促进中国社会利益和社会关系平衡，都发挥了十分重要的作用。"可以毫不夸张地说，如果没有富有强大生命力的中国优秀传统文化持续不断的丰厚滋养，中华文明或许已经落得与另外那三个古文明同样的命运了。

中华优秀传统文化是中华民族的根与魂，是中华民族保持生命力的精神支柱、保持文化自信的力量源泉。党的十九大报告指出，推动中华优秀传统文化创造性转化、创新性发展。在新时代，我们要将创造性转化、创新性发展作为推动中华优秀传统文化现代转型的基本准则和必由之路，在扬弃继承、转化创新中弘扬和发展中华优秀传统文化，使其与现代社会相适应、与人们精神文化需要相契合，推动构建中华民族共有精神家园，助力社会主义文化强国建设。习近平曾说，培育和弘扬社会主义核心价值观必须立足中华优秀传统文化。牢固的核心价值观，都有其固有的根本。抛弃传统、丢掉根本，就等于割断了自己的精神命脉。博大精深的中华优秀传统文化是我们在世界文化激荡中站稳脚跟的根基。泱泱中华，历史悠久，

文明博大。中华民族优秀的传统文化是哺育中华儿女成长的乳汁，保证我们精神上有充足的营养，让我们拥有积极的思想和昂扬的斗志。雄厚的文化底蕴是激励我们顽强拼搏的精神食粮，是引导我们砥砺前行的行动指南，还是帮助我们打造特色之路的设计图。学习和掌握中国传统文化中的思想精华，确保我们树立正确的世界观、人生观、价值观。党员干部要学习“鞠躬尽瘁，死而后已”的奉献精神，要集中精力为祖国谋发展、聚精会神为人民谋幸福，要将自己的权力用在刀刃上，积极响应党和国家的号召，做一名守规矩、讲奉献、敢担当的好干部。广大青年要领会“富贵不能淫，贫贱不能移，威武不能屈”的浩然正气。喜而不狂、忧而不伤，保持积极的心态，忌心浮气躁方能成就事业；还要在得意时淡然、失意时坦然，保持卓绝的奋斗精神，不等不靠、不屈不挠，忌好逸恶劳方能建立功勋。全体人民要弘扬“位卑未敢忘忧国”的报国情怀，要珍惜来之不易的革命成果，艰苦奋斗、感恩祖国，挥洒汗水、报效社会，要将民族复兴视为己任。身为中国人，报效祖国是我们的义务，传承文化是我们的责任。作为公民，要遵纪守法，弘扬社会正气；作为学生，要勤奋好学，弘扬刻苦钻研精神；作为父母，要勤俭持家，弘扬和谐家风。我们要养成良好的道德品格、形成和谐的社会风气，才能将优秀文化传承。

传统文化是中华民族的根与魂，是确保祖国茁壮成长的阳光。文化既是实力、文化既是象征，无论时代怎样发展我们都离不开传统文化的熏陶。传统文化是将56个民族凝聚在一起的纽带，任凭风吹雨打，血肉亲情却始终不减；还是建设特色道路的设计图，尽管千辛万苦，奋斗之心却经久不衰。坚持传统、把握根本，特色之路才能越来越具特色；传承文化、牢记使命，奋斗之心才会越来越有激情。

第二节 优秀传统文化是文化强国的历史支撑

优秀的传统文化，是文明的源泉，是宝贵的历史遗产，是世界上少有的精神财富，是我们实现文化强国的历史支撑。优秀传统文化塑铸文化强国的民族自豪、支撑文化强国的文化自觉、感召文化强国的心理自信；优秀传统文化凝结爱国主义民族精神，是我们建设文化强国的厚重精神基奠。我们应该熟悉民族的传统文化，研究民族的传统文化，尊重民族的传统文化，真正做到取其精华，去其糟粕，继往开来，综合创新，使中华文明在新的千年放射出新的光彩，走在人类文明的前列。

一 优秀传统文化塑铸文化强国的民族自豪

优秀传统文化对文化强国的历史支撑，首先是给予中华儿女的民族自信。传统文化有很多精华，给人类做出过重要贡献。中华民族是世界上少有的文明古国，具有五千年以上的文明史，博大精深，源远流长，曾数度辉煌。有过秦皇汉武的文治武功，有过唐宗宋祖的盛世雄风，有过明朝郑和的七下西洋，有过大清初期的康乾盛世，有过具有人类文明里程碑意义的四大发明，还有诸子百家的学术殿堂，流派纷呈，群星灿烂，有绵延不绝的《二十四史》，卷帙皇皇，还有抵达西亚、北非、欧洲的陆地与海上丝绸之路……直至 17 世纪，中国的经济实力一直领先于世界各国。自 1840 年始，中国人民面对西方列强的坚船利炮，在屈辱中抗争，以矢志不渝的爱国主义传统精神凝结力量，谱写救亡图存民族解放的近代史篇章。今天，我们走上了中国特色社会主义的发展道路，走向了民族伟大复兴的壮丽征程。在历史的风尘里，在岁月的长河中，我们看到了伟大的中华民族手握镰刀收割自己的灵魂，周而复始的命运，一轮又一轮的涅槃，使得炎黄的智慧以及繁衍得以生生不息……有生命力的民族，一个强大或追求强大的国家，无论经受怎样的磨难总是可以从坎坷中奋起。正在这不断的涅槃中，形成发展并传承着中华民族的浩然正气！中华民族由辉煌跌到低谷，又从屈辱重新站起，一部中华文明史告诉人们，中华民族是伟大的，不可战胜的。正是以爱国主义为核心的民族精神，正是优秀传统文化的历久弥新的传承，成就了我们这样的民族——历经磨难而不衰，千锤百炼更坚强。“站立在960万平方公里的广袤土地上，吸吮着中华民族漫长奋斗积累的文化养分，拥有13亿中国人民聚合的磅礴之力，我们走自己的路，具有无比广阔的舞台，具有无比深厚的历史底蕴，具有无比强大的前进定力。中国人民应该有这个信心。”[①] 确实，建设中国特色社会主义，建设文化强国，创造新辉煌，今天的我们满怀信心、无所畏惧，充满了民族自豪感。

二　优秀传统文化支撑文化强国的文化自觉

建设文化强国是中国特色社会主义现代化的必由之路。在具有五千年灿烂文明的中国，在具有厚重历史文化传统的中国，建设文化强国必须正视传统文化，重视优秀传统文化现代价值的发掘和创造性的阐释，因为优秀传统文化是文化强国的价值资源。不能割断历史而是要尊重历史，不能盲目否定历史而是要创造性继承历史并创新历史——建设文化强国应有的文化自觉和文化自信。我们今天建设文化强国，是在既有的历史条件下进行，既要立足当代中国文化建设的实际，也要面对世界文明发展的潮流，还要依托自己民族的历史文化传统。文化强国之强，不仅要有社会主义核心价值体系的引领，要有解放思想、改革开放、凝聚共识、攻坚克难的当代精神的指导，还要有对自己民族历史传统的理性认识。从孔夫子到孙

---

① http：//www. xinhuanet. com//politics/2013 - 12/26/c _118723453. htm，2013 年 12 月 26 日。

中山，我们都要在温情和敬意中进行批判性清理和创造性转化。中国共产党从创立之日起，就是中国优秀传统文化的自觉继承者和创新性发展者。不割断历史而是要尊重历史，不盲目否定历史而是要创造性继承历史并创新历史，这是我们建设文化强国应有的文化自觉和文化自信。因此，我们应当自觉地寻找并构建历史传统的支撑。而这个历史传统的支撑，从价值观层面看，就是优秀的传统文化。毫无疑问，文化强国的价值资源的根本，在于发展中的当代中国的经济建设、政治建设、文化建设、社会建设和生态文明建设的生动活泼的实践，在于中外文化的交流互补，在于弘扬以改革创新为核心的时代精神。与此同时，文化强国的价值资源还要从优秀传统文化中去发掘，并进行富有时代精神的创造性阐释的。优秀的传统文化，不仅在历史上产生积极的作用，而且在当今也能发挥其价值引领的功能，起到促进民族文化认同、整合价值观念、构建精神家园的作用。

三　优秀传统文化感召文化强国的心理自信

建设文化强国需要文化深层的力量，它源于历史传统，穿越不同时代，给人一种灵魂深处的安宁，以消除日常生活中的浮躁和急功近利。它本身没有先进和落后之分，却是先进文化的根基，能够为人类文明的进步提供无形而持久的支持，是一个民族或国家在跨越时代变革中保持自我的标识，它为时代变革提供最基本最稳定的文化认同。弘扬中华文化、建设中华民族共有精神家园，就是要坚持并光大文化的民族性和大众性。共有精神家园的价值根底是中华文化，中华文化是海内外中华儿女文化认同、价值认同、民族认同的最大公约数。这个海内外中华儿女都可拥有的精神家园，既表现为家国意识、民族情怀方面的一致，也表现为对中华优秀传统文化的自觉认同。其间，和而不同的观念，万物并育而不相害、道并行而不相悖的思想，追求立德立功立言的“三不朽”精神，以义取利、见利思义的义利观，己立立人、己达达人的忠恕之道，做君子而不当小人的人格追求，等等，都是中华优秀传统文化的重要表现，是海内外中华儿女在文化认同价值整合方面的最大公约数，也是中华民族共有精神家园建设在历史价值资源方面的最大公约数。充满时代精神的24字社会主义核心价值观也离不开对优秀传统文化的继承和发展。文化强国的国民，对自身文化的历史传统总是感到自豪和自信，这就是我们中华民族共有的精神家园。有了这个家园的召唤，我们就不会因为暂时的困难和挫折而丧失信心，更不会因为别人的批评和指责而无所适从，这就是我们的心理自信。

四　优秀传统文化凝结爱国主义民族精神

以爱国主义为核心的中华民族精神，最为典型地反映了自觉衔接优秀传统文化的意识。在5000多年的发展中，中华民族形成了以爱国主义为核心的团结统一、爱好和平、勤劳勇敢、自强不息的伟大民族精神。“夙夜在公”“先天下之忧而忧，后天下之乐而乐”、“苟利国家生死以，岂因祸福趋避之”无不显示为国家、为民族、为整体而献身的精神。正是这样一代一代的精神操守塑造了最可宝贵的中华民族精神。中国共产党领导人民在长期实践中不断结合时代和社会的发展要求，丰富着这个民族精神。显然，团结统一、爱好和平、勤劳勇敢、自强不息之类的民族精神的重要内容及具体表现，渊源于并贯穿于5000年的中华文化，而不是后来一下子冒出来的，她自有其深厚绵长的历史底蕴。我们今天建设文化强国，必然要弘扬和培育中华民族精神；而弘扬和培育中华民族精神，就是弘扬中华优秀传统文化，就是从优秀传统文化中寻找价值资源。因此，我们说优秀传统文化是文化强国的价值资源，既符合历史事实，也适应现实需求。

五　优秀传统文化承托文化强国的精神基奠

传统文化的历史支撑，表现在理性、智慧、力量的传承上。传统文化是中华文明的不竭源泉，是建设现代化大厦的雄厚根基，是不断攀登人类文明高峰的丰厚积淀。2014 年 4 月 1 日，习近平在比利时布鲁日欧洲学院的演讲中指出："2000 多年前，中国就出现了诸子百家的盛况，老子、孔子、墨子等思想家上究天文、下穷地理，广泛探讨人与人、人与社会、人与自然关系的真谛，提出了博大精深的思想体系。他们提出的很多理念，如孝悌忠信、礼义廉耻、仁者爱人、与人为善、天人合一、道法自然、自强不息等，至今仍然深深影响着中国人的生活。中国人看待世界、看待社会、看待人生，有自己独特的价值体系。"2013 年五四青年节习近平总书记在北京大学师生座谈会上发表重要讲话，明确指出，中华优秀传统文化已经成为中华民族的基因，植根在中国人内心，潜移默化着中国人的思想方式和行为方式。今天，我们提倡和弘扬社会主义核心价值观，就充分体现了对中华优秀传统文化的传承和升华，必须从中汲取丰富营养，否则就不会有生命力和影响力。比如，中华文化强调"民为邦本""天人合一""和而不同"，强调"天行健，君子以自强不息""大道之行也，天下为公"；强调"天下兴亡，匹夫有责"，主张以德治国、以文化人；强调"君子喻于义""君子坦荡荡""君子义以为质"；强调"言必信，行必果""人而无信，不知其可也"；强调"德不孤，必有邻""仁者爱人""与人为善""己所不欲，勿施于人""出入相友，守望相助""老吾老以及人之老，幼吾幼以及人之幼""扶危济困""不患寡而患不均"，等等。像这样的思想和理念，不论是过去还是现在，都有其鲜明的民族特色，都有其永不褪色的时代价值。这些思想和理念，既随着时间推移和时代变迁与时俱进，又有其自身的连续性和稳定性。我们生而为中国人，最根本的是我们有中国人的独特精神世界，有百姓日用而不觉的价值观。优秀传统文化是我们建设文化强国的厚重精神基奠。

第三节 优秀传统文化涵养社会主义核心价值观

党的十八大报告提出，要“倡导富强、民主、文明、和谐，倡导自由、平等、公正、法治，倡导爱国、敬业、诚信、友善，积极培育社会主义核心价值观”。一般认为，富强、民主、文明、和谐，是从国家层面而言的核心价值观，自由、平等、公正、法治是从社会层面而言的核心价值观，爱国、敬业、诚信、友善是从个人层面而言的核心价值观。三者的结合，就是现今我们全国全社会的核心价值观。这样一个核心价值观无疑是站在中国特色社会主义现代化的高度提出的，充满了以改革创新为核心的时代精神，是完全不同于既往的新型价值追求。不过，从文化发展的连续性和文化的民族性的一面来看，这个新型的核心价值观也离不开对优秀传统文化的继承和发展，也不可能割断传统。国家层面的富强、民主、文明、和谐，就整体而言，当然不是古已有之，而是综合创新的思想成果。但其中的某些思想要素，却与中华优秀传统文化有着天然的联系。社会层面的自由、平等、公正、法治，具有鲜明的现代化特征，是社会主义时代的时代要求。但从民族文化发展的视角看，平等、公正的要求，在中国古代又何尝不是广大人民和进步的知识分子以及开明的政治家的愿景。个人层面的爱国、敬业、诚信、友善，更是与中华优秀传统文化直接相连。这些在中国古代为全社会信守的基本价值，今天经过创造性的阐释，仍然可以为我们所用。简言之，我们今天建构社会主义核心价值观，应当而且可以从优秀传统文化中得到启迪、得到资源、得到支撑。习近平同志指出：“深入挖掘和阐发中华优秀传统文化讲仁爱、重民本、守诚信、崇正义、尚和合、求大同的时代价值，使中华优秀传统文化成为涵养社会主义核心价值观的重要源泉。”

一　社会主义核心价值观体现在国家层面上内容

富强——中国历史上曾经出现了几个强盛的历史时期，就是所谓的盛世。分别是：西汉时期的文景之治、东汉时期的光武中兴、大唐时期的贞观之治、盛唐时期的开元盛世、清朝时期的康乾盛世。这几个时期，总的来说，都是君主贤明，纳言听谏，体恤民情，爱民如子，臣子直言进谏，尽忠侍主报国，君臣上下团结，社会稳定，人口增长，经济繁荣，国家富强，百姓安居乐业。一度出现了道不拾遗、夜不闭户的安定局面。当今中国与西汉文景之治颇有相似之处。

民主——中国古代没有现代意义上的民主，但民本实质上是以民为社会、国家的价值主体，民本是传统文化优秀的核心价值观之一。由于历史局限性，儒家的民本思想不得已与君主制结合在一起，有人认为君主与民本存在着矛盾，即便如此，也潜含着从民本走向民主的种子。

文明——中国文明是世界上最古老的文明之一，也是世界上持续时间最长的文明！又称为“华夏文明”：夏，大也。中国有礼仪之大，故称夏；有服章之美，谓之华。华，夏一也。华夏皆谓中国，而谓之华夏者，言有礼仪之大，有文章之华也。中国者，聪明睿智之所居也，万物财用之所聚也，贤圣之所教也，仁义之所施也，诗书礼乐之所用也。“亲被王教，自属中国，衣冠威仪，习俗孝悌，居身礼义，故谓之中国”。今天的社会主义文明当然首先要继承几千年的礼仪道德，在确立我们自己的文化传统主体的基础上吸收消化外来文明，同时以自己的文化传统为主体来参与世界多元文明的融合。

和谐——和谐是我们中国传统文化的核心价值观的重要内容。中国传统文化的和谐思想内容非常丰富，集中体现在四个方面，即天地人（宇宙）的整体和谐，人与社会关系的和谐，人与人关系的和谐，人与自身（内在精神世界）关系的和谐。面对现代社会严重的生态危机、社会危机、精神危机，如何实现人与自然、人与社会以及人自身的协调发展，这些和谐思想具有重要的启迪意义和现代价值，都是我们今天需要着力实践的。

自由——中国虽然没有现代意义上的自由，但不能说没有自由。中国古代的自由是一个中性词，指一种摆脱或超越了社会习俗、礼仪规范或正式制度的个人自在自得的存在状态或随情任性的行为方式。道家是中国古代自由的代表，庄子的《逍遥游》等名篇为“自由”奠定了思想基础。相比较而言，中国古代“自由”一词主要被从否定意义上来理解和定位的。儒家的自由是一种中道自由，儒家提倡中正平和，不要走极端，注重伦理秩序，但也不乏自主人格和自由精神，如孔子的“随心所欲不逾矩”就是自由的最高境界。当今中国的自由诉求主要在制度层面，随着中国社会的不断进步，会逐步实现现代意义上的自由，实现马克思主义者所讲的人从必然王国走向自由王国，实现人的全面而自由发展。

平等——很多人说中国古代是专制社会、封建等级社会，没有平等。这是表面的看法，中国古代社会确实是一个讲究礼法的亲疏远近、尊卑贵贱的等级社会，但这种等级是在承认人的自然差别情况下的合理合情的等差，在大、小传统中均不乏对平等的思想主张和要求，如儒家在承认人有天然差别的前提下主张人格平等，这特别体现在孔子以“忠恕”为核心规范的仁学思想中，“忠恕违道不远，施诸己而不愿，亦勿施于人。”“己所不欲，勿施于人”，“己欲立而立人，己欲达而达人。”“忠恕之道”是在把他人视为与自己在人格上平等的前提下将心比心，推己及人，在它后面隐含着的是一种“人格平等”的精神。儒家之所以要求视人如己，平等看待，又是与儒学恻隐之心、仁者爱人的价值核心分不开的，这一点，孔子的“仁者爱人”与孟子“恻隐为仁之端”的思想就是清楚的说明。当今中国的平等主义是外在制度和法律层面的落实问题，需要我们不断的争取。

公正——可以分解为公平和正义。公平是“一碗水端平”“不偏袒”的意思，《管子·形势解》：“天公平而无私，故美恶莫不覆；

地公平而无私，故小大莫不载。”在现实中真正意义上的公平是不存在的，公平一般靠法律和协约保证，由活动的发起人（主要成员）制定，参与者遵守。“正义”在传统语境中是公道正直，正确合理的意思，如汉王符《潜夫论·潜叹》：“正义之士与邪枉之人不两立之。”现在因为受西方罗尔斯正义论的影响，有学者在通过对“中国古典制度伦理学”，尤其是“儒家制度伦理学”思想资源的发掘，重建“中国正义论”，以回应“西方正义论”，为解决当代社会正义问题提供中国传统思想资源。

法治——“法治”一词很早就出现在古书中。《晏子春秋·谏上九》：“昔者先君桓公之地狭于今，修法治，广政教，以霸诸侯。”在先秦法家注重法治，但完全否定了儒家的德礼之治，走向极端。儒家自孔子挖掘古代王道政治的思想资源，提出了“道之以政，齐之以刑，民免而无耻；道之以德，齐之以礼，有耻且格”的治道体系，朱熹《论语集注》云：“愚谓政者，为治之具。刑者，辅治之法。德、礼则所以出治之本，而德又礼之本也。此其相为终始，虽不可以偏废，然政刑能使民远罪而已，德礼之效，则有以使民日迁善而不自知。故治民者不可徒恃其末，又当深探其本也。”认为“刑”“政”是实现“治”的辅助方式，而“德”“礼”则是实现“治”的根本，而“德”又是根本的根本。所以，在中国古代，法治不是唯一的至高无上的，而只是治道之一个层面。还需要辨别“法治”与“人治”的关系，简单地说，我们现在理解的人治是领导说了算的“一言堂”，与独裁、专断联系在一起，而古代的“人治”主要是指贤人之治，通过选贤任能，让贤能执政，制定法律制度。

爱国——爱国主义是中华民族血脉所依，体现对祖国的认同感和归属感、生命力和凝聚力。《战国策·西周策》论及“周君岂能无爱国哉”，《汉纪》中也提到“亲民如子，爱国如家”，在儒家文化中，提倡“正心，修身，齐家，治国，平天下”，注重个人身心的修养，通过实践和自省以提升和完善自己的人格和道德，以“为天地立心，为生民立命，为往圣继绝学，为万世开太平”，强调了以平治天下为己任的责任意识和爱国思想。爱国始终被视为一种“大节”。先秦时期，人民追求“廓然大公”的价值理想，即重视社会成员奉公尽忠。孟子认为，人有先人的善端，要扩而充之，其中的重要方法是“吾善养吾浩然之气”。何为“浩然之气”？“其为气也，至大至刚，以直养而无害，则塞于天地之间。其为气也，配义与道；无是，馁也。是集义所生者，非义袭而取之也。”后人把这种“至大至刚”“塞于天地之间”的“浩然正气”理解为一种最高的正气和节操，爱国主义恰恰就是这种浩然正气和高尚节操的集中表现。荀子提出“成天下之事”等，展现了胸怀天下的理想和信念。而这种理想和信念在以后的发展过程中，宋代的范仲淹、明末的顾炎武又分别精辟地概括为“先天下之忧而忧，后天下之乐而乐”“国家兴亡，匹夫有责”。中华民族的爱国主义就是中华儿女以天下为己任，忧国忧民、爱国爱民的行为中所表现的豪情壮志和浩然正气。

敬业——敬业的意思就是专心致力于学业或工作。《论语·述而》：叶公问孔子于子路，子路不对。子曰“女奚不曰，其为人也，发愤忘食，乐以忘忧，不知老之将至云尔。”春秋时期，孔子带领学生周游列国讲学，来到楚国叶邑，叶公沈诸梁接待了他，他对孔子不怎么了解，就悄悄地问子路，子路一时不知怎么回答他。孔子事后得知就对子路说了这段话。表现出孔子致力于讲学传道，自强不息，积极乐观的精神面貌。他老人家批评那种整天吃饱饭，不动脑筋，不干什么正经事的人，《论语·阳货》：“饱食终日，无所用心，难矣哉！”整天吃饱了饭，不肯动脑筋去做点事，这种人是很难造就的啊！

诚信——在中国古代更是随处可见，反复强调。诚信可以说也是以儒家为主的中国文化核心价值观之一。关于“诚”，《礼记·中庸》就说：“诚者天之道也，诚之者人之道也。”认为“诚”是天的根本属性，努力求诚以达到合乎诚的境界则是为人之道。又说“诚者，物之终始，不诚无物”。认为一切事物的存在皆依赖于“诚”。

孟子也说“是故诚者天之道也，思诚者人之道也”（《离娄》上）；又说“反身而诚，乐莫大焉”（《尽心》上），认为反省自己以达到诚的境界，就是最大的快乐。荀子虽“不求知天”，但也把“诚”看作进行道德修养的方法和境界。儒家把“信”作为立国、治国的根本。关于“信”，孔子说：“人而无信，不知其可也。……其何以行之哉?”这就是说，一个人如果不讲信用，在世上就会寸步难行。子贡问孔子如何从政，孔子回答说：“足食、足兵、民信之矣。”子贡又问：“必不得已而去，于斯三者何先?”孔子回答说：先去食后去兵，因为“自古皆有死，民无信不立”。汉儒把“信”列入“五常”之中，成为中国文化核心价值观的重要内容。当今中国由于百多年来割断了传统文化，遗失了诚信价值观，造成诚信缺失、不讲信用，不仅危害经济社会发展，破坏市场和社会秩序，而且损害社会公正，损害群众利益，妨碍民族和社会文明进步。

友善——本义是指朋友之间的亲近和睦，后来泛化为对人乃至天地万物的友好与善待。儒家推崇的核心价值观以“仁”为核心。仁的推衍是以同心圆的方式，由善心—自爱—爱亲人—泛爱众—爱物，仁者与天地万物为一体。友善是仁爱推广到泛爱众和爱物层面的具体表现，是中国人难以舍去、无法泯灭的道德规范之一。但是，毋庸讳言，当今我们中国人由于百多年来隔断了中华文明的优良传统，不讲儒家倡导的“修身、齐家、治国、平天下”，所以国人的素质堪忧，且不说在国内，这几年突出的是国人出境旅游的不文明、不友善的行为，使人们发出了“做文明、守法、友善的中国人”的呼吁，提出“友善是打开心房的钥匙。一个微笑、一句问候、一声感谢，平凡的点滴往往会意想不到地拉近心与心的距离”。“我们应以良好的修养，展现自尊自信，热情坦率、以礼相待，在友善他人的同时赢得尊重。”

从源远流长的厚重历史中梳理，不难发现中华优秀传统文化是社会主义核心价值观的营养源泉。习近平总书记在2014年2月中共中央政治局第十三次集体学习时的讲话中指出，培育和弘扬社会主义核心价值观必须立足中华优秀传统文化。牢固的核心价值观，都有其固有的根本。抛弃传统、丢掉根本，就等于割断了自己的精神命脉。博大精深的中华优秀传统文化是我们在世界文化激荡中站稳脚跟的根基。中华文化源远流长，积淀着中华民族最深层的精神追求，代表着中华民族独特的精神标识，为中华民族生生不息、发展壮大提供了丰厚滋养。中华传统美德是中华文化的精髓，蕴含着丰富的思想道德资源。不忘本来才能开辟未来，善于继承才能更好创新。对历史文化特别是先人传承下来的价值理念和道德规范，要坚持古为今用、推陈出新，有鉴别地加以对待，有扬弃地予以继承，努力用中华民族创造的一切精神财富来以文化人、以文育人。要讲清楚中华优秀传统文化的历史渊源、发展脉络、基本走向，讲清楚中华文化的独特创造、价值理念、鲜明特色，增强文化自信和价值观自信。要认真汲取中华优秀传统文化的思想精华和道德精髓，大力弘扬以爱国主义为核心的民族精神和以改革创新为核心的时代精神，深入挖掘和阐发中华优秀传统文化讲仁爱、重民本、守诚信、崇正义、尚和合、求大同的时代价值，使中华优秀传统文化成为涵养社会主义核心价值观的重要源泉。要处理好继承和创造性发展的关系，重点做好创造性转化和创新性发展。这就说明中华优秀传统文化是社会主义核心价值观的固有根本，是涵养社会主义核心价值观的重要源泉。今天，我们要讲清楚这个根本才能增强文化自信和价值观自信，从这个源泉里汲取思想精华和道德精髓才能做好创造性转化和创新性发展。因此，我们可以概括地说，优秀的传统文化与中国社会主义核心价值观是“源”和“流”的关系，“不忘本来才能开辟未来，善于继承才能更好创新”，社会主义核心价值体系的形成应该在“继往”的前提下“开来”。30 年来，经济改革，人民生活水平提高，国家综合实力取得长足进步，社会的开放度与自由度有相当提升。在这样的背景下，伴随中华民族的伟大复兴，社会主义核心价值体系的确立关系到中国整体的“软实力”，关系到中国能否真的富强起来自立于世界民族之林。现在，如何学习、践行社会主义核心价值观，使之内化于心、外化于行，就必须扎根中华历史文化土壤，注重传承汲取传统价值的精华，以传统价值作为基本资源，进行新的诠释，赋予新内涵，使社会主义核心价值观成为凝聚中华民族、推进社会文明、走向世界大同的巨大力量源泉，最终实现中华民族伟大复兴的中国梦。

第四节　优秀传统文化是以德治国、以文化人的营养源泉

中华民族历来有崇德重德、以文化人的传统。这一传统，积淀着中华民族最深沉的精神追求，滋养了伟大的民族精神，创造了源远流长的中华文化，因而成为中华民族生生不息、发展壮大的精神营养和强大动力。常言说，人无德不立，国无德不兴。说的就是崇德修身无论是对个人还是对整个国家、整个民族都有着极其重要的作用。习近平强调，历史是最好的老师。在漫长的历史进程中，中华民族创造了独树一帜的灿烂文化，积累了丰富的治国理政经验，其中既包括升平之世社会发展进步的成功经验，也有衰乱之世社会动荡的深刻教训。我国古代主张民为邦本、政得其民，礼法合治、德主刑辅，为政之要莫先于得人、治国先治吏，为政以德、正己修身，居安思危、改易更化等，这些能给人们以重要启示。治理国家和社会，今天遇到的很多事情都可以在历史上找到影子，历史上发生过的很多事情也都可以作为今天的镜鉴。中国的今天是从中国的昨天和前天发展而来的。要治理好今天的中国，需要对我国历史和传统文化有深入了解，也需要对我国古代治国理政的探索和智慧进行积极总结。

罗素曾说过：“中国文化的长处在于合理的人生观。”这是对中国文化的一种深刻认识和概括。传统文化是中国古圣先贤几千年经验、智慧的结晶，其核心就是道德教育。在整个中国传统文化中，

伦理思想贯穿始终。褒善贬恶、追求崇高的思想品德，向往理想的道德人格，涵养美好的情操，是中国传统文化的一个主导思想，是大多数思想家所一贯追求的。在人和人的相处中，一个人既要有自强不息、奋发有为的创造精神，又要有设身处地为他人着想、爱人如己的博大胸怀。只有“与天地合其德”，才算是一个道德高尚的人。儒学思想中的“修”“仁爱”“礼仪”“信”“义”“廉耻”“忠”“孝”“自省”“慎独”“勿以恶小而为之，勿以善小而不为”等类似相关内容，对培养遵守日常社会规范的态度及自我控制的教育，不无裨益。中华民族优秀传统文化与时代精神的结合，它包括了自强不息、奋发有为、乐观向上的人生追求；社会与历史责任感以及爱国主义情操；把握现实，面向未来的胸怀和眼光；义利兼顾以义为上的价值取向；尊重、理解和关心他人、宽容合作及互助奉献的精神。有了这样坚实的人文底蕴就会牢固地构筑起精神支柱，而正确的精神支柱的构筑对崇高的思想品质的形成和发展具有重要作用。一个人要想在复杂多变的现实世界中始终洁身自好，就必须不断省察自我、加强自律。始终坚持慎独慎微慎初，时刻从小事微处着手，见微知著，防患于未然。同时，还要时时处处检点自己的思想道德行为，做到“见善则迁，有过则改”。唯其如此，才能真正做到在任何情况下都会意志品质坚如磐石，耐得住清贫寂寞，顶得住歪风邪气，经得起金钱美色诱惑，始终老老实实做人，扎扎实实干事，进而在深化改革的时代大潮中建功立业，成就自己的多彩人生。

儒家思想和中国历史上存在的其他学说都坚持经世致用原则，注重发挥文以化人的教化功能，把对个人、社会的教化同对国家的治理结合起来，达到相辅相成、相互促进的目的。习近平同志在同北京大学师生座谈时的重要讲话指出：“道德之于个人、之于社会，都具有基础性意义，做人做事第一位的是崇德修身。”要大力弘扬中华优秀传统文化，自觉地崇德修身、修身养性。一个人的人格魅力对于立身做人、成就事业非常重要。人格魅力说到底就是“德”的影响力和感召力。道不可坐论，德不能空谈。只有把崇德养性作为终身必修课，才能不断提高思想境界、丰富精神世界，形成高尚情操，以人格魅力铸就事业丰碑、创造人生辉煌，赢得人们的尊重和爱戴。然而，当前面临社会转型期，各种思想相互碰撞、相互激荡，价值观念呈现多元多样多变的复杂态势，思想道德防线不可避免地受到冲击和浸染。日常生活中的道德失范、行为失信，销蚀着人与人之间的社会信任，严重危害着社会与人际和谐。因此，在全社会开展崇德向善、全民修身行动，既是一项迫在眉睫、刻不容缓的重大任务，也是弘扬优秀传统文化，以德治国、以文化人的重要举措。具体来说就是要做到明大德、守公德、严私德。

一　明大德

铸牢精神支柱，坚定理想信念。理想信念是一个人的世界观、人生观和价值观的集中体现。崇高的理想信念是人生的支柱和前进的灯塔。确立了崇高的理想信念，就有了正确的方向和强大的精神支柱，就能抵制各种腐朽思想的侵蚀，义无反顾、矢志不渝地献身于伟大的事业而不畏任何艰险。坚定正确的政治信念，是一个人首先要修好的“大德”，也是立身做人的“定海神针”，任何时候都含糊不得、动摇不得。正如习近平同志一再强调的，理想信念是共产党人精神上的“钙”，没有理想信念，或者理想信念不坚定，精神上就会“缺钙”，就会得“软骨病”。当前，我们要时刻补充精神之“钙”，就要认真学习、深刻领会马克思主义中国化的最新成果——中国特色社会主义，使之成为崇德修身和做好各项工作的行动指南，成为坚定理想的“主心骨”、升华信念的“压舱石”，努力做到虔诚而执着、至信而深厚，真正树立实现理想的坚定信念和百折不挠的进取精神，关键时刻不动摇，危难关头挺得住，始终经受得住困难和挑战的考验，为实现中国特色社会主义共同理想不懈奋斗，为党的事业和人民的利益鞠躬尽瘁，死而后已。

二　守公德

强化文明意识，校正人生坐标。文明意识是一个人综合素质的集中体现，强化文明意识，也是提高公民文明素质的重要环节。一个高素质、有教养的现代文明人，必须有良好的文明礼仪。对个人来说，文明礼仪是一个人的思想道德水平、文化修养、交际能力的外在表现。当前，在培育和践行社会主义核心价值观中强调崇德修身，强化文明意识，有许许多多的着力点，但特别重要的就是从中国优秀传统文化中汲取营养，充分发挥优秀传统文化怡情养志、滋养心灵、涵育文明的重要作用。中华文化中的文明意识源远流长、丰富多彩。如“和而不同”“大道之行也，天下为公”“天下兴亡，匹夫有责”“君子坦荡荡”“言必信，行必果”“人而无信，不知其可也”“德不孤，必有邻”“仁者爱人”等。像这样一些彰显文明意识的思想和理念，有其永不褪色的时代价值；就是在经济全球化的今天，仍然闪耀着时代的光芒。用中华文化中蕴含的丰富的思想道德资源来强化全社会的文明意识，对于在社会主义道德建设中把坚持以为人民服务为核心，以集体主义为原则，以爱祖国、爱人民、爱劳动、爱科学、爱社会主义为基本要求，抓好社会公德、职业道德、家庭美德建设，形成团结互助、平等友爱的人际关系等原则方针和要求落到实处，是非常有意义的。

三　严私德

锤炼意志品质，恪守做人准则。修养犹如一面镜子，照见一个人的道德境界、做人准则与精神追求。中国古代历来就有推崇“修身、齐家、治国、平天下”的传统，从其中的价值排序不难看出，修身居于基础性的地位。中国历史上无数先贤志士，之所以至今仍被人深深缅怀，令人敬仰，正在于他们都能严以修身、厚以责己、薄以责人、崇德向善，用崇高的爱国情操、专注的敬业精神、质朴的诚信素质、宽容的友善人格，书写了对中华民族核心价值的坚守，镌刻着中华民族优秀意志品质的标识。今天我们虽然不用面对枪林弹雨而抛头颅洒热血，但眼花缭乱的现实诱惑同样是对意志品质的严峻考验。日常生活中，有的人在名利诱惑中放任自流，有的人在义利纠结中迷失自我，有的人在利色面前甚至丧失做人底线、滑向犯罪深渊，造成极坏的社会影响，其中的教训非常深刻。

第五节　优秀传统文化促进人与自然和谐共生

一　优秀传统文化内涵人对自然依存关系的正确认识

中国优秀传统文化包含着非常珍贵的处理人与自然关系的内容。老子说，“道”是天地万物的本源，无始无终，“道即自然”，“自然即道”，道是无限的，无处不在，无处不有，道的运行是自由的、必然的，完全由自身的规律所决定。道生万物，宇宙间的一切都来自“道”，按照这种看法，人类也是自然界的一部分。即“有天地，然后有万物；有万物，然后有男女；有男女，然后有夫妇。”从老子“道法自然”的学说，可以逻辑地引出人类要遵从自然的法则，不能总向自然索取的观点，这在今天看来多么宝贵，而这种天道自然观产生于2500年前，真是让我们后人对先贤肃然起敬。因此，一切破坏、违背自然规律的言行、准则都是错误的，都将给人类社会及自身带来不可估量的灾难。于是，“顺天应人”的思想成为中国传统文化中宇宙观的主流观念和文化建构中的重要思想支柱。既然天人相谐，人们就应当顺应天时，不破坏自然界的规律。庄子告诫人们“春三月，山林不登斧，以成草木之长；夏三月，山泽不入网罟，以成鱼鳖之长”，不能对大自然肆意破坏。庄子甚至幻想一个人与鸟兽虫鱼、草木山川和谐共处一起嬉戏共存共荣的美好社会。今天，当人们为因不择手段的“发展”而遭破坏的生存环境悲哀的时候，当因认识到自然界正在无情地惩罚人类的以怨报德而悔恨的时候，当为再也无法使那些因物质文明的进步而成种群成类别消失的动植物复苏而伤痛不已的时候，人们或许从高天的长风里听到遥远的2000多年前中国先贤发出的智慧的呼声。他们早就指出了后世的悲剧，他们早就在神采飞扬地向人们宣示：自然界与人类生存在一个共有的大家庭里。当然，老庄的学说不能与今日的“环保学说”作等量观，但“道法自然”即“道法道”的思想是超越性智慧的学说，是无可否认的，它显示了中国先人在人与自然关系的研究中达到了极高的境界。

二　优秀传统文化提供正确处理人与自然关系的有益借鉴

传统文化蕴含的“天人谐和说”“回归自然观”，追求自然、社会、人际、人与自然的全面和谐，为我们正确处理人与自然之间的关系提供了一套精辟的思想方法，对我们在市场经济条件下改造自然、顺应自然、不屈从自然、不破坏自然、坚持可持续发展都会有深刻启迪。比如“天人合一”就是被历代广为推崇的观念。中国古代思想家认为人与自然是和谐统一、互依互存的，不能对立和割裂。如张载所言：“乾称父，坤称母，予兹藐焉，乃浑然中处。天地之塞吾其体，天地之帅吾其性，民吾同胞，物吾与也。”（《西铭》）张载认为，天地就像父母，养育人类。天、地、人是统一的，三者的本性一致。所有人都是亲爱的兄弟，自然万物都是朋友。《周易序卦传》中记载：“有天地然后有万物，有万物然后有男女，有男女然后有夫妇，有夫妇然后有君臣，有君臣然后有上下，有上下然后礼仪有所措。”这里说的是天地产生万物，万物孕育人类，人类世界因天地万物的承载而建立，万物与人类的内在联系是无法割裂的。还有儒家提倡的“不违天时”“节用”“御欲”，反对不守自然时令地乱砍滥伐、过度狩猎捕鱼，抵制“暴殄天物”的思想，都对处理人与自然的关系提供了正确的指引。道家的“万物负阴而抱阳，冲气以为和”“道法自然”“上善若水”，这些敬重生命、关爱自然，主张天人和谐的思想，对于我们构建人与自然和谐相处的和谐社会具有重要的意义。我们可以把中国古代生态文明思想归为两点：遵循自然规律，保护生态环境，适当加以改造与引导；维护生态平衡，使自然资源得以可持续发展。例如孟子指出：“不违农时，谷不可胜食也，数罟不入洿池，鱼鳖不可胜食也。斧斤以时入山林，材木不可胜用也。”意为不违背农作物耕种的时节，按照大自然的季节和节气，就会粮谷满仓，获得丰收。《吕氏春秋》里面从反面提到：“竭泽而渔，岂不获得，而明年无鱼。”意为只顾眼前利益，不顾长远利益，违背自然规律，过度索取，自然资源就会耗尽。相近的典故还包括“焚林而猎”等。传统文化的这些思想告诉我们：自然界是人类生存和发展的基础，与人是相互依存的。人应该尊重、热爱、善待充满勃勃生机的自然界。人可以认识自然，让自然为自己服务，但是必须遵循自然界的规律。人若忽视自然界至关重要的地位，凭借自己的主观意愿破坏自然界的秩序，必将给自己的生存和发展带来难以想象的灾难。

进入21世纪，伴随全球化进程的推进，现代化所蕴含的发展与代价、成就与丧失、进步与退步等内在矛盾也在更深刻的层面和更广泛的程度上得到彰显和展开。现代文明遭到了前所未有的危机。西方文化片面主张人定胜天，强调科技改变一切，过度掠夺自然资源，最终遭到了自然界的报复。人们以人类中心主义为导向，将人与自然对立起来，从“人定胜天”的思想出发，强调人要征服自然，缺乏自觉保护环境的意识，人类的活动违背了自然规律、破坏了自然环境。正如恩格斯在《自然辩证法》中说的那样：“动物仅仅利用外部自然界，单纯地以自己的存在来使自然界改变；人则通过他所作出的改变来使自然界为自己的目的服务，来支配自然界。这便是人同其他动物的最后的本质的区别……但是我们不要过分陶醉于我们对自然界的胜利。对于每一次这样的胜利，自然界都报复了我们。”人们的自以为是、肆无忌惮受到了自然无情而有力的回击。人们必须悬崖勒马、反思自己的行为，以正确的自然观及时改正错误，这样才是处理人与自然关系的正确态度。如今，老子及道家思想所蕴含的生存智慧特别是生态智慧，正在得到世界日益广泛的关注和认同，展现出其超越时代、民族和国界的强大生命力，成为一种有着警世、医世、救世功能的普适文化，在当代愈加显示出其独特的价值和魅力。先哲们所倡导的天人合一精神、礼治精神、德治精神、仁爱精神、民本精神等，经过现代的转化和洗礼，必然会成为一种具有世界意义的价值主张。

三　优秀传统文化促进人与自然和谐共生

党的十八大报告提出了“把生态文明建设放在突出地位”的国家战略。“生态兴则文明兴，生态衰则文明衰”。西方发达经济体过度追求利益最大化的生产方式，迅速蔓延到了世界各地。发达工业文明经济体的国家很少采取在战略上与其他文明体经济和谐相处的战略，早期出现冲突的时候，更多的是用武力，强盗式地撞开人家的大门；近代升级版的方式是将较少污染、较少劳动的产业留在域内，将较多污染、密集劳动的产业转向域外，然后以理念的冲突来最大化自己利益。工业文明的发展历程警告我们必须努力促进人与自然的和谐共生，实现生态文明。“生态兴则文明兴，生态衰则文明衰”。

纵观人类成长的历史，有两个典型事例为我们理解习近平总书记关于生态和文明间的兴衰关系提供了有益的启示。在南美国家智利向西约3200公里的地方，有一个孤悬在太平洋深处的小岛——复活节岛（Easter Island）。历史上这里也曾经是林木葱茏、鸟语花香的世外桃源。后来，人口增加，自然生态的承载能力最终被人类活动的重压超越，出现了“人增—地减—粮紧”的矛盾。随着人口不断下降，复活节岛文明陷入衰弱。另一个故事的结局是温馨的。在处于中华文明的西南边陲的摩梭人，建立起了尊重自然，自律性控制人口的生活方式。这种人与生态和谐相处的自然信念，不仅保存了自己，也影响了周边的普米人、纳西人和彝人，包括原来贸易的汉人，成为一个缩微版的太平洋沿岸多民族和谐互动，人类活动和自然生态和谐的千年样板。在今天的历史节点上，我们应该充分认识中国古代生态文明思想的宝贵价值。先秦时期，就有哲人结合庄子“顺天”与荀子“制天”的思想，提出了“天人合一”的思想，本质就是将天、地、人作为和谐的整体来看待，既要遵循自然的客观规律，又要发挥人类的主观能动性，改造自然和利用自然，在保护自然资源基础上进行人类活动，达到人与自然和谐相处的关系。形成“人类—自然”二者合一的复合型生态良性循环互动的关系。

时代的进步、科学技术的发展使人类拥有更大能力去支配自然的同时，也要求人们拥有更高的素质来处理人与自然的关系问题。在现代化的进程中，以环境为代价盲目寻求物质财富的积累将得不偿失，不会实现真正意义上的幸福，我们需要良好的生活环境。我们要正确认识自然，严格要求自己，从点滴做起珍爱环境，爱惜、珍视自然赐予人类的宝贵资源。面对环境污染严重、生态系统遭到破坏的严峻形势，必须要有尊重自然、顺应自然的生态文明理念，将生态文明建设融入政治、经济、文化与社会建设中，实现中华民族可持续发展。习近平总书记从人类共同利益出发，讨论生态文明问题，倡导“人类命运共同体意识”。他在中央政治局第六次集体学习时进一步强调，要坚持节约资源和保护环境的基本国策，坚持节约优先、保护优先、自然恢复为主的方针，着力树立生态观念、完善生态制度、维护生态安全、优化生态环境，形成节约资源和保护环境的空间格局、产业结构、生产方式、生活方式。这种站在人类共同利益的视角思考生态自然、经济和人类关系的观点，内含了中国古代“天人合一”的方法论思想。“生态兴则文明兴，生态衰则文明衰”的思想，是东西方文化融合再创新的产物，既蕴含着中国传统文化的哲学思想，又贯穿了马克思主义历史唯物主义和辩证唯物主义的哲学思维。我们必须清醒地认识到加强生态文明建设的重要性和必要性，通过制度建设、加强法制等行动努力走向社会主义生态文明新时代，建设美丽中国，实现中华民族永续发展。

第六节　优秀传统文化推进和谐社会、和谐世界构建

一　传统“和”文化内涵丰富

中华文化崇尚和谐，中国“和”文化源远流长，蕴含着天人合一的宇宙观、协和万邦的国际观、和而不同的社会观、人心和善的道德观。优秀传统文化是一座巨大宝库，和谐是其核心理念和思想精华。首先，传统文化追求“天人合一”的精神。有利于人与自然的和谐相处，构建人与自然和谐相处的和谐社会，是与中国传统文化追求“天人合一”的精神一脉相承的。中国古代的思想家们把天地万物视为一个有机联系的整体，只有处于和谐关系中，才能得到发展并生生不息。儒家认为包括人类在内的自然界基本上是和谐的，传统文化中“天人合一”的思想虽然是农业文明的产物，但它反映了人与自然之间的亲和感和相互依存关系，对于我们反思现代工业文明对自然的征服态度，实现人与自然的和谐相处和经济社会的可持续发展，具有重要的启示。其次，传统文化中的“民本”思想，有利于巩固社会和谐，“民本”思想是中国优秀传统文化宝库中重要的精神资源，在中国传统思想文化中具有非常重要的地位。先秦文献中提到“民”的地方很多。我们只有把构建和谐社会植根于优秀传统文化的土壤中，善于汲取“民本”思想的精华并赋予其崭新的时代内容，才能夯实构建社会主义和谐社会的基础。一个以民为本的社会，才是一个和谐的社会。最后，传统文化注重人与自我的和谐。修身养性，提升自我。古人云：“修身、齐家、治国、平天下”，其中，“修身”是基础，即修身养性，自强不息，磨炼自我；随遇而安，善待自我。古人认为，修身之本在于安心，即淡泊名利，进退有节，遇事豁达大度，保持平和心态，实现人的自我和谐。

二　优秀传统文化为构建和谐社会提供强力支撑

首先，优秀传统文化为正确处理人与社会的关系提供借鉴。在建构和谐社会的过程中，伴随商品化程度的提高，追求个人利益的最大化成了人们生存的主要目标。人们经常为了获得更多的利益而侵害社会利益，不能正确处理人与社会的关系。在享受社会提供的各种资源和条件时，认为理所当然、只顾索取、不讲付出。偷税漏税、挪用公款、私用公车、学历造假、骗取补助等以权谋私、损公肥私、假公济私现象普遍，扰乱了社会的正常秩序，影响了社会整体利益的实现。个人的发展离不开社会。个人是社会的细胞，千差万别的个人组成了每个人所生存的社会。社会为人的存在和发展提供了环境，个人不能脱离社会而存在。人在谋求自身发展的时候要注意处理好与社会的关系，摆正在社会中的位置。个人的行为应符合社会的要求。当个人利益和社会利益、个人需要和社会需要发生冲突时要依据道德原则进行协调和解决。在这方面中国传统文化提供了值得学习的原则。儒家主张重义轻利，这里的“义”可以理解为人民的需要。“君子以义为上”（《论语·阳货》）说的就是义具有道德的内在价值，是评判行为正当与否的主要准则。倘若一个人的行为以义为前提，合乎义的要求，那么即使它没有取得预期的效果，同样可以认为它具有善的价值，也会为人所肯定。儒家将“义”作为行为的规范，但并不绝对否定“利”在社会生活中的意义。依据儒家的见解，利无论对社会或个人而言都不是绝对的恶。对利不能一概否定和排斥，但是对利的追求必须在义的范围内，计较功利的心态不能有。“不义而富且贵，于我如浮云。”（《论语·述而》）讲的就是利与义比较起来，利是从属于义的，义是超越利的，不能追求不合乎义的利。如果人只以追求利为目的，不追求人生价值的实现，那么人本身就会逐渐成为获取利的工具，失去了人的理性和人的尊严。董仲舒曾说“正其义不谋其利，明其道不计其功”（《春秋繁露》），做任何事都要为了匡扶正义，而不是为了获得利益，要为了践行道德，而不是为了表明功劳。叶适、颜元持不同观点，主张义与利的统一。虽然各家关于义与利的观点不一致，但是可以看出他们都肯定义的重要地位，主张正确处理好个人利益与社会利益的关系。

中国传统文化提倡“见得思义”反对“见利忘义”的思想在现代社会显得弥足珍贵。这对引导人们树立正确的价值观，协调个人利益和社会利益，正确处理人与社会的关系，维护社会的安定，提供了参考和借鉴。

其次，为正确处理人与人的关系提供支撑。在和谐社会构建的过程中，人与人之间也产生了一些问题。生活在快节奏的现代社会的人们对物质财富的需求急剧上升，想方设法为自己谋求利益。为了利益，人们由熟悉变为陌生、由支持变为诋毁、由信任变为猜忌、由鼓励变为排挤……总之，人将利益看得越来越重要，将周围的人看得越来越不重要。人与人相处不再那么和谐友善，心与心之间保持着距离。人们每天都忙忙碌碌地为生计奔波而忽视了情感的交流，亲情变得遥远、爱情变得功利、友情变得虚假。有的人为了金钱、利益冲破了道德底线，抛弃了良心的呼唤，变得自私自利、麻木不仁、冷漠无情。摔倒的老人无人扶，助人为乐之人反被讹诈，为了家产父子反目、兄弟相残，危急时刻无人挺身而出，这些都成了司空见惯的现象。人与人的关系变得复杂而紧张。中国传统文化中很多思想为处理上述问题提供了理论上的支撑。中国自古提倡人与人相处要以和为贵，将和谐看成人际交往中最重要的原则。历代人们都遵循“父慈子孝、兄友弟恭、亲朋有信”的伦理观念和以对方为重的交往原则。在《论语·子路》中，孔子说：“君子和而不同，小人同而不和。”说的是君子在与人相处时可以和谐融洽，对待任何事都能独立思考，即使有不同的观点也会坦坦荡荡当面说出来，不会影响友谊；而小人与人相处时，没有自己的见解，不讲求原则，只求与其他人相同，往往表面上和气，迎合别人的观点，但在私下却诋毁别人，不能与他人保持融洽的关系。孔子道出了君子与小人的区别，表达了对人与人友好和睦交往的期待。在此处，孔子也阐述了和的含义。和即是多样性的统一，不同的事物汇聚到一起，互不干扰，达到平衡。在儒家看来，每个人的权利是平等的，实现自己目标的同时应该尊重他人实现目标的权利。正所谓“己欲立而立人，己欲达而达人”（《论语·雍也》）；我们也不能只顾享受利益而不承担义务和责任，将自己不想做的事情强行施加给别人，要做到“己所不欲，勿施于人”（《论语·卫灵公》）。在人性方面，孟子是性善论者，他说过，“恻隐之心，仁之端也；羞恶之心，义之端也；辞让之心，礼之端也；是非之心，智之端也”（《孟子·告子》）。孟子认为，人自出生时起就形成了善良的本性，拥有同情心、羞耻心、恭敬心和是非心，进而人才拥有仁义礼智信各种品德。孟子将“恻隐之心”也就是“不忍之心”作为道德的出发点，他认为，无论什么人都应对处于痛苦处境的人给以同情、提供救助。孟子还以“天时不如地利，地利不如人和”这样质朴的语言，表达了对人们相互帮助、团结一致的称颂。墨子向人们提出了博爱的相处之道——兼爱。兼爱就是一个人要爱一切人，不分关系的亲疏远近、地位的高低贵贱，始终保持一颗爱心，到处传递爱的能量。这也不失为一种倡导团结、追求国家人民利益的理想信念。以上提及的古代人际交往的思想，无论是在过去还是在现在都是有益的人际伦理准则，可以为处理人际关系冷漠、诚信缺失和信任危机等严重影响社会发展的问题提供理论支撑和信仰支持，为人们搭建良好的生存平台、营造融洽的生存氛围发挥积极而重大的作用。

最后，优秀传统文化为人自身的发展提供契机。在现代化进程加快、物欲横流、竞争激烈的社会，人们面对太多的诱惑、太多的陷阱、太多的选择，往往不知何去何从。常常只流连于外在的追求，而忽视内在的发展。如何在利益面前保持清醒、坚守自己的原则，修己慎独，在独处时严于律己是每个人需要面对的问题。中国传统文化在修己慎独方面为我们提出了很多可资借鉴的途径和内容，这对处于喧嚣环境的我们是很好的指导和帮助。中国传统文化提倡自身修养的提高，崇尚对真、善、美的追求。孔子说过："君子谋道不谋食……君子忧道不忧贫。"(《论语·卫灵公》)这里的"谋道"是指追求社会理想，人生理想。真正的君子用心追求理想，只担忧自己的理想能否实现，而不担忧自己是否贫穷。儒家认为人拥有良好的个人品行和情操，才能实现远大的抱负。孟子的"饱食暖衣，逸居而无教，则近于禽兽"就强调个性追求的重要性。人如果能不仅仅满足于生活的安逸，还追求独特的志趣、接受良好的教育、向往高尚的情操，就会拥有独属于人的美。儒家还提出"穷则独善其身，达则兼善天下"(《孟子·尽心上》)，"见贤思齐"和"见不贤而内自省"的主张，强调用"吾日三省吾身"(《论语·学而》)的办法提升自身修为。这都是可以提升完善自己的人生信条。在人自身的发展中，传统文化强调要有独立的人格，要不畏权威、不惧死亡坚持自己珍视的人生原则。"志士仁人，无求生以害仁，有杀身而成仁。"(《论语·卫灵公》)"生亦我所欲也，义亦我所欲也，二者不可得兼，舍生而取义者也。"(《孟子·告子上》)"君子不食嗟来之食"(《礼记·檀弓》)以及"士可杀不可辱。"(《礼记·儒行》)都是追求独立人格、坚守自尊的良训。中国传统文化中的仁、义、礼、智、信作为"五常"虽具有一定的阶级性，需在新时代进行扬弃，但是它仍是任何时期，每个人寻求自身发展必不可少的基本品质。"仁者爱人"(《孟子·离娄下》)体现的是友善、博爱；"义以为上"(《论语·阳货》)讲求的是对原则的坚守；"礼"遵循的是尊敬辞让的规矩和秩序；"智"是明辨是非、区分善恶的道德觉悟；"信"讲的是信守诺言、言出必行的品德。还有孝悌、忠节、廉洁、勤俭、勇敢等也都是中国人自古以来恪守的准则，提升完善自己的优良传统。它们在现代性建构的过程中依然能够为自身进步提供强大的动力。

纵观我国传统文化的和谐理念，人们不难领悟：身心和则康，家庭和则福，人际和则安，社会和则治，自然和则美。我们有必要认真汲取传统思想文化精华，进一步加深领会党建设和谐社会的创新理论，在推进现代化进程中更好地发挥优秀传统文化的独特作用。综上所述，中国传统文化在中国现代性建构的道路上，对人处理各种关系，对解决现代社会的各种问题都具有重要的意义和价值。运用中国传统文化，有利于人的全面发展，可以为社会提供更多的正能量，从而推动中国现代性建构事业顺利完成，让中国拥有更加美好的未来。

三 弘扬优秀传统文化为构建和谐世界提供宝贵借鉴

当今世界，和平与发展成为时代主题，但是世界仍然很不安宁。国际金融危机影响深远，世界经济增长不稳定不确定因素增多，全球发展不平衡加剧，霸权主义、强权政治和新干涉主义有所上升，安全威胁的综合性、复杂性、多变性日益明显，领土和海洋争端时有升温，恐怖主义、分裂主义、极端主义活动猖獗，局部动荡频繁发生，粮食安全、能源资源安全、网络安全等全球性问题更加突出，各种冲突不断发生。比如，旷日持久的巴以战争，是宗教信仰的冲突；以美苏为首的东西集团冷战，是政治形态的冲突；国内的贸易顺差与国外的反倾销举措，是经济体制的冲突；文化输出与文化侵略的论争，是中西文化的冲突；不同年龄段人群的代沟，是价值观念的冲突；旧有事物对创新态势的打压，是思维模式的冲突……应对这些层出不穷的冲突，中国优秀传统文化所蕴含的贵中尚和的和谐思维、和而不同的和谐思想、忠恕宽容的和谐心态可以帮助我们寻找解决冲突的突破路径。正如《甲申文化宣言》中提道：“中华文化注重人格、注重伦理、注重利他、注重和谐的东方品格和释放着和平信息的人文精神，对于思考和消解当今世界个人至上、物欲至上、恶性竞争、掠夺性开发以及种种令人忧虑的现象，对于追求人类的安宁与幸福，必将提供重要的思想启示。”如此，就不会再用固执去拒绝异类、用偏激去反对异见、用自大去打击新生、用霸权去迫害弱势。

1. 优秀传统文化蕴含构建和谐世界的朴素价值理念

首先，“爱好和平”是中华民族精神的重要内涵。中华民族历来以爱好和平著称于世。“礼仪之邦”“协和万邦”“德莫大于和”等观念，深深地扎根于中华民族的文化传统之中。“亲仁邻善”“讲信修睦”等，充分表现了中华民族在处理民族问题上的宽宏胸襟。联欧亚，开辟丝绸之路；通亚非，郑和七下西洋；历万难，玄奘印度取经；为传经，鉴真东渡扶桑……这些典型事例，是中华民族爱好和平，与其他国家和民族进行文化交流、发展友好关系的历史见证。因此，中华民族爱好和平不仅表现在各兄弟民族之间以和为贵、携手共进等方面，而且表现在与世界上其他民族的友好交往、休戚与共上。

其次，“和而不同”是中国优秀传统文化的价值理念。曾经在两千多年前，就有一群知识分子，他们虽不同而和、虽不比而周，他们想人之所想、急人之所难，他们“老吾老以及人之老、幼吾幼以及人之幼”，他们尽管性情不同、出身不同、成就不同，但是在“忠恕”的感召下，都践行着儒者的光荣与梦想，体察万物，悲悯苍生。

最后，“忠恕宽容”是中国优秀传统文化的处事心态。儒家在当今最有实践意义的思想之一，就是“忠恕”，它不仅是历史贡献给今天的，也是中国贡献给世界的。忠，是中人之心，尽心待人、忠于本心，己欲立而立人、己欲达而达人；恕，是如人之心，推己及人、换位思考，己所不欲、勿施于人。“忠”是要极尽所能，“恕”是要量体裁度，所以“忠”与“恕”，与“仁”与“义”一样，是一对相互辅助又相互制衡的概念。忠，就是尽己之心，去付出和助益；恕，就是待人如己，去换位和体谅。这样的理念，在今天听来，令人格外动容。这些关乎体谅、诚恳、理解、尊重的品质，随着历史河流的向前推进，常常是越来越沉入了河底，其踪杳杳。所目当今世界，矛盾一点就着，战争一触即发……都是因为“忠恕”这个看起来陌生的概念，实在是被我们遗忘太久了。

2. 中国坚持走和平发展道路，致力于和谐世界构建

中华民族5000多年文明史，中国人民近代以来170多年斗争史，中国共产党90多年奋斗史，中华人民共和国70多年发展史，改革开放40多年探索史，这些历史一脉相承，不可割裂。脱离了中国的历史，脱离了中国的文化，脱离了中国人的精神世界，脱离了当代中国的深刻变革，是难以正确认识中国的。正是基于中国厚重的传统和谐文化，在当今的国际关系中，中国才能承担起当之无愧的和平力量。首先，中国坚持平等互信，坚持国家不分大小、强弱、贫富，一律平等，正是用“和而不同”的思维去推动国际关系的民主化，尊重主权，共享安全，维护世界和平。其次，中国坚持包容互鉴，尊重世界文明多样性、发展道路多样化，尊重和维护各国人民自主选择社会制度和发展道路的权利，相互借鉴，取长补短，推动人类文明进步。2000多年前中国人就认识到了这个道理：“橘生淮南则为橘，生于淮北则为枳，叶徒相似，其实味不同。所以然者何？水土异也。”正如中国人喜欢茶而欧洲人喜爱啤酒一样，茶的含蓄内敛和酒的热烈奔放代表了品味生命、解读世界的两种不同方式。但是，茶和酒并不是不可兼容的，既可以酒逢知己千杯少，也可以品茶品味品人生。中国主张“和而不同”，人类各种文明之花竞相绽放而不是文明冲突。最后，中国支持追求合作共赢，就是倡导人类命运共同体意识，在追求本国利益时兼顾他国合理关切，在谋求本国发展中促进各国共同发展，建立更加平等均衡的新型全球发展伙伴关系，同舟共济，权责共担，增进人类共同利益，同国际社会一道致力于推动建设持久和平与共同繁荣的和谐世界。

3. 优秀传统文化贡献和谐世界构建正能量

“忠恕”确实可以作为中国文化在今天提供给世界的智慧准则。早在1971年，联合国通过决议恢复中华人民共和国在联合国的合法地位，周恩来总理为联合国大厅带去了孔子的两幅语录，其一是“以和为贵”，另一条就是关乎“忠恕”的解读：“子贡问曰：有一言而可以终身行之者乎？子曰：其恕乎。己所不欲，勿施于人。”子

贡请教孔子，是否有一句话可以作为人终身依照的准则？孔子便回复给他这一句照亮万世的格言，这一句将中华文化的堂堂正气昭显于联合国面前的行事信条：己所不欲，勿施于人。可见，“忠恕”正是对“和谐”的达成，而“忠恕”也不仅是古代知识分子个人修为的守则，更是当代政治风云涌动中具有现实指导意义的准则。正如习近平总书记讲话提出：“要解决这些难题，不仅需要运用人类今天发现和发展的智慧和力量，而且需要运用人类历史上积累和储存的智慧和力量。”当今世界，人类文明无论在物质还是精神方面都取得了巨大进步，特别是物质的极大丰富是古代世界完全不能想象的。同时，当代人类也面临着许多突出的难题。要解决这些难题，不仅需要运用人类今天发现和发展的智慧和力量，而且需要运用人类历史上积累和储存的智慧和力量。所以，纵观以儒家文化为主体的中国传统文化，结合今天社会主义的理论成果，使我们更应具备一份中华民族的文化自信。而中国智慧，不仅属于过去，也属于未来；不仅属于中国，也属于世界。

第三章

以科学的态度对待中华优秀传统文化

第一节　唯物辩证法的扬弃观

一　扬弃释意

扬弃，是一个汉语词汇，为哲学名词。德语 aufheben 的意译。音译为“奥伏赫变”，意指任何事情都有好的和坏的一面。

扬弃是个哲学概念。是指继承和发扬旧事物内部积极、合理的因素，抛弃和否定旧事物内部消极的、丧失必然性的因素，是发扬与抛弃的统一。扬弃是黑格尔解释发展过程的基本概念之一。他认为，在事物的发展过程中，每一阶段对于前一阶段来说都是一种否定，但又不是单纯的否定或完全抛弃，而是否定中包含着肯定，从而使发展过程体现出对旧质既有抛弃又有保存的性质。例如黑格尔在《精神现象学》中对于个体意识的阐述，从意识到自我意识直至绝对知识，其中各个环节的相继发展，都是否定中包含肯定从而既有抛弃又有保存的过程，也就是扬弃的过程。在《小逻辑》第 96 节，黑格尔以这一扬弃概念说明“德国语言富有思辨的精神”，说“它超出了单纯理智的非此即彼的抽象方式”，在马克思主义哲学里，这一辩证概念在唯物主义基础上，得到了更加明确的规定和使用。

二　扬弃是客观规律

其指新事物对旧事物的既抛弃又保留、既克服又继承的关系。德国哲学家康德首先在自己的哲学体系中运用该词，而后费希特更是大量使用，但多是在该词的否定意义上使用。黑格尔首先赋予这一概念以肯定和否定的双重哲学含义，并用来建构自己的全部哲学体系。他认为，概念发展的每一阶段对前一阶段而言，都是一种否定，但这又不是单纯的否定，而是包含肯定的否定，如此，概念的发展过程就体现出对旧质的既有抛弃又有保留，既有克服又有继承的性质。唯物辩证法继承了黑格尔辩证法的思想成果，并以这一概念来表述唯物辩证法的否定观的实质。认为事物内部新与旧的矛盾斗争，使除旧布新、推陈出新成为事物发展的必然规律。然而新事物对旧事物的否定是既克服又继承、既抛弃又保留的辩证过程，以至达到一个更高的发展阶段；否定之所以能够成为发展和联系的环节，事物之所以能够在自身矛盾的基础上，通过否定实现由低级到高级的发展，就在于否定是扬弃。扬弃是通过事物的内在矛盾运动而进行的自我否定，是事物发展的环节和联系的环节。联系的环节体现了新事物对旧事物的发扬、保留和继承，这是“扬”的过程，是事物发展的连续性。发展的环节体现了新事物对旧事物的抛弃、克服，这是“弃”的过程，是事物发展中的非连续性。如对中华民族的文化遗产，要去其糟粕，也要取其精华，要有批判，也要有继承。唯物辩证法的扬弃观截然不同于形而上学的否定观，它要求对任何事物都要具体问题具体分析，不能简单地肯定一切或否定一切，不能犯片面性和绝对化的错误。

第二节　毛泽东的“文化扬弃论”

“文化扬弃论”是毛泽东思想的有机组成部分，又是毛泽东思想中一个相对独立的科学的文化思想体系，是对马克思主义文化观的丰富和发展。学习、研究毛泽东的文化扬弃论，对今天我们正确对待中外历史文化遗产，建设有中国特色的社会主义新文化具有重大的指导意义。

一　文化扬弃论的提出及其基本内涵

文化扬弃论，是毛泽东根据人类社会一切文化形态在发展中不断扬弃自身，实现其新质对旧质不断超越的客观规律，所建立的一套系统的科学理论。所谓文化自身的扬弃，是指文化形态的发展具有否定之否定的普遍形式，它体现了随着社会主义生活实践的变化，人们创造了文化形态，并通过继承、批判和不断创新相统一的方式，推进文化的发展，使之实现新陈代谢的螺旋式上升的客观过程。文化扬弃论，就是对文化发展过程这一基本规律的科学总结和概括。不过，毛泽东没有明确使用文化扬弃论的概念，他同马克思主义经典作家一样，在论述文化问题时常使用的是“批判地继承”这一提法，人们往往称毛泽东的文化思想是“批判继承论”。如果全面地理解和把握毛泽东对历史文化遗产主张“批判地继承”的有关理论，可以认为，批判继承论同这里所讲的文化扬弃论，是一回事。

然而，这里为什么要用文化扬弃论的提法呢？按照“批判地继承”这一提法原有的内涵，它本是指我们应对一切文化遗产既要继承，又要批判，即在继承中批判，批判中继承，使二者有机结合，而这种结合也就内在地包含有创新的意义。可是，不少论者谈论批判继承论时，往往将对文化遗产的批判地继承，理解为“一方面要批判，一方面要继承”，更进而把文化遗产分割为两部分，认为将其中好的拿来可继承，坏的抛弃。然而，历史上的许多文化遗产却并没有这种可以截然分割的具体形态，而是好坏相掺、利害杂糅的有机统一体。所谓分割取舍的办法，只是人们思维中的抽象，难以付诸文化发展的实践。毛泽东主张的观点不是这样。他在著名的《在延安文艺座谈会上的讲话》（以下简称《讲话》）中论及文艺的发展时指出，对丰富的中外文学艺术遗产，“我们是要继承的”，但旧的文艺形式“到了我们手里，给了改造，加进了新内容，也就变成革命的为人民服务的东西了”。这里，毛泽东主张的就是以继承、批判和创新三者相统一的方式，实现旧文艺向新文艺的本质的转化，即“推陈出新”。从文化观上看，这实质上就是一种文化扬弃论。毛泽东的这一论述，科学地把握了文化发展中继承、批判和创新三者之间的辩证关系，具有全面性、深刻性和普遍性意义。而上述一些论者对批判继承论的理解不仅是形而上学的，更忽略了对文化遗产的本质的改造和创新，容易引起误解，导致理论上的混乱。所以，采用文化扬弃论的概念更为合适，更具有理论的明确性。

作为系统的科学理论，文化扬弃论不仅内容十分丰富，而且构成了一整套论证严密的理论体系，成为当代马克思主义文化观具有中国特色的新形态。这一理论有它自身产生与发展的过程，早在青年时期，毛泽东初步接触马克思主义理论后，文化扬弃论就已经萌芽。针对当时一些人提出的“中学为体，西学为用”的文化口号，毛泽东一针见血地指出，所谓“中学为体，西学为用”的口号是错误的，这口号实则是“以孔子为中心”，倡导“学问要新道德要旧”[①]。针对另一些人主张的“全盘西化论”，毛泽东也提出尖锐批评。在给黎锦熙的信中，他引述老师杨怀中的话：“吾意即西方思想亦未必尽是，几多之部分，亦应与东方思想同时改造也。”[②] 在毛泽东看来，“中体西用论”的倡导者“很少踏着人生社会的实际说话”[③]。“全盘西化论”同样“不切于实际生活”[④]。从这些片断言论中，可清楚地看出，青年毛泽东关于中国文化发展的正确思路是，从中国社会生活的实际需要出发，在对中外文化遗产充分吸收的同

① 中共中央文献研究室：《毛泽东早期文稿》，湖南人民出版社 2008 年版，第 363 页。

② 同上书，第 86 页。

③ 同上书，第 363 页。

④ 同上书，第 86 页。

时，要进行批判和改造，以创建新文化。在嗣后成为坚定的马克思主义者，投身革命事业，以至被公认为中国共产党和人民领袖时，毛泽东在从事艰苦卓绝的政治、军事斗争的同时，仍十分重视对文化问题的研究，关心和指导革命文化事业的建设，使文化扬弃论逐步形成成熟而完整的系统理论。特别在抗日战争时期，毛泽东发表了《新民主主义论》和《讲话》等著作，堪称这一科学理论的代表作。1949 年以后，这一理论更有进一步的丰富和发展。

通观毛泽东文化扬弃论的全部内容，概括地说，其基本内涵就是，以马克思主义文化观为指导，尊重文化发展的否定之否定规律，从中国革命和建设的需要出发，批判地继承中外历史文化的成果，从而创造性地建设有中国特色的无产阶级新文化。

这些基本内涵表述了对文化遗产加以本质改造的全过程。这一过程包含有继承、批判、创新三个有机联系的环节。就三者的区别而言，其第一层意思是继承。因为中国无产阶级新文化不可能凭空创造，所以，它首先要求应以开放的心态，了解、继承中外历史文化遗产。毛泽东本人的博学多闻，是人所共知的。这当然来自对文化遗产的广泛涉猎和认真学习，用他的话来说，他采用的是“古今中外法”，即“全面的历史的方法”[①]。1938 年，在《中国共产党在民族战争中的地位》一文中，毛泽东提倡“从孔夫子到孙中山，我们应当给以总结，承继这一份珍贵的遗产”。1942 年，在《讲话》中，他明确要求文艺家，“必须继承一切优秀的文学艺术遗产。”“我们决不拒绝和借鉴古人和外国人，哪怕是封建阶级和资产阶级的东西。”1949 年以后，毛泽东还强调，“中国的和外国的，两边都要学好。半瓶醋是不行的，要使两个半瓶醋变成两个一瓶醋。”[②] 这些论述，充分说明毛泽东对中外文化遗产，具有兼收并蓄、博采众长的大家风范和一贯态度，正如列宁所说：“只有用人类创造的全部知

① 毛泽东：《如何研究中共党史》，《党史研究》1980 年第 1 期。

② 毛泽东：《毛泽东著作选读》下册，人民出版社 1986 年版，第 752 页。

识财富来丰富自己的头脑，才能成为共产主义者。”[①]

在学习和研究中外历史文化时，如何处理学中和学外的关系？毛泽东提出了以中国为中心的观点，也就是先中后西。早在1915年他在致湘生的信中，就明言为学之道应先中后西[②]。1918年，他积极组织新民学会会员赴法国勤工俭学，声称自己主张大留学政策，提倡会员海角天涯都应当去人，但同时认为留学生先应懂得中国。他说：“吾人似应先研究过吾国古今学说制度之大要，再到西洋留学才有可资比较的东西。”他也曾有赴法、赴俄留学的想法，但终于没有出国，认为“吾人如果要在现今的世界稍为尽一点力，当然脱不开‘中国’这个地盘”。主张先要对中国“加以实地的调查，及研究”[③]。1942年春，他在《如何研究中共党史》的讲话中，更明确强调“研究中国党史，应该以中国作中心，把屁股坐在中国身上。世界的资本主义、社会主义，我们也必须研究，但是要和研究中国党史的关系弄清楚。”就是“要坐在中国的身上研究世界的东西”。他坚决反对“一切以外国为中心，作留声机，机械地生吞活剥地把外国的东西搬到中国来”[④]。毛泽东这里讲的是研究中国党史的问题，但其先中后西的原则同样适合于历史文化的研究。在此讲话的前一年，毛泽东在《改造我们的学习》中就批评过党内一些人言必称希腊的数典忘祖现象，批评党内研究现状、研究历史的空气不浓厚，认为这是党风不纯的表现。可见他对这一原则何等重视。但毛泽东并不因此排斥学外国的东西，他说：“如果不把‘外’弄清楚。对于‘中’也就不容易弄清楚。”[⑤] 说明不应把先中后西原则绝对化。他用历史的观点看待中外文化的关系，外国的社会亦有古今之分。

---

① 《列宁选集》第四卷，人民出版社1995年版，第347页。

② 中共中央文献研究室：《毛泽东早期文稿》，湖南人民出版社2008年版，第2页。

③ 同上书，第474页。

④ 毛泽东：《如何研究中共党史》，《党史研究》1980年第1期。

⑤ 同上。

毛泽东如实地承认“近代文化，外国比我们高”。因此，“应该学外国的近代的东西，学了以后来研究中国的东西”。他引用马克思关于首先研究近代社会，就容易理解古代社会的观点，认为“这是倒行的，却要快些”[①]。这就是说，一般而言，应当先中后西，对某些特殊的研究对象，也不妨先西后中。后来毛泽东将这些主张精辟地概括为“古为今用、洋为中用”。他点出了继承历史文化遗产的目的和意义：“向古人学习是为了现在的活人，向外国人学习是为了今天的中国人。”[②] 这不仅反映了毛泽东是一位爱国主义者，也说明他在文化继承问题上是一位具有世界眼光的辩证论者。

以开放的心态，将中外文化遗产不拘一格地拿来，拿得越多越好。这只是文化建设的前提，更重要的工作是，拿来以后，不能食洋不化、食古不化，而是分析批判，有所鉴别。对外国的东西，他反对搬来套用，反对生吞活剥，为的是“快一点把中国的东西搞好”[③]。他比喻说，“一切外国的东西，如同我们对于食品一样，必须经过自己的口腔咀嚼和胃肠运动，送进唾液胃液肠液，把它分解为精华和糟粕两部分，然后排泄其糟粕，吸收其精华，才能对我们的身体有益”[④]。对中国古代的文化，同样照此办理，“必须将古代封建统治阶级的一切腐朽的东西和古代优秀的人民文化即多少带有民主性的和革命性的东西区别开来”[⑤]。总的说来，“中国人也好，外国人也好，死人也好，活人也好，对的就是对的，不对的就是不对的，不然就叫作迷信。要破除迷信”。“正确的就信，不正确的就不信，不仅不信而且还要批评。”[⑥] 这就是说，对一切文化遗产，既要继承，又要批判，二者辩证统一。只批判不继承，就叫文化虚无

① 毛泽东：《毛泽东著作选读》下册，人民出版社 1986 年版，第 748 页。

② 同上书，第 752 页。

③ 同上书，第 751 页。

④ 毛泽东：《新民主主义论》，《解放》1940 年第 98 期。

⑤ 同上。

⑥ 毛泽东：《毛泽东著作选读》下册，人民出版社 1986 年版，第 713 页。

主义；只继承不批判，就叫文化保守主义。这两种偏向，都要不得。

继承和批判，是毛泽东文化扬弃论的两层意思。还有第三层意思，就是创新。实现文化扬弃，直接目的便是建设新文化。没有创新，就很难谈得上建设，统言之，批判地继承本来即具创新意义。析言之，有了批判地继承，创新才有基础；有了创新，批判地继承才有现实的价值。毛泽东进一步指出，新文化既要有有益于革命和建设的思想内容，又要有“新鲜活泼的为中国老百姓所喜闻乐见的中国作风和中国气派”①。这就要求，在文化的内容与形式上都应有所创新。毛泽东认为，所谓创新就是实现古今中外的“有机地结合”，不是机械地拼合。这要有一个过程，他比喻说，“驴马结合是会改变形象的，不会完全不变”，即使是“非驴非马也可以”②，为的是“使我们自己的东西有一个跃进”③。就是要实现文化发展的本质的飞跃、升华，即全面的扬弃。毛泽东后来称为“推陈出新。”

综上所述，毛泽东文化扬弃论的内涵，一是继承，二是批判，三是创新，三位一体，相互渗透，不可割裂。继承是肯定，批判是否定，创新是否定之否定。这是文化发展和建设中辩证统一的全过程。

二　文化扬弃论的总原则

实现文化扬弃，对文化建设事业是一项极高的要求，说起来容易做起来难。毛泽东曾评价“五四”以来新诗创作的得失，充分肯定新诗取得了很大的成绩，但同时又指出，它“迄无成功”。从一个角度说明了实现文化扬弃的难度。

为了使文化工作者有所遵循，能够知难而进，毛泽东又提出了实践文化扬弃论的两条总原则：一是坚持马克思主义文化观的指导，

① 毛泽东：《中国共产党在民族战争中的地位》，人民出版社 1952 年版。
② 毛泽东：《毛泽东著作选读》下册，人民出版社 1986 年版，第 752 页。
③ 同上书，第 751 页。

二是坚持从中国的具体情况出发，坚持为人民服务的方向。

马克思主义是普遍真理，它科学地概括和总结了自然界、人类社会及思维运动的客观规律。马克思主义文化观科学地揭示了人类社会文化发展的客观规律。马克思主义本身就是人类优秀文化的智慧结晶。人类的文化发展史本来就是一个在不断地批判继承中除旧布新的客观进程。为了科学地把握和积极地推进这一进程，所以毛泽东指出，“现时的中国新文化也不能离开无产阶级文化思想的领导，即不能离开共产主义思想的领导”①。

关于文化发展的规律，恩格斯曾有明确论述。他指出，“任何新的学说”都“必须首先从已有的思想材料出发，虽然它的根源深藏在经济的事实之中”②，“任何意识形态一经产生，就同现有的观念材料相结合而发展起来，并对这些材料作进一步的加工”③。就是说，意识形态文化的发展变化，从根本上取决于经济基础的进步，而意识形态自身的进步又必然要继承以往留下的思想材料，并根据社会现实生活的实际对之加以改造、扬弃，以符合历史发展的要求。恩格斯这里着重讲意识形态发展变化的规律，事实上，一切广义的人类文化形态莫不具有这种不断更新的必然趋势（人们从衣食住行等器用性文化的历史演变中，可以举出无数例证来说明这种规律性）。因此，毛泽东强调要按照马克思主义的科学文化观来指导文化建设。

近年来，有人宣扬所谓“民族文化心理积淀论”，认为传统文化中的一些思想、观点渗透于人们的心里，直接影响人的行为方式，成为稳定的模式，有一种超时代的永恒性质。如果说，这种观点是指旧的思想文化残存在许多人的头脑中，发生着长期的社会影响，它是有合理性的。但如果认为旧文化可以超历史地延续，将永远制约后世一切人的思想和行为，却是不符合事实的。因为，看来似乎

---

① 毛泽东：《新民主主义论》，《解放》1940 年第 98 期。

② 《马克思恩格斯选集》第 3 卷，人民出版社 1972 年版，第 56 页。

③ 《马克思恩格斯选集》第 4 卷，人民出版社 1972 年版，第 250 页。

是超历史、超时代的文化观念，只反映人类文化的共性。它实际是一种抽象，从来就不能独立存在，而只能寄寓在具体的历史文化形态的特殊性中，而各种具体存在的特殊文化总是不断地新陈代谢的产物，绝没有永恒不变的神奇性质。这种“积淀论”夸大了旧文化的功能，否认了文化在不同历史阶段有不同质的具体变化，陷入了形而上学谬论。客观上，也否认了人们对旧文化的主动改造。毛泽东则以“变”的观点看待文化的历史发展，他认为“中国的面貌，无论是政治、经济、文化，都不应该是旧的，都应该改变”[①]。也就是肯定文化形态将随历史的发展，不断地扬弃自身，有所创新。这才是符合文化发展实际的科学认识。

在以什么思想指导来建设新文化的问题上，理论界是有过争论的。毛泽东提出马克思主义文化观作指导的这条总原则，并非无的放矢。所谓“全盘西化论”和“中体西用论”，之所以不能有效地实现对旧文化的改造，很重要的原因就在于这些理论不具备现代最先进的科学指导思想。近年来，又有人提倡“西体中用论”，要以西方文化作中国当代文化之“本体”。这种论调颇产生了一些影响。然而，什么是西方文化之体呢？如果说这个体，是指西方文化的共同本质，那么这个体也是一种抽象，不是具体的东西，不是独立存在的实“体”。它连“体”都没有，何来“本体”？如果要研究西方文化之体，那就要对西方文化中不同质的文化形态作具体的区分。倘若对现代西方文化做大体的分类，它除了非阶级性的通用文化如科学技术、先进的经济管理方法等之外，还有阶级性文化。而其中占统治地位的是资产阶级文化，如以私有制为核心的政治文化、意识形态中典型的拜金主义、享乐主义、极端个人主义之类。这些陈旧的文化形态，正是中国人民坚决反对的。难道要甘冒天下之大不韪，公然引进做中国当代文化的本体？对上述非阶级性通用文化如科学技术、管理经验和方法，故不妨多多引进，为我所用。但是，这种

① 毛泽东：《毛泽东著作选读》下册，人民出版社 1986 年版，第 752 页。

文化既是通用性的，它本身便是用，而不是体，它本质上是全人类的共同财富。这里谈不上什么体不体的问题。如果所谓体，是指西方无产阶级文化，那么代表这种文化的最先进的思想理论马克思主义早在70多年前就引进了，而且它与中国的具体情况相结合，已经不断得到丰富发展。这是人所共知的事实，西体中用论者对此不会不知道。但他们置若罔闻，只是一味含糊其辞地提倡以西方文化为体。这是什么缘故呢？说穿了，所谓西体中用论，如果不是主张者头脑糊涂、概念混乱，就是他们有意掩饰其无批判地引进西方资产阶级文化的托词，实质上要以这种文化来排斥、冲击以马克思主义作指导，建设中国无产阶级新文化。

毛泽东讲的实现文化扬弃的第二条总原则，是强调创造新文化，目的在于适应中国革命和建设的需要，维护人民群众的根本利益。毛泽东在《新民主主义论》里精辟地规定了新民主主义的性质，说它是“属于世界无产阶级的社会主义的文化革命的一部分”，这个新文化是“在观念形态上反映新政治和新经济的东西，是替新政治新经济服务的”。这些新政治新经济的主体是无产阶级和广大人民群众。新文化的建设要适应中国新政治新经济的需要，当然必须为这些新政治新经济的主体即人民服务。不仅新文化自身的性质是如此，而且新文化的来源也在于人民群众的伟大实践（包括新政治新经济的实践）中。在《延安文艺座谈会上的讲话》中，毛泽东明白指出，“过去的文艺作品不是源而是流”，人民的生活才是一切文艺“取之不尽，用之不竭的唯一的源泉”。批判地继承一切优秀的文学艺术遗产是从“流”中汲取有益的东西，这并不能替代自己的创造。文艺不应拒绝“流”的营养，但更要溯流探源，到“源泉”去取得最新鲜生动的现实原料，才能创造新文艺。因此，毛泽东鼓励文艺家，“必须长期地无条件地全心全意地到工农兵群众中去，到火热的斗争中去，到唯一的最广大最丰富的源泉中去”。总之，“为什么人的问题，是一个根本的问题，原则的问题”。可见，面向实际生活，为人民服务，不仅是关系到新文艺自身的性质问题，而且是新文艺建设的唯一出路和根本条件。在战争年代，毛泽东强调新文化要为新政治新经济服务，这无疑是正确的。在今天的现代化建设时期，我们党及时调整文化方针，提出为社会主义服务，为人民服务的方向，纠正“以阶级斗争为纲”的“左”的偏向，当然也是正确的，这是毛泽东文化观在新时期的发展。毛泽东提出的面向实际、为人民服务的总原则没有变，而且永远不会变。

近年来，在两个文明建设中，出现了“一手软、一手硬”的偏向。实质上是对西方文化盲目崇拜，对中华文化抹杀。是彻头彻尾的谬论。有的人热衷引进西方的腐朽文化，也有人则宣扬古代文化中的糟粕，使色情、暴力、吸毒、迷信之类的有害东西，泛滥不止。这都是文化建设中的逆流，是一种倒退。这些坏现象完全背离了现代化建设的要求和人民群众的根本利益，必须严加禁止。不如此，建设社会主义新文化就是一句空话。

毛泽东文化扬弃论提出的两条总原则，是分别从指导思想和服务方向两方面讲的。这两条总原则在根本上又是完全一致的，二者也是辩证统一关系。马克思主义文化观本身就来自人民群众创造文化的社会实践，又必须回到新文化建设的实践中发挥指导作用，为人民服务，并要经过这种为人民服务的实践不断验证和丰富。新文化建设离开了这一指导思想，就成了盲目的实践；而马克思主义文化观离开了新文化建设的群众基础，也就失掉了它的理论价值和生命力。因此，两条总原则的内在一致性，体现了毛泽东文化扬弃论的理论性、实践性和阶级性、人民性的高度统一。

三　文化扬弃论的方法论

毛泽东文化扬弃论不仅是一种理论指导，而且具有方法论意义。它针对不同性质的特殊的文化形态，提出了不同的扬弃法，具有切实可行的操作性，体现了文化扬弃论理论与实践、认识论与方法论的统一。

关于文化遗产的批判地继承问题，以往学术界曾提出“抽象继承法”，意思是对思想文化遗产可以现成地选用其抽象概念或符号的形式，但需改变其内容。这种方法对某些思想文化遗产可以奏效，有一定合理性。但它在更宽广的范围内，却不能普遍适用。比如古代名家书法、名画、名曲，人们无法剥离其内容与形式，今人要继承和创新，就必得在学习、借鉴的基础上对其内容与形式均有改变，不能只继承其符号形式。再比如古人思想中的鬼神观念、君臣观念、私有观念等特殊观念（不是指词语），今天也不能原封不动地拿来。毛泽东的文化扬弃法不全等同于“抽象继承法”，而是抽象与具体相统一的本质扬弃法。毛泽东举例说，“音乐的基本原理各国是一样的，但运用起来不同，表现形式是各种各样的”①。这就是承认音乐文化是多样统一的综合体，音乐的继承和创作有其特殊要求，音乐的基本原理要继承，但要通过创作各种各样新音乐的具体形式来体现。没有新创作，抽象继承音乐原理，这种继承就没有意义。

要实现抽象与具体相统一的扬弃，就要首先对历史文化遗产的形态加以具体分析，区别其不同性质、不同层次，把握其特殊性，然后采取不同的具体操作法。

毛泽东认为，有许多非阶级性的通用文化可以拿来现成地使用。如饮食文化，毛泽东引用古人的话说，“口之于味，有同嗜焉。”毛泽东还指出，“水是怎么构成的，人是猿变的，世界各国都是相同的”②。“剖肚子，割阑尾，吃阿斯匹林，并没有什么民族形式。”③可见，凡属自然科学原理、科学技术之类的文化形态，都没有阶级性，均可现成地拿来。如果说需要改进、扬弃，那是通过科学研究，加深对科学原理的认识，对科技有所革新和发明创造。当然这里也有一个科技为谁掌握、为谁所用的问题，但科技本身并没有阶级属性。更典型的例子是语言文字这种通用性文化。语言文字自身无阶

---

① 《毛泽东著作选读》下册，人民出版社1986年版，第750页。

② 同上书，第748页。

③ 同上书，第746页。

级性，它的形式较为稳定，但随着历史的进步，其中某些词语及用法废止了，新的词语及用法产生了，有其一定规律，是一种社会性的自然扬弃过程，但其服务一切人的通用性没有改变。毛泽东就是一位语言大师，他尊重语言文字发展变化的规律，却又有创造性。毛泽东在语言文字方面造诣非凡，极其生动活泼，又精练准确，达到了炉火纯青的地步。他的理论语言，作为现代汉语言的一种典范，影响了整整几代中国人。这是毛泽东对这一通用性文化在运用上实行科学扬弃的杰出范例。

在非阶级性文化中也有少数利害相掺的通用性文化，比如吃鸦片、注射吗啡针，可以用于治病，也可以使人中毒上瘾。对此类东西，就应严格执行医用规定，防止滥用，或者采用其他无害方法如针刺麻醉法取代之。这也是一种兴利除弊的适度扬弃。

像群众中一部分人存在的迷信习惯、不文明陋习、多子多福观念，虽然其中杂有旧社会剥削阶级的思想行为的影响，但作为文化现象却不能等同于剥削阶级专有的文化。对这类旧风俗习惯，就只能采取思想教育方式，按政策原则，加以积极的正确的引导，启发自觉，让人民群众自己起来加以革除，使之向新风俗、新习惯转化。这又是一种弃旧图新的扬弃。

还有自古至今长期存在的宗教文化，也不宜和剥削阶级文化等同起来。对之尤宜注意政策，审慎对待。无产阶级提倡无神论，不信仰宗教。但尊重人们的宗教信仰，保护宗教信仰自由，承认宗教文化存在的一定合理性，而且重视其可贵的历史价值。宗教终将消亡，但需要有一个很长的历史时期，现在却不应强行禁止。对宗教文化的扬弃应是一个长期的渐进过程。只要宗教文化不背离爱国主义立场，拥护社会主义，我们就要保护而且允许其适度发展。而这也正是实现宗教文化扬弃的前提和正确起点。

对纯粹的剥削阶级文化，也要具体分析。对其中腐朽的思想文化和生活方式，比如赌博、色情文化、纳妾制度，鉴于其严重的危害性或反动性，就必须对之坚决排斥、禁止，要采用法律手段取缔。

如果说拿来利用，只能是选取典型，当作反面教材，揭露其危害，作为社会主义文化教育的辅助手段。用毛泽东的话来说，“化毒草为肥料”，即变害为利。这是一种转换功能的文化扬弃。

对于上述性质不同的文化形态，毛泽东生前领导党和政府制定了一系列科学的文化政策，都具有行之有效的操作性，其目的都是要促进这些文化的具体扬弃，以利于创建社会主义新文化。在这方面，我们取得的巨大的历史性成绩，是有目共睹的。

在文化扬弃过程中，较为困难的是如何对待大量的剥削阶级的意识形态文化的问题。因为，这部分文化成果是精华与糟粕相互渗透的统一体，不可能采取一切两半，取优汰劣的机械方法。比如古代“孝敬”的伦理道德观念，既有尊老敬老的积极成分，又有封建家长制的本质特征；又如古代的爱国思想，既有热爱祖国、捍边御侮的正义精神，又往往与忠君观念、狭隘民族主义相联系。社会主义的伦理道德观念和爱国主义思想，既不能割断历史联系，全部另起炉灶，又不能现成取用旧的思想内容。这是一个难题，毛泽东深知对这一类文化形态实行扬弃的困难性，他比喻说，对这类东西应如对食物一样，要首先经过消化、分解，而后“汲取精华，去其糟粕”。那么，怎样对其消化、分解呢？如前所述，毛泽东以文艺为例，指出要利用旧形式，给以改造，加进新内容，使之“变成革命的为人民服务的东西”。通俗地讲，就是“旧瓶装新酒”。比如今天我们在长幼伦理关系上，依然提倡“孝敬”老人，“孝敬”的观念形式没有变，但内容改造了。我们剔除了其中封建家长制的本质内容，加进了人与人平等关系的新的本质内容。对古代的爱国思想也是这样，我们剔除了其中的忠君观念和狭隘民族主义内容，代之以热爱社会主义祖国，维护社会主义事业并与国际主义相联系的新内容。这种“旧瓶装新酒”法，与“抽象继承法”颇为相似，即对旧文化的概念形式有选择地继承。如“孝敬”“爱国”这类词语具有通用性，但用来作为概念的形式时，它却属于一定思想理论体系的有机组成部分。它作为旧的概念形式，以往只能涵盖旧内容。将其作为新概念的形式，形式未变，它涵盖的内容却从根本上更新了。但这种继承并不只是“抽象意义”的继承，因为任何意义的正确表述，都是概念本身抽象与具体、内容与形式的统一，它们在现实中是不能割裂的。我们继承来的概念形式，是对现实生活中业已出现的新事物的具体内容的反映，不是仅仅在概念的抽象意义上继承旧形式。

在“旧瓶装新酒”的文化扬弃方面，毛泽东也为我们树立了典范。比如，“实事求是”这个命题，原出于《汉书・河间献王传》：“修学好古，实事求是。”古人颜师古的解释很简单：“务得事实，每求真是也。”几乎没有解释，无甚精义。毛泽东却以马克思主义理论重作解释，他指出：“‘实事’就是客观存在着的一切事物，‘是’就是客观内部联系，即规律性，‘求’就是我们去研究。”[①] 这个命题的改造，与颜师古的解释就有本质的不同。它反映了人们把握真理、从事实践的客观规律性。这就属于概念的抽象与具体、形式与内容相统一的扬弃。在毛泽东著作中，这类文化扬弃的实例不胜枚举，充分体现了毛泽东在文化建设实践上的创新精神。

不过，对旧的文化形式的利用也不是无条件的。有些旧形式虽亦不妨拿来，但因其历史局限性较大，却不宜照搬来普及推广。比如对旧体诗形式，毛泽东就指出，“诗当然应以新诗为主体，旧诗可以写一些，但是不宜在青年中提倡，因为这种体裁束缚思想，又不易学”[②]。可见，对文化旧形式的利用也要权衡利弊，适度掌握。这又体现了毛泽东在文化扬弃上的辩证观点。

综上所述，对一切历史文化遗产都必须首先按照文化扬弃的总原则，从本质上分清利害，权衡利害之大小，然后针对其不同性质、不同层次的特殊文化形态，采取具体的不同方法来加以分析、取舍、改造，进行科学的扬弃。一概肯定或一概否定的做法，都是不对的。

---

① 毛泽东：《改造我们的学习》，人民出版社 1956 年版。

② 毛泽东：《关于诗的一封信》，《诗刊》1951 年第 1 期。

历史文化遗产是极其丰富多样的，但是所有这些遗产都只是建设新文化可供选择的材料。利用这些材料，往往不能全面反映新时代出现的新事物。在人民当家做主人的新中国，我们开创了前所未有的伟大事业。现实生活的巨变中，涌现了大量新的生活现象，为新文化的创造提供了崭新的丰富内容。这样，文化遗产中固有的有用形式就不敷其用。这就必然要求在文化建设中革新旧形式，或者创造全新的形式，以适应时代的要求。因此，毛泽东积极提倡要“标新立异”“独树一帜”，勇于革新、创造。早在1944年延安时期，毛泽东就支持戏曲改革，更新其思想内容。到1964年之后，毛泽东又鼓励京剧改革，对京剧的旧形式进行多方面的革新，借以表现革命和建设的新题材。虽然京剧改革一度受“四人帮”干预，被利用为他们篡党夺权的政治资本，但京剧改革的许多实际成绩，却出于戏剧工作者的辛勤劳动，其中有益的经验是应当肯定的。毛泽东重视和支持革新旧的文化形式的基本观点是正确的。

“标新立异”“独树一帜”的另一层含义，是提倡敢于独创。毛泽东对现实生活中出现的新事物，给予极大的热情支持和关注，对共产主义思想的萌芽尤其不遗余力地扶植、宣传。比如毛泽东亲自表彰的白求恩精神、雷锋精神，都是以往历史上没有的，都具有与传统观念和势力决裂的特征。这些精神当然也有历史文化的基础，但内容和形式上都是全新的，属于共产主义的先进意识形态。这些精神联系着党和人民共同奋斗的远大目标，它标志着无产阶级新文化对历史文化本质上的全面扬弃，既是立足现实的，也是面向未来的，因此更具有现实意义和深远的历史意义。

毛泽东的文化扬弃论作为一个完整的科学体系，是对马克思主义文化观的伟大发展，是具有中国特色的新文化的建设理论，对当前我们从事两个文明的建设具有普遍的指导意义。

第三节　反对三种错误思潮、创造性转化和创新性发展中华优秀传统文化

一　反对文化复古主义

1. “文化复古主义”。“文化复古主义”是近代产生的一种文化思潮，它是在中西文化的对撞中产生的。自鸦片战争以来，西方资本主义列强用坚船利炮打开了中国的国门，使中国传统文化陷入了危亡的境地。在这种背景下，一些进步的知识分子开始寻找救国救民的道路。有人提出中国应该向西方文化学习，“师夷长技以制夷”，有的提出“中体西用”学说，主张在维护中国传统文化的道统不变的前提下，学习西方的先进科学技术和政治制度。还有的人主张完全放弃中国传统文化，全盘接受西方的文化和价值观念。在这种背景下，康有为、梁启超等人，重新宣扬中国传统文化的价值和作用，认为传统文化的千年道统是不能丢弃的，中国文化的唯一出路就是重新确立传统文化的主导地位，他们坚决反对西化主张，要求返回孔孟之道，在社会上提倡尊孔运动，倡导诵经复古，并在各地建立“孔教会”，推行他们的文化复古主义主张。

文化复古主义虽然在肯定中国传统文化的作用方面，起到了一定的作用，但他们死守传统的教条，不肯对传统文化持扬弃的态度，不愿向西方先进文化学习，这是一种食古不化的形而上学观念，是完全错误的。在新文化运动中，文化复古主义思潮，受到了新文化运动的猛烈批判。

“文化复古主义”以康有为、严复等为代表。在20世纪末，康有为、严复都是致力于中国政治革新、文化发展的风云人物。康有为积极鼓吹维新变法，并亲自组织和领导了变法实践。严复则是维新变法的热情支持者。他们都热烈地宣扬过西方资产阶级进化论，主张中国走西方近代化的道路。但是辛亥革命后，二人却相继倒退

到固守旧传统、旧礼教的复古主义立场。1913 年严复带头列名，发起成立了孔教会，多次撰文鼓吹“以儒教为中国国教”。与严复相呼应，康有为于 1913 年 2 月开始出版《不忍》杂志，以促进建立孔教为国教。概言之，这一派别在文化选择上的基本立场是：固守中国封建主义的文化传统，否定西方文明，用“传统”反对“现代化”。维护封建国粹是他们唯一的文化目标。

实际上，鸦片战争以来，突破文化选择的“西化”模式，实现立足点根本转移是从复古主义派别开始的。他们看到西方文明腐朽的一面以及东西方文化的差异，意识到中国文化发展应该回到自己的特殊的道路上来，这在很大程度上揭示了中国文化发展的客观规律。可惜的是，他们所选择的发展方向是“向后转”的。如康有为即认为，“中国颠危误在全法欧美而尽弃国粹”，因而他要“冒万死以力保旧俗，存礼教而保国魂”①。的确，实现中国文化现代化，不可避免也很有必要保留一些自身有价值的、合理的文化因素，但绝不是不加分析批判简单的“续古”运动。中国的“文化再造工作”是建立在理性批判、继承、创新基础之上的。简单的“续古”与简单的“反古”是不可取的。所以从这一点看，复古主义的文化选择与西化论者一样，都是“非现代化”的，不符合中国的实际，本质上也是五四文化运动中的一股逆流。

2. 传统文化传承也需要与时俱进。传统文化需要与时俱进地跟上时代潮流。对于优秀的传统文化来说，“酒香也怕巷子深”，优秀的东西故步自封于自己的那片“小天地”终将会在未来的某一天为“大天地”所不容。君不见，历史长河里多少优秀文化因故步自封而在时间的“冲击”下飘散如烟，如曾经的墨子和鲁班那高超的技艺。传统文化可以为国家发展输送更多动力。每一个盛世的来临必滋养文化的繁荣，文化的繁荣反过来也能推动盛世“加速”前进，文化与盛世之间这种相辅相成的关系决定了文化在国家发展中的重要地

① 康有为：《中国颠危误在全法欧美而尽弃国粹说》，1913 年。

位。如今，新时代的社会主要矛盾已经转化为人民日益增长的美好生活需要和不平衡不充分的发展之间的矛盾，而美好生活需要自然也包括文化需求。

正如《生活不止眼前的苟且》歌中唱的，“生活不止眼前的苟且，还有诗和远方的田野”，文化在每个人的生活中扮演着不可替代的作用，一个好的文化熏陶能给人带来无穷的正能量，这正是社会发展所需要的原动力之　。

南怀瑾先生在30多年前就曾预言：一个国家的科技落后了，可以很快迎头赶上；一个国家的经济衰落了，也能补救。唯独一个国家的文化不复存在了，也就意味着亡国后，这个国家不可能复活了。历史上的几个文明古国，不是亡在经济和科技的被打垮，而是自身的文化被摧毁。所以，守护、继承、发展我们的传统文化，更需要去其糟粕、取其精华，这样才能让传统文化在改革开放的时代浪潮里释放出更多的文化红利和社会正能量。

二　反对文化虚无主义

（一）文化虚无主义的表现

文化虚无主义是近代中国一种以彻底否定民族文化传统、主张全盘西化为特征的文化思潮，其主要表现为以下几个方面。一是对我国优秀传统文化进行选择性虚无，重点是对支撑我国文化自信、民族自信的史实、人物、事件进行歪曲宣传。比如，认为传统文化中的民族英雄岳飞、文天祥的行为不是爱国而是狭隘的汉民族主义，意在污蔑历史英雄人物，抹杀他们的历史功绩，抹黑他们的正面形象，从而误导人们的历史观、价值观、文化观。在文化市场中，把历史人物形象世俗化、戏谑化的低俗文化屡见不鲜，如宋代包拯在某话剧中被恶搞成了好色之徒；花木兰成了捧着烧鸡、满嘴胡话的“大傻妞”；关羽在网络游戏中竟成了性感女性，等等。二是对革命文化的选择性虚无。非议革命领袖、丑化党的领导人、抹黑党的形象。比如，借口毛泽东晚年的错误，全盘抹杀毛泽东对中国革命和社会主义建设的丰功伟绩，从而否定中国走社会主义道路的正确性。通过侮辱、恶搞革命烈士，抹杀英勇无畏、艰苦奋斗的革命精神，以消解国人的精神动力。如质疑黄继光、刘胡兰、邱少云等革命烈士英勇事迹的真实性，造谣狼牙山五壮士偷老百姓的萝卜等，破坏革命英雄光辉形象，挑战主流意识形态。三是对社会主义先进文化的选择性虚无。“中国核潜艇之父”黄旭华院士在2018年央视春晚给全国人民送祝福之后，却在微博上遭到了无端诋毁。黄旭华院士为了大国重器，30年隐姓埋名，以身许国，是真正的国之栋梁、人民英雄和全国道德模范。对英雄、模范的肆意侮辱，就是对社会主义核心价值观的公然挑衅和蓄意背叛，这是文化虚无主义的惯常表现和真正意图。

值得高度警惕的是，在全球化、信息化、移动化的自媒体时代，文化虚无主义的传播呈现出新形态、新趋势、新特点：其一，传播主体的高知性。文化虚无主义的很多文章有观点、有数据、有分量，而且呈系列化，煽动性强，这绝不是一般网民所为，很多出自知名度高的网络“公知”“大V”“意见领袖”等。他们中不乏高级知识分子，具有一定的历史知识储备和学术能力，拥有一定数量的“粉丝”和受众，其影响力不容低估。其二，传播内容的碎片化。不同于传统媒体时代的长篇大论和系统阐述，新媒体时代的文化虚无主义为迎合公众阅读习惯，往往通过一篇几百字的所谓“解密”网文、一段三五分钟的所谓“内幕”视频、几张修剪过的或摆拍的图片，甚或只有几句简短的“麻辣”点评、心情日志等，碎片化地推销其零散的错误观点，将其不可示人的政治图谋点点滴滴分散渗透到角角落落。其三，传播手段的即时性。文化虚无主义的思想观点经常出没于一些论坛、博客、微博、微信、客户端以及视频网站等，移动互联网是一些别有用心的人散布文化虚无主义的主要平台。其四，传播观点的迷惑性。文化虚无主义往往与新自由主义、西方宪政民主等沆瀣一气、互为表里，不惜乔装打扮甚至改头换面为自己披上“时尚”外衣，通过娱乐、恶搞等方式迎合大众猎奇心理，采取迂回隐蔽的策略掩盖其用心，兜售似是而非的错误观点，具有很大的欺骗性、隐蔽性、渗透性和腐蚀性。其五，传播受众的广泛性。统计报告显示，截至2017年12月，我国网民规模已达7.72亿人，其中手机网民规模为7.53亿人，使用手机上网的比例达97.5%。广大网民尤其是青少年对网络的依赖性越来越强，相当一部分网民辨别是非的能力不强，耳濡目染中成为文化虚无主义的传播和感染对象。总之，文化虚无主义在传播方面出现了许多新变化、新动向，增强了其渗透性和危害性，也加大了对其进行防范的广度、深度和难度，需要密切关注和精准防范。

（二）文化虚无主义的本质

虚无主义代表着现代社会的悲观与颓废精神，是集怀疑主义、自由主义、解构主义与颓废主义于一身的一种现代文明危机，把任何信仰、价值都看作可有可无，不仅贬损主流、权威等崇高价值，而且无视传统精神价值和现代社会价值，最终导致价值无序、信仰危机、道德滑坡和思想迷茫。

文化虚无主义把人的精神本能化、物欲化、个体化，否定崇高、正义、奉献等先进价值观念，使文化日益呈现出低俗化、媚俗化、庸俗化、恶俗化。这种思潮背后，是一些对中国别有用心的西方敌对势力意识形态的渗透，其目的是通过文化入侵和围剿，腐蚀我们的思想根基，摧毁我们的文化自信，进而动摇中国特色社会主义的理论自信、制度自信和道路自信，最终达到西化和分化中国的图谋。

在本体论方面，文化虚无主义是数典忘祖、妄自菲薄的思想逆流。他们不承认历史文化的继承性与连续性，无视文化发展的内在逻辑，随意贬损中华优秀传统文化，质疑革命文化，消解社会主义先进文化，意欲抹杀国人对中国特色社会主义文化的共同记忆，动摇中华文化立场，颠覆主流意识形态的文化信仰，架空中国梦的文化支撑，是“去思想化”“去价值化”“去中国化”“去主流化”“去历史化”的文化自弱、文化自黑。他们否认世界各国文化发展和现代化道路的多样性，把现代化等同于西化，极力追捧西方文化，推崇“西方文化中心论”。他们要虚无的是中华优秀传统文化、革命文化和中国特色社会主义先进文化，而他们所推崇和要张扬的则是西方文化、西方价值、西方理念。如果说文化虚无主义并非完全虚无，那么“以洋为尊”“以洋为美”“唯洋是从”，就是它的文化本质。

在方法论方面，文化虚无主义是无理取闹、主观唯心的形而上学。他们背离辩证法，背离唯物史观，用孤立、片面、曲解的方法，以支流代替主流、以细节代替整体、以主观代替客观、以臆想代替史实，进而歪曲事实、抹黑革命、否定崇高。他们不顾主流、主线、主题，攻其一点、不及其余，有的甚至达到了制造谣言、自我人格分裂的地步。他们竭尽攻击、丑化、污蔑之能事，嘲笑民族英雄、讥讽革命先烈、侮辱人民领袖、洗白反面人物，借机散播文化虚无主义以偏概全、混淆视听的错误观点。这种不顾客观事实、任意歪曲篡改、粗暴拼凑解构的做法，让文化沦为“任人打扮的小姑娘”。

在价值观方面，文化虚无主义是精神“贫血”、思想虚空。文化虚无主义者摆噱头、博眼球，片面追求所谓发行率、上座率、收视率、收听率和点击率，放弃甚至突破应有的价值操守和伦理底线，不惜以感官的刺激、性感的暴露、隐私的曝光、夸张的炒作来吸引受众，迎合受众消遣、猎奇、寻求刺激的心理。理想主义、爱国主义、英雄主义、奉献精神被戏谑、调侃、嘲讽和攻击，“拜金风”“言情风”“打杀风”“戏说风”“奢华风”成了时尚、前卫、流行。在文化虚无主义肆虐下，价值取向由一元主导趋向多元并存，价值判断由崇高先进趋向实用功利，传统的价值标准、价值认定和价值排序遭到蔑视抛弃，是非、善恶、美丑、荣辱等基本价值观变得模糊轻佻，最终带来的是一个民族深层的精神贫血和价值扭曲。

（三）文化虚无主义的治理对策

习近平总书记指出：“文化是一个国家、一个民族的灵魂。历史和现实都表明，一个抛弃了或者背叛了自己历史文化的民族，不仅不可能发展起来，而且很可能上演一场历史悲剧。”面对文化虚无主义的肆虐，我们必须以习近平新时代中国特色社会主义思想为武器，予以坚决回击和抵制。

首先，要坚定中国特色社会主义文化自信。“文化自信，是更基础、更广泛、更深厚的自信，是更基本、更深沉、更持久的力量。”我们要从5000多年中华民族文明史、从170多年近代斗争史、从90多年党的奋斗史、从70多年新中国发展史、从40多年改革史，吸收中国特色社会主义文化自信的丰富滋养，增强抵制文化虚无主义的战略定力。坚定文化自信要谋求文化自强，激发全民族文化创新力，建设社会主义文化强国。要加强以马克思主义为指导的学科体系、学术体系、话语体系建设，坚决防止马克思主义被边缘化、空泛化、标签化，讲好中国故事，传播好中国声音，阐述好中国特色，提高国家文化软实力。坚定文化自信还要增强文化自觉，提高识别文化虚无主义的洞察力。文化虚无主义不会自贴标签，要练就辨别“妖魔鬼怪”的“火眼金睛”。要培育和践行社会主义核心价值观，发挥其价值引领作用。社会主义核心价值观是当代中国精神的集中体现，凝结着全体人民共同的价值追求。要通过教育引导、舆论宣传、文化熏陶、实践养成、制度保障等，使社会主义核心价值观转化为人们的情感认同和行为习惯。要坚持唯物辩证法基本原则，掌握正确的思想武器，以客观、全面、联系、发展的观点认识研究文化问题，实事求是，揭露本质，廓清文化虚无主义的迷雾。

其次，加强网络文化建设，营造风清气正的网络空间。习近平总书记强调，要“依法加强网络空间治理，加强网络内容建设，做强网上正面宣传，培育积极健康、向上向善的网络文化”。互联网成为当今社会信息交流、文化建设的大平台，也是文化虚无主义者兜售其观点的主渠道。没有网络安全就没有文化安全；过不了互联网这一关，就战胜不了文化虚无主义。要把握好网上舆论引导的时、度、效，使网络空间持续清朗起来。“时”就是要针对文化虚无主义的错误言论，快速及时反击，防止错误思潮被过度热炒，造成不良社会影响。“度”就是要加大对文化虚无主义的防范、研究、反击的力度，加大对公民特别是青少年宣传引导的力度，使文化虚无主义成为“过街老鼠，人人喊打”。“效”就是要针对文化虚无主义的错误言论，澄清事实，揭露本质，批判错误，达到解疑释惑、正本清源、引导群众的良好效果，牢牢掌握网上舆论的主动权、主导权和话语权。

最后，加强文艺精品的创作，以优秀作品启迪人。文艺是时代前进的号角，最能代表一个时代的风貌，最能引领一个时代的风气。鲁迅先生曾说，要改造国人的精神世界，首推文艺。习近平总书记也说，“古往今来，世界各民族无一例外受到其在各个历史发展阶段上产生的文艺精品和文艺巨匠的深刻影响”。文化虚无主义之所以能泛滥，与文艺界出现的低俗、庸俗、媚俗、恶俗作品不无关系。要按照党的十九大报告指出的“倡导讲品位、讲格调、讲责任”的要求，引导文艺工作者坚持思想精深、艺术精湛、制作精良相统一，创作经典作品，打造高雅艺术；弘扬爱国主义主旋律，传播正能量，追求真善美，坚持以人民为中心的创作导向，在深入生活、扎根人民中进行无愧于时代的文艺创作；追求德艺双馨，坚守职业道德和价值操守，不忘初心，牢记使命。近年来，我国文艺界推出了《人民的名义》《战狼2》《红海行动》等一大批优秀影视作品，它们讴歌党、讴歌祖国、讴歌人民、讴歌英雄，兼顾了社会效应和经济效益，凸显了文艺价值引导、精神引领、审美启迪和振奋人心的精神力量。当一大批讲品位、讲格调、讲责任的精品力作“万紫千红总是春”的时候，也就是文化虚无主义失去市场、遭唾弃的时候。

三　反对文化功利主义思潮

关于中国传统文化中功利主义思潮的讨论，笔者将对传统文化中功利主义思潮的观点和看法作一综述。

（一）功利主义在传统文化中的地位和特征

1. 中国传统文化中关于系统的功利主义

有人认为在中国传统的价值体系中，功利主义的地位和影响虽不如道义论那样强大、深远，但也自成系统。在中国古代，功利主义的兴起和高涨，与社会变革时期相应，它经过了三个典型的历史阶段，即春秋战国时期，主要有墨家的功利主义和法家的权力功利主义，南宋时期，突出代表是陈亮、叶适的“功利之学”；明末清初，李贽、黄宗羲的社会功利主义独树一帜。也有人认为中国古代没有完备的功利主义理论，只有功利主义思潮，纵观历史会发现墨家、法家，李觏、陈亮、叶适、李贽、黄宗羲等人的功利观都只具有功利主义的倾向，他们对功利的论述揭示了功利主义的某些特征，但不像西方边沁、密尔的功利主义具有系统的理论体系。

有人结合近代的历史发展，从中西文化交融的角度分析了近代功利主义。认为近代以来，西学东渐，功利主义作为西方资本主义的主要社会思潮，也不断渗透到中国传统文化中，使传统功利主义融入西方功利主义的主要思想，导致它东山再起，典型的表现就是严复在翻译亚当·斯密《原富》过程中，系统地接受并发挥了斯密的功利主义思想，针对旧学“讳言利之习”和“重农抑商之故见”，提出了一系列自己的看法。“民盼利进，盖为常道”“两利为利，开明自营”“母财生利，为义自确”“自由贸易，公平为竞”等。主张义利统一，对西方某些学者公开宣扬的极端利己主义持反对态度。另一突出的表现就是梁启超的“道德革命论”，他受西方功利主义影响，肯定个人欲望，主张道德主体的意志自由，糅合了传统文化和西方文化中的功利思想，因而可以说梁的功利观也是中西文化思想的混血儿。

2. 儒家文化与功利关系

有人认为儒家文化并不排斥功利，孔子虽重视义而罕言利，但对利并不鄙弃。他不但强调公家之利，也不否定个人的私利。他反对的利是“小利”，主张义利兼顾，因而谴责儒家文化重义轻利是不公正的。有人指出不能把孔子归为未讲礼义，其实孔孟看到了当官与圣贤的关系，并不排斥功利，只是对功利的肯定、寻求的途径、方式不同墨家、法家的功利主义而已。也有人从孔子的理想人格与义利关系角度分析了孔子贵义轻利的实质，指出孔子言利主要是策略上的利益，是众人之利，对理想人格来说应见利思义，义利兼并，不能因小利而失大利。有人认为即使在道义论倾向很浓的儒家思想体系中，由于他们奉经世致用为圭臬，依然可以发现其中某些与功利主义暗合的理论表述。其实要从利益包括物质利益与精神利益两个方面角度看，非功利主义与超功利主义实际上也是功利主义，因而儒家文化只不过是一种形式特殊的功利主义。

3. 中国传统功利主义的特征

有人认为中国古代功利主义的逻辑起点是家族，它着重探讨国家、社会的安危兴衰，因而它是以天下公利、国家大利为基础建立起来的家族功利主义。有人认为功利主义是以追求这种或那种的功利作为行为的价值目标，把道德作为实现某种功利目标的手段和工具，在新的价值观剧烈冲突中，新的价值观的理论表现往往就是与道义论相对立的功利主义。有人具体分析了明清之际启蒙学者的功利思想，认为它重视个人私利，强调经世致用与豪杰精神、学问与事功相统一，是一种社会功利主义。还有人从传统功利主义的价值观主次流角度分析，指出传统功利主义的价值主流绝非利己主义，而是以利人、利天下、利天下人为主要价值取向，同时肯定了义或道德规范的作用，主张利与义的统一，就其理论形式而言，它是准则功利主义，而非行为功利主义。

（二）对传统功利主义的评价

1. 传统功利主义在理论上的得失

有人认为传统功利主义未能与道义论平分历史的秋色，这与中国古代商品经济发展缓慢，自然经济过于强大，君主专制下的宗法等级牢固直接有关，但更重要的是由自身理论上的缺陷造成的，这些缺陷主要有：理论依据多是抽象的自然人性论，所谓“天下之利”

“天下人之利”也是一种十分抽象的形式，缺乏实践的品格，墨子的“兼相爱，交相利”的原则就是一个明证；对“功利”缺乏具体的历史的规定，因而对于作为获利的手段和准则的“义”，也就流于抽象，并不具有道德革命的性质；把道义变成服务于目的之手段和工具，从而就这样或那样地削弱了道德信念、理想、情感在理想人格中的地位，影响了人们高尚的道德情操的培养。有人分析中国古代功利主义夭折的内部机制，在于它无主体性，沿着无主体性路线运转的内部机制，必然主张做圣成贤，压折了个性发展，从而导出两个基本倾向：要么如墨家学派一副苦心自励的忧患形象，要么如陈亮、叶适在儒学化的功利主义中采取儒家方法克己。这样维系古代功利主义存在的社会条件和机制一旦消失，其脆弱的生活便会迅速萎缩死亡。有人还认为中国古代功利主义思想家一般都远离经济生活，本人又不是经济学家，他们的功利主义思想也与经济生活脱节而嫁接到历史学、政治学上去，注定它必然趋向枯萎。

2. 关于传统功利主义对社会历史发展的促进作用

有人认为功利主义往往是在社会变革时期作为进步势力的价值观而得到产生和提倡，它既肯定个人私利，又强调社会国家的整体利益，因而在社会变革时期，推动了历史发展和进步。很多人则具体考察了某种功利主义的历史作用，认为墨家贵利与崇义相结合的功利主义反映了遭受战乱摧残的小生产者维护切身利益的要求，具有人民性的品格，也开创了“社会功利主义”的先河，虽然为绝学，但对社会发展的影响是不应否决的；韩非的权力功利主义，重权与力，崇功与用，适应了新兴地主阶级的政治需要，为建立中央集权的封建专制主义国家提供了重要的理论依据；陈亮、叶适强调“实事实功”的功利之学，对挽救民族危亡中兴复土产生了直接推动力；明末清初的功利主义思潮出现集中反映了这一时期由于商品经济发展和社会骤变而造成价值观的深刻变化，促进了资本主义萌芽与商品经济的发展。而近代严复系统接受与发挥了斯密的功利主义思想对民族资本主义发展和中国近代化进程的加速有着不可抹杀的促进作用。

关于传统功利主义对社会生活的积极影响。有人认为传统功利主义在社会风尚方面的表现：一是追求个人的世俗享乐，二是营利高于尚义；在民间流行的大量迷信观念中，一个突出表现就是相信鬼神、贪图功利。有的人认为明末清初随封建士大夫的商人化格局的形成与市民阶层的兴起，“逐末求利”与“断义逐利”的价值观蔚为明清之际普遍流行的社会心理。还有人从中国古代科技价值观角度，指出中国古代科技价值观一个重要特征就是实用性或功利性，这种特征在不同学科中都有体现，数学、天文学、物理学、医学都有实用传统，因而古代科技，尤其在经验技术方面受古代功利或实用精神支配和支撑取得了令人瞠目的技术成就。

3. 传统功利主义对历史促进的有限性和对社会生活的负效应

由于社会客观条件限制和自身理论缺陷，使功利主义在与道义论的争辩中每况愈下，它对社会发展的促进作用主要表现在社会变革时期，一旦社会变革结束，整个社会进入稳定巩固时期，功利主义作为一种社会思潮随即沉寂下去，儒家道义论就以或仍以正统者的权威统治着人们的行为和需要，因而传统功利主义的进步作用是有限的，我们不能扩大和绝对化这种进步作用。

同时这种有限的潜在作用，又与它对传统文化的负效应相联系。有人认为韩非的权力功利主义，南宋时的义利之辩与王霸之辩逻辑地交织在一起，使传统功利主义成为帝王的统治术，脱离了下层人民的支持。有人认为功利是科技发展的动力，也是科技价值观的圭臬，限制了科技研究的范围和应用，就实用而言，科技成果只能因人宜时，全部科技活动进入一种失而复得、得而复失的循环，科技发展的长链总是过于频繁地发生中断和倒退，整个民族的智慧陷入了一种徒劳无益、事倍功半的恶性循环中。还有人分析传统功利主义对知识分子功利意识的影响，指出“学而优则仕”成为读书人做官、求富与功名的最佳途径，知识分子价值取向就是“学而优则仕”，把学术看成求功名的手段，造成了一种极强的依附关系，这就阻碍甚至窒息了各门学科的发展。

四　创造性转化、创新性发展中华优秀传统文化

习近平同志已在多个场合多次强调“创造性转化、创新性发展”这个重大的文化方针。我们感到，在大力弘扬中华优秀传统文化，积极培育社会主义核心价值观的重要时期，习近平同志提出“两创”方针，其历史和现实意义正如毛泽东同志20世纪40年代提出“推陈出新”、50年代提出“百花齐放、百家争鸣”方针一样，标志着我们党在新的历史条件下对文化发展规律和文化发展责任、使命、路径的认识达到一个新高度，必将对中华文化走向新辉煌发挥强有力的指导和推动作用。

（一）“两创”方针深刻揭示了文化发展的客观规律

古今中外的历史表明，一个民族文化的发展、兴盛和繁荣，都有其客观规律。执政者制定的文化方针和政策，只有遵循客观规律，才能真正起到指导和推动作用。“两创”方针揭示的文化发展规律，概括起来，有三个方面。

一是尊重传统。任何一个国家和民族，都有其既有的文化传统。这个与生俱来的文化基因、文化积淀，构成了国家和民族的精神标识、文化血脉和价值系统。只有从传统文化的母体中汲取丰富滋养，才能惠及当代、泽被后人。正如习近平同志深刻指出的那样，“优秀传统文化是一个国家、一个民族传承和发展的根本，如果丢掉了，就割断了精神命脉”。而割断了“命脉”，就谈不上文化繁荣发展，从而更谈不上执政兴国，甚至可能丧失执政资格。秦一统天下后，废文用暴，“焚书坑儒”，二世而亡；汉以秦为鉴，尊儒重文，以礼仪治天下，开创了四百多年盛世。这就是对待传统文化不同态度导致的不同后果。“两创”方针的基本前提，就是要自觉礼敬、尊崇传统文化，从内心深处强烈认同优秀传统文化承载的价值理念。

二是古为今用。尊重传统不是仅仅将其作为文字存放在古籍里，也不是仅仅将其作为文物收藏在禁宫里，而是要让其活起来、用起

来，达到经世致用、学以致用的目的。我国历来就有古为今用的传统，孔子作《春秋》、司马迁著《史记》、司马光编《资治通鉴》，都是古为今用、以古鉴今的典型例子。“两创”方针的重要内涵，就是要积极运用古人的智慧解决当下的问题，发挥文以化人的教化功能，使之有益于个人、社会的教化和国家的治理。

三是推陈出新。运用传统不能食古不化，“一股脑儿都拿到今天来照套照用”，更不能作茧自缚。文化的生命力在于创新。在每个时代，文化在适应时代发展需要、解决面临新问题、与其他文化碰撞交流的过程中，与时迁移、应物变化，必然从传统中孕育出新的文化形态。从孔孟为代表的先秦儒学到董仲舒为代表的汉代儒学，再到程朱陆王为代表的宋明理学，儒家思想“都是顺应中国社会发展和时代前进的要求而不断发展更新的，因而具有长久的生命力”，成为中华优秀传统文化的主脉。“两创”方针的鲜明指向，就是立足于实践，把跨越时空、超越国度、富有永恒魅力、具有当代价值的文化精神弘扬起来，以兼收并蓄的包容精神，借鉴其他优秀文明成果，通过转化再造、丰富发展，焕发新的生命力。

习近平同志指出，“不忘本来才能开辟未来，善于继承才能更好创新”，我们必须自觉在“两创”方针指引下，在继承中发展、在发展中继承，科学辨析、精心萃取，进行新的文化创造，让中华文明革故鼎新、再创辉煌，完成好我们这一代人应当承担的历史责任，上不负列祖列宗、下无愧子孙后代。

（二）“两创”方针有力廓清了对待中华传统文化的错误倾向

由于种种原因，近代以来，在对待传统文化的态度上，我国思想界产生过一些错误倾向，比较突出的是虚无主义和复古主义这两种极端思潮。改革开放后，这两种思潮又有了新的表现形式，同时伴随市场经济、商品社会的发展，还出现了功利主义的倾向。

虚无主义宣扬，中华传统文化是过时的文化形态，在今天已经失去了价值和意义，甚至认为对于中国的现代化起着负面的、阻碍的作用，因此必须全盘否定和彻底摒弃。20 世纪一二十年代高调“打倒孔家店”就是这种思想倾向的代表。事实上，以儒家文化为主体的传统文化和现代化并不矛盾。深受儒家文化影响的韩国、新加坡等国家，不是成功走向了现代化吗？习近平同志明确指出，“中国共产党人不是历史虚无主义者，也不是文化虚无主义者”，“在带领中国人民进行革命、建设、改革的长期历史实践中，中国共产党人始终是中国优秀传统文化的忠实继承者和弘扬者，从孔夫子到孙中山，我们都注意汲取其中积极的养分”。“两创”方针，宣示了对五千年绵延不断的中华文明的无比自豪，昭示着强大的文化自信。

复古主义认为，以儒学为代表的中华传统文化都是好的，要求一切按古人的行为方式行事，主张死记硬背“四书”“五经”，成天穿汉服、行拱手跪拜礼，甚至提出全面“儒化中国”，进而提出推行所谓“儒教”，把“儒教”当成“国教”。实际上，以儒学为核心的中华传统文化在其形成发展过程中，不可避免受到当时人们的认识水平、时代条件、社会制度的局限性的制约和影响，因而也不可避免地会存在陈旧过时或已成为糟粕性的东西。同时，社会实践和人们的思想观念、外部环境都已经发生了很大变化，想简单回归传统已不可能。“两创”方针的要义在于，不搞厚古薄今、以古非今，而是有鉴别地对待，有扬弃地继承，创新传统文化的形式和内涵，使之与当今社会相协调、与现实文化相融通，为当代人所接受、所运用。

总而言之，“两创”方针坚持辩证唯物主义和历史唯物主义的基本立场，尊重传统而不盲从传统，坚持从历史走向未来，从延续民族文化血脉中开拓前进，是纠正对待传统文化各种错误倾向的有力武器，是我们在复杂的文化思潮激荡中站稳脚跟的“定海神针”，具有很强的现实针对性。

（三）“两创”方针为弘扬中华优秀传统文化提供了正确方法

贯彻“两创”方针，就是要根据社会主义市场经济、民主政治、先进文化、社会治理等的发展需要，积极推动中华优秀传统文化与之相协调相适应，实现其当代价值。如何实现“两创”，悉心体会习近平同志对“两创”的论述，可归纳为以下五种方法。

一是赋予新义。对有些传统文化范畴，剔除其糟粕成分，保留其基本精神，并赋予新的时代内涵。比如“忠”，在传统文化中不仅被看作个人的“修身之要”，而且被定为“天下之纪纲”“义理之所归”。中国历史上下五千年，评价一个政治人物的好坏，常常看一个“忠”字，忠臣名垂青史，奸臣遗臭万年。但在封建时代，“忠”具有浓重的人身依附色彩，主要是讲“忠君”，即忠于君王个人。今天，我们当然不讲“忠君”，但不能不讲“忠诚”。特别是在当前面临“四大危险”“四大考验”的情况下，我们更要始终秉持忠诚这一宝贵的政治品格，忠诚于信仰、忠诚于组织、忠诚于国家、忠诚于人民。

二是改造形式。对有些传统文化范畴，改造旧的形式，赋予其现代表达形式。比如“孝”，儒家讲“百善孝为先”，这是基于血缘、源自内心的重要价值理念，是中华民族最具普遍认同的道德规范。但是，在封建社会，孝道中表现的“父为子纲”“父母在不远游”“丁忧三年”“无后为大”等，显然已不适应于当今社会的生活方式。今天我们同样必须讲“孝”，却可以采取多种多样的方式，关键是真诚地关心、关怀父母、长辈的所思所想、所虑所求，以最大限度地满足父母和长辈的物质和精神需求为着眼点，充分表达晚辈的孝敬之心，真正使“老有所养”“老有所乐”。

三是增补充实。对有些传统价值范畴，借鉴和吸收其他文化的有益成分，补充其内涵。比如，传统文化中不乏“法”的内容，但中国传统社会总体上是“人治”社会，法的施行是有差别和等级的，缺乏法治精神。而现代社会强调依法治国，要求“法律面前人人平等”，任何政党、国家机关以及社会组织、个人都必须在宪法和法律的范围内活动。因此，有必要对传统文化中“法”的思想进行脱胎换骨的改造，用现代文明的法治内涵予以补充，使其适应现代社会的要求。

四是拓宽延展。对有些传统价值范畴，根据时代的发展进步，挖掘其当代价值，拓展其内涵。比如，儒家思想有“民本”内容，强调“民为贵，社稷次之，君为轻”。但“以民为本”的宝贵思想，在长期的专制社会中被弱化、被淹没，最终没有发展成为现代民主观念。中华人民共和国成立至今70多年有余，特别是改革开放以来，我们党一直大力建设社会主义民主政治，其本质和核心是人民当家做主。这就需要从我们的传统文化中汲取营养，深入挖掘、阐发、创新民本思想，做到“以百姓心为心”“仁者爱人”，在民主制度建设、参政议政形式、协商民主渠道等方面予以完善，逐步探索出一条中国特色民主政治道路。

五是规范完善。对有些传统价值范畴，根据时代的新要求，不断规范、完善其内容。比如“礼”，我国被称为礼仪之邦，通过礼来规范和约束人们的行为，形成良好的社会秩序。但是，传统社会的“礼”过于复杂繁缛，与现代社会生活有许多不适宜的地方。礼仪是宣示价值观、教化人民的有效形式。当前，一方面，我们要在适当规范和简化的基础上，逐步恢复一些影响深远的传统礼仪制度，比如“开笔礼”“成人礼”“传统婚礼”“祭礼”等；另一方面，要有计划地建立一些新的礼仪制度并积极推广施行，比如升降国旗仪式、就职宣誓仪式、烈士公祭仪式等。

（四）以钉钉子精神把“两创”方针落到实处

党中央把大力弘扬中华优秀传统文化、积极培育和践行社会主义核心价值观放在前所未有的高度予以强调，在社会各界引起了热烈反响，得到广大干部群众的衷心拥护。巩固和发展这一良好势头，必须以钉钉子精神贯彻落实好“两创”方针，着力解决面临的突出问题。

一是消除成见和顾虑。必须指出，“神化”孔子不可取，把孔子学说当作“包治百病”的良方也行不通；但当前主要的问题是，近代以来“贬孔”“反孔”等，其消极影响至今没有完全消除。习近平同志明确指出："孔子创立的儒家学说以及在此基础上发展起来的儒家思想，对中华文明产生了深刻影响，是中国传统文化的重要组成部分。儒家思想同中华民族形成和发展过程中所产生的其他思想文化一道，……是中华民族生生不息、发展壮大的重要滋养。"我们一定要深刻领会习近平同志的重要论述，打破对待孔子和儒家思想的禁区，放下思想包袱，全面客观地评价孔子和儒家思想的历史地位和现实价值，投入真挚感情，大力弘扬以儒家思想为主脉的中华优秀传统文化。

二是正确引导和规范。一个时期以来，一些学术机构、民间组织和企事业单位对弘扬中华传统文化的热情很高，开展了不少活动，但由于缺乏引导和规范，总体上呈现无序状态，良莠不齐、泥沙俱下，有的地方甚至出现了荒唐、低俗的现象，对此必须高度重视，切实加以解决。否则，容易授人以指责、非难之柄，不利于形成立足中华优秀传统文化、培育和弘扬社会主义核心价值观的良好氛围。各级党委政府要切实担负起引领责任，深入研究解决落实"两创"方针的思路、方法、路径、效果等重大问题，科学制定长期推进工作的规划，建立统筹协调的工作机制，充分发挥专家学者作用，将弘扬中华优秀传统文化深度融入意识形态建设、精神文明创建和价值观培育等各项工作中。在此过程中，认真抓好试点示范，及时总结推广好的经验做法，使弘扬传统文化工作沿着健康轨道发展。

三是创新载体和抓手。当前，人们思想观念多元，获取信息渠道多样，精神文化生活多彩，在这种情况下，如果满足于仅有浓厚的舆论氛围、单一的工作手段、习以为常的传播方式是不够的，必须与时俱进，创新载体和抓手，把工作往实里做、往深里做，做到受众的心里去。近年来，一些媒体推出汉字听写、成语大会、家风调查、品读校训等，一些地方倡导、推行经典阅读、礼仪普及、大众讲座等，之所以取得巨大成功，深受群众欢迎，关键是摒弃了"老套路"，创新了内容和形式，做到了内容鲜活、形式活泼，真正接了地气。我们要借鉴这些活动的好经验好做法，在内容上、手段上、方法上、渠道上大力创新，找准与时代的对接点，与受众的共鸣点，在教育引导、舆论宣传、文化熏陶、实践养成等方面，都要有使受众喜闻乐见、易于参与的载体和抓手，真正让中华优秀传统文化像空气一样无所不在，起到潜移默化、润物无声的作用。

（五）创造性转化和创新性发展的几个问题

习近平总书记多次强调，弘扬中华优秀传统文化，要处理好继承和创造性发展的关系，重点做好创造性转化和创新性发展。党的十九大报告明确把这一要求与“为人民服务、为社会主义服务”以及“百花齐放、百家争鸣”一起，确定为开展文化建设、铸就中华文化新辉煌的重要工作方针。那么，究竟该怎样认识这一方针？在实际工作中又该怎样把这一方针落到实处？至少有如下几个问题，尤其需要注意。

1. 重要前提：辩证客观地、科学地认识中华传统文化

思想认识是行动落实的先导和前提。做任何工作，如果思想认识上有偏差或者不到位，行动落实上就一定会受到影响。对中华传统文化进行创造性转化和创新性发展，一个重要的思想认识前提就是要运用历史唯物主义和辩证唯物主义的观点和方法辩证客观地认识中华传统文化。

一方面，要充分认识到中华传统文化对历史中国和现实中国的重要作用和意义。从历史的角度看，中华优秀传统文化对中华文明形成并延续发展几千年而从未中断，对形成和维护中国团结统一的政治局面，对形成和巩固中国多民族和合一体的大家庭，对形成和丰富中华民族精神，对激励中华儿女维护民族独立、反抗外来侵略，对推动中国社会发展进步、促进中国社会利益和社会关系平衡，都发挥了十分重要的作用。从现实的角度看，今日中国是历史中国的延续和发展，现实文化的发展离不开历经几千年形成和发展起来的中华传统文化的滋养，今天中国人民正在进行的中国特色社会主义伟大事业，深深地植根于中华传统文化的沃土之中。中华

优秀传统文化是中华民族的“根”和“魂”，是中华民族的文化基因和精神家园，是中华民族生生不息、发展壮大的丰厚滋养，是我们治国理政的重要思想文化资源，是涵养社会主义核心价值观的重要源泉，是实现中华民族伟大复兴中国梦的重要精神支撑，是中华民族在世界文化激荡中站稳脚跟、坚定文化自信的坚实根基和突出优势。

另一方面，要充分认识到中华传统文化中存在的消极成分及其与当代中国社会不相适应的地方。传统文化在其形成和发展过程中，不可避免会受到当时人们的认识水平、时代条件、社会制度的局限性的制约和影响，因而也不可避免会存在陈旧过时或已成为糟粕性的东西，比如，“三从四德”“愚忠愚孝”“男尊女卑”“刑不上大夫，礼不下庶民”“劳心者治人，劳力者治于人”等。与此同时，客观实际总是不断变化的，社会总是往前发展的，今日中国相比于历史中国，所处的历史条件和面临的具体情况毕竟已经发生了翻天覆地的巨大变化，即使是中华传统文化中一些优秀成分，到了今天也可能已经不符合实际情况和时代需要了，它们与今日中国正在努力建设的社会主义市场经济、民主政治、先进文化、社会治理等已经存在许多不协调不适应的地方。

对于中华传统文化，只有在辩证客观认识的基础上，才谈得上进行创造性转化和创新性发展。如果奉行历史虚无主义的观点，无视中华传统文化的历史作用和现实意义，把它说得一无是处、踩到地上，或者奉行复古主义的观点，忽视其局限性和落后、消极因素，把它说得尽善尽美、吹到天上，那么还有什么必要进行转化和创新呢？

要全面、科学认识中华优秀传统文化。中华传统文化，是中华民族在历史上创造和传承的一切文化的总和。中华优秀传统文化，则是指整个中华传统文化中有利于推动社会发展和进步的文化，这些文化往往也是长期发挥正能量的文化。我们都知道，在历史上形成并长期存在的文化，并不都是优秀文化。有些文化在创造之初或许具有进步意义，但随后逐渐演变为代表腐朽没落势力的文化，失去了进步意义；还有的文化事项，历史上曾经是人们日常生活的有机组成部分，只是由于无法适应新的社会历史环境和条件，逐渐淡出了人们的生活；更有一些文化，以今天的价值观看，从创造之初起，就是以压制人性、反人道为导向的，它们也不属于我们所说的优秀传统文化的范畴。

今天，当我们说“中华优秀传统文化”时，指的是中国各个民族所创造和传承的优秀文化。从范围上说，包括精神文化、物质文化和制度文化等；从民族属性上说，包括汉族和各少数民族；从阶层属性上说，包括上层文化和底层文化、精英文化和草根文化；从传播形态上说，有书面文化和口传文化等。

联系习近平总书记关于文化的一系列论述来看，党的十九大报告里强调的创造性转化和创新性发展，是对优秀传统文化的继承和发展问题的又一次强调，而且特别提到“创造性”和“创新性”这两个特性，提到“转化”和“发展”这两个旨归。

2. 内在关系：既密切相关又有所区别

关于创造性转化与创新性发展，我们多是放在一起说的，但二者是不是一回事、完全可以画等号呢？应该说二者既密切相关又有所区别。

习近平总书记对创造性转化与创新性发展下过明确的定义：创造性转化，就是要按照时代特点和要求，对那些至今仍有借鉴价值的内涵和陈旧的表现形式加以改造，赋予其新的时代内涵和现代表达形式，激活其生命力；创新性发展，就是要按照时代的新进步新进展，对中华优秀传统文化的内涵加以补充、拓展、完善，增强其影响力和感召力。

从这样的定义来看，创造性转化与创新性发展是一个紧密联系、不可分割的整体，却又各有侧重、有所区别。二者的紧密联系突出体现在，它们都是要在鉴别分析的基础上，结合时代条件和实际需要，对传统文化进行改造和发展，而且在改造和发展的具体内容上也有相同、相通之处。同时，二者在着重点、对象、途径、目标上又有所区别。从着重点上看，前者的着重点在于改造和转化，后者的着重点在于创新和发展；从对象上看，前者是“至今仍有借鉴价值的内涵和陈旧的表现形式”，其中既包括内涵也包括形式，当然内涵和形式都是作了限定的，内涵是要有当代借鉴价值的，形式是陈旧落后的，而后者是“中华优秀传统文化的内涵”，这里只是指内涵而不包括形式，当然这里的内涵也不是泛泛而谈，而是中华传统文化中的优秀成分的内涵；从途径上看，前者侧重“赋予其新的时代内涵和现代表达形式”，后者侧重对传统文化内涵“加以补充、拓展、完善”；从目标上看，前者重在激活由于表达形式陈旧等客观原因而减少甚至丧失的优秀传统文化的生命力，而后者则重在进一步增强优秀传统文化的影响力和感召力。

这些联系和区别，决定了创造性转化和创新性发展是密切相关、前后相继的关系。只有通过改造和转化，才能实现创新和发展；只有把传统文化中对今天仍有借鉴价值的内涵和陈旧的表达形式进行改造和转化，赋予其新的时代内涵和现代表达形式，才能推动整个中华优秀传统文化内涵的创新和发展；只有首先激活中华优秀传统文化的生命力，才能进一步增强其影响力和号召力。概言之，创造性转化是创新性发展的前奏，创新性发展是创造性转化的升华。而这实际上也符合文化传承发展的一般规律。

如果把中华传统文化比作一篇需要一代又一代人接续完成的大文章，那么，创造性转化就是结合今天的社会实际，对这篇文章已有的于今天依然有借鉴价值的观点，在赋予其新的内容的同时，用今天人们比较通用和熟悉的文字表述出来，而创新性发展则是在这样的基础上，结合当今社会发展进步的实际和需要，续写新的篇章，使这篇大文章的内容得到拓展、丰富和发展。

3. 主要目的：“以古人之规矩，开自己之生面”

为什么要继承和发展优秀传统文化。有人会问，我们身处 21 世纪，这是一个高科技、数字技术、人工智能等飞速发展的时代，智能移动终端的普及在极大地改变着人们的生活方式，也改变着社会组织管理方式。传统文化已经越来越成为远离我们日常生活的“遗产”，真的有必要在今天保护、弘扬和发展它们吗？

我们的答案是肯定的。这个问题牵涉的环节很多，只能究其大端，简要说明。

传统文化是人民大众在千百年历史进程中经过长期实践发展出来的成果，是他们智慧的结晶。他们不仅在历史上发挥了重要作用，而且在今天还有很大的学术、文化、艺术、情感等价值。仅举几例以示：传统文化的思想体系中，包含大量有积极意义的成分，对于我们科学地认识和解释自然与人类自身仍有进步意义；传统的文学艺术创造中具有永恒魅力的仍不在少数，今天依然是重要的美育资源；传统的生产生活方式、工艺技术、社会组织方式、民俗传统等，是形成我们的历史认同感的重要基础。

我们对中华传统文化进行创造性转化和创新性发展，不应无病呻吟、无的放矢、漫无目的，而要联系实际、有的放矢、服务现实。也就是说要坚持问题意识，着眼于现实需要，同我们正在从事的实践相结合，同我们需要解决的时代问题相联系，努力解决和回答当代中国文化建设中遇到的新情况、新问题，充分发挥中华优秀传统文化资政育人、以文化人的作用，为培育和践行社会主义核心价值观服务，为建设社会主义文化强国、铸就中华文化新辉煌服务，为中国特色社会主义事业服务。简言之，就是坚持古为今用，“以古人之规矩，开自己之生面”。

或许有人说这是“文化功利主义”。不能这么说。文化作为政治、经济的集中反映和社会发展的重要组成部分，其发展和前进方向自然要从属并决定于整个社会特别是政治、经济的发展方向，服从服务于社会发展特别是政治、经济的发展需要。对传统文化进行创造性转化和创新性发展，作为文化建设的一个重要组成部分，当然也要服从服务于当代中国政治、经济发展的需要。正所谓“文事随经济、政教而变化”，哪有文化脱离了当时当地的客观情况和实际需要还长期保持欣欣向荣呢？

而从今日中国的社会现实需要特别是要应对和解决长期以来经济快速发展所积累的社会问题的需要来说，传承弘扬中华优秀传统文化，推动中华优秀传统文化的创造性转化和创新性发展，也正逢其时。比如，中华优秀传统文化中关于孝悌忠信、礼义廉耻、德教为先的思想，关于天下为公、贫富有度、与天下同利的思想，关于以民为本、以政裕民、安民富民的思想，关于万物自生、不信鬼神、重视人事的思想，关于以道制欲、不为物使、俭约自守的思想，关于克己奉公、集思广益、群策群力的思想，关于知行合一、以行为本、知易行难的思想，关于道立于两、阴阳共生、物极必反的思想等，对于应对和解决社会上存在的道德滑坡、贫富差距拉大、官僚主义、迷信愚昧、消费主义、个人主义、主观主义、极端主义等现象和问题，是颇为契合、大有助益的。但是，这些思想无论是在内涵还是形式上并非都能与今日中国的社会实际和实践需要相适应、相符合，因此，这就需要进行创造性转化和创新性发展。而像以上列举的这些思想，就应该成为对中华优秀传统文化进行创造性转化和创新性发展的重点。既然历史上形成的优秀传统文化具有如此多方面的价值，为什么还要对它们进行创造性转化和创新性发展呢？对这个问题的回答，笔者想到这么几个方面：一则，文化从来不是一成不变的，而是伴随着历史的进程，随时发生着或快或慢的、时显时隐的、这样那样的变化，有时候是文化的内在特质发生变化，有时候是外在表现方式发生变化，还有的时候是人们对特定文化的阐释和解读发生了变化。总之，变化是文化的恒常存在方式，一成不变的文化反倒是不存在的。二则，文化是人们活动的产物，当然会随着社会生活的变化而变化。但文化也会反过来作用于人，规范和引导人们按照特定文化的范式而生活。三则，文化是人们有意无意创造和传承的。人们并不总是做文化的奴隶，很多时候还会做文化的主人。人们不仅经常被动地接受特定文化，也往往会主动地改造文化。历史上众多的改革乃至革命，都是试图推翻旧事物建立新事物的努力。四则，文化的转化和发展，在许多情况下是自发完成的。一个文化事项被赋予了新的内容，新的属性，就是一种转化。今天，人民大众作为文化的持有人和实践者，被新时代的条件赋予了新的历史使命，那就是积极能动地推动文化的变革和创新，创造更大的发展空间，更多的发展机会，让文化事业在新时代获得更大的发展，以满足人民群众日益增长的对精神文化产品的需求。

推动中华优秀传统文化的创造性转化和创新性发展，不只是个号召，不只是停留在纸上、存活在人们观念中的尚不可及的远景，而是在火热生活实践中随时随处发生的充满活力的时代大潮。科学技术的飞速进步，带来了无数新的契机和新的可能。例如知识生产、传播和应用的景观已经发生巨大的变化。大数据、海量存储、便捷搜索等，带来新的学术维度和新的学术生长点。各领域之间亘古未见的广泛合作和交互影响的时代已然来临。以笔者比较熟悉的非物质文化遗产工作而论，其历史轨辙、现实遭际、地方知识、美学品格、传承规律、实践方式、社会功能、文化意义等，都在通过迥异于传统的方式和平台，以难以想象的速度与广度传播和接受。声音、文字、影像、超文本链接、云技术等，即便没有取代传统“非遗”的存在方式和传播方式，也已经成为“非遗”传承和传播的新业态、新走向。能够大为便捷地接触到“非遗”，就为人们的学习和欣赏、继承和发展、改编和创新提供了极大的便利。

转化和发展的成功事例很多。在艺术领域，可以举出改编自传统故事大获成功的影视作品；在商业转化领域，可以看到传统习俗信仰与当代生活的对接，如招财猫的传统说道就借势宠物消费潮流形成商业热点，如传统刺绣工艺大踏步进入高端时尚设计等，都是眼前随处可见的事例。人们在享受舒适便捷健康的当代产品和服务时，没有失去历史连续感，没有失去文化基质的承传、文化养分的汲取，以及文化自信心和自豪感的确立。

对中华传统文化进行创造性转化和创新性发展，不仅是一个认识问题，更是一个实践问题。

实践是社会生活的本质，是一切认识的来源和发展动力。空谈误国，实干兴邦。开展任何工作，如果只说不做，只是陷到故纸堆中冥思苦想，待在讲坛上坐而论道，关在办公室里闭门造车，是永远不可能成功的。因此，中华优秀传统文化的创造性转化和创新性发展，是扎实干出来的，而不是空想出来的。要把这项工作做好做实，关键是要付诸实践、行动起来。

4. 学习借鉴传统文化中与时俱进的思想

我们的先人创造了灿烂的文化，优秀传统文化中蕴含着的智慧让人叹服，他们在长期的人类实践活动中认识到没有一成不变的事物，运动、变化是自然界的规律，必须与时俱进。传统文化中与时俱进的思想由来已久。我们耳熟能详的儒家经典著作《大学》开篇指出："大学之道，在明明德，在亲民，在止于至善。"这里的"亲民"就是让民众革新、弃旧图新、去恶从善。该书又说："苟日新，日日新，又日新。"即假如一天能够自新，那么就应该每天都自新，而后就要新了更新，再做到日新月异，在这里要求与时俱进思想跃然纸上。

前人认为即使写文章也要遵循"文随世变"的原则，就是说写文章的实践活动同样是要随着时间、事物的变化而不断变化。"世道既变，文亦因之，今之不必摹古者，亦势也。"世界发生变化，文章写作也必须要有变化，不能一味地复制临摹古人类。中华民族有着悠久的历史，灿烂的文化和人类的智慧是在人类长期认识世界的实践活动中积淀的，我们必须遵循前人经过探索且得到检验的经验，坚持创造性转化和创新性发展，决不能因循守旧，墨守成规。我们要"以古人之规矩，开自己之生面"。

第四章

中华优秀传统文化创造性转化和创新性发展的途径

第一节　国产纪录片创造性转化和创新性发展实践经验

一　传统文化创造性转化、创新性发展要有“时空观”

传统文化如何进入现代生活、触动年轻人？近年来，随着《我在故宫修文物》《本草中华》等一批高质量国产纪录片的出现和热播，纪录片成为实现传统文化“创造性转化、创新性发展”的绝佳载体。比如最近播出的讲述中医药文化的纪录片《本草中华》第二季，被网友点赞称“拍出了本草文化的文艺范儿”，是现代年轻人了解中华本草文化的窗口。

1. 背靠“历史”，厚植文化底蕴。当前，一些文艺作品之所以浮光掠影、浮皮潦草，很大程度上是因为在深刻性上打了折扣。中华民族传统文化博大精深、历史悠久。要实现创造性转化、创新性发展必须把握其精髓实质，探寻其源头活水，坚持不忘本根、辩证取舍，在深刻体味其生命魅力中，守住中华文化本根，传承中华文化优质基因。《本草中华》第二季创作团队走进山水草木中，探寻寻常草木背后的“天人合一”思想，用细微的镜头揭示“一草一世界，一木一浮生”的深刻内涵。从节目标题《轻重》《刚柔》《黑白》《进退》《新陈》《甘苦》就能体会到蕴含深刻的辩证哲学。首集《轻重》中，药香与自然铜、木蝴蝶与皂荚子四种药材两两相对，它们相生相克、对立平衡、宽容和谐，也包含着中国人处世的中庸之道，兼具朴素性和深刻性。

2. 立足“当下”，展现文化时代风采。面对传统文化，“要坚持古为今用、推陈出新，有鉴别地加以对待，有扬弃地予以继承”，“使之与现实文化相融相通，共同服务以文化人的时代任务”。只有与时俱进，与时代同步，文化才能更好地沿袭传承。而其关键在于要找到历史与现实的价值共识点、利益交会点、情感共鸣点。作为一部文化题材纪录片，《本草中华》能够收获点赞无数，除了内容精良、画面优美等因素，一个更重要的原因就在于，它把传统素材引入生活场景，把传统价值对接时代需要。《本草中华》第二季讲述过的一棵银杏树和古老村落三千年生死相依的故事，这个故事让人们看到生命对生命的尊重，人与自然的水乳交融，充分传递了古老文化背后的情感魅力，成为引发现代人情感共鸣的引擎，体现出传统优秀文化赓续传承的独特时代精神。

3. 面向“未来”，创新文化叙事表达。传统优秀文化的叙事表达、影像呈现等，必须适应当今乃至未来传播环境的迭代更新，创新运用新技术、新形态、新手法揭开沉藏于历史背后的审美价值。延续《本草中华》第一季行走于山水间的诗意风格，新的本草故事，加入了无人机航拍、升格、高速摄影、超高速摄影等特殊拍摄手法，全程采用高像素拍摄，以趣味性展现了本草的微观世界。比如，去硫化的古法驯化出治病的良药，在显微镜下，经过煅烧、醋淬后的自然铜的粉末好似活了起来，在试剂中肆意起舞。这些从年轻受众的角度考量而进行的创新突破，增进了传统文化的时代感、生活感、意义感，让传统文化离我们不再遥远。背靠“历史”、立足“当下”、面向“未来”，对传统文化创造性转化、创新性发展，这部由云集将来传媒（上海）有限公司摄制出品《本草中华》黄金文化节目，有此创新，未来可期。

二　《记住乡愁》大型国产纪录片的创新经验

《记住乡愁》的概况。该大型纪录片是由中共中央宣传部、住房和城乡建设部、国家新闻出版广电总局、国家文物局联合发起，中央电视台中文国际频道组织拍摄的大型纪录片。2015 年 1 月 1 日起播出，到 2019 年 4 月，《记住乡愁》已播出五季，共 300 集。采取季播方式，每季 60 集，每集 30 分钟，共 300 集。该纪录片以弘扬中华优秀传统文化为宗旨，以传统古村落、古镇、老街、城市老社区为载体，以生活化的故事为依托，一村一镇一老街一主题，以乡愁为情感基础，以优秀的传统文化为核心，展现传统古村镇的自然环境、人文景观、民风民俗、乡土之物、文化遗存等。梳理传统古村落、镇、老街的历史发展脉络，对过往的人和事进行追忆，聚焦海内外亿万华人记忆中的乡愁情怀，凝聚人心，进一步深入挖掘和阐述中华优秀传统文化的时代价值。

三百集大型纪录片《记住乡愁》以“关注古老村落、古镇、城市老街的状态，讲述我们中国乡土的故事，重温世代相传祖训，寻找我们先人的传统文化基因”为宗旨，节目展现出中国传统村落与古城镇风光优美和谐的自然环境、布局合理科学的人文景观、丰富多彩的民风民俗、独具特色的乡土之物、深沉丰厚的文化积淀等，梳理出传统村落的历史发展脉络，通过传承千百年的村规民约、家风祖训、古老城市风情，找寻、探索深藏民族文化的精髓，深入挖掘和阐述中华优秀传统文化那些讲仁爱、重民本、守诚信、崇正义、尚和合、求大同等时代价值。

三百集大型纪录片《记住乡愁》采取纪实的手法，实地探寻走访，真实真景记录，一集一古村落、古乡镇、城市老街区，围绕中华优秀传统文化中的“忠孝勤俭廉，仁义礼智信”等代表着中华民族的传统美德，深情叙述着家乡历经沧桑岁月的人和事。拍摄的古老传统村落、古乡镇有敬天畏地的贵州从江岜沙村；有信义赢天下的重庆市四合村；有忠义报国的陕西省新村；有勤励自强、开拓进取的福建省青礁村；舍小家为大家的湖北省归州镇；有崇文尚义的广东省赤坎镇；有以退为进，海阔天空的江苏省沙溪镇；有世上无难事，只怕有心人的陕西省润城镇……每集节目通过记录当地人们的历史传统习俗风俗、发展状况和生活状况，展现出中华优秀传统文化在民间的延续和发扬，探寻古老文明以怎样的形式“活”在当下，推动中华优秀传统文化对当今社会人们的道德规范、行为准则产生积极正面的影响。纪录片归纳的主题与社会主义核心价值观相一致，展示出中华民族的“根”与“魂”。

关于《记住乡愁》的国内外相关研究的学术史梳理及研究动态

习近平在2013年中央城镇化工作会议中指出：“让居民望得见山、看得见水、记得住乡愁。”他在贵州、大理、梁家河等地考察时多次着重强调：“留得住绿水青山，记得住乡愁。什么是乡愁？乡愁就是你离开这个地方会想念的。”这就是习近平不忘的乡愁观，也是让13亿中国百姓过上对美好生活向往的真正好日子的乡愁，也是新时代对乡愁的更高追求。

《记住乡愁》大型纪录片以乡愁为情感基础，以优秀的传统文化为核心，梳理传统古村、古镇、老街的历史发展脉络，古迹遗存，聚焦海内外华人记忆中的乡愁，深入挖掘和阐述中华优秀传统文化的时代价值。本章即是力图发掘《记住乡愁》在传承发展中华优秀传统文化中的时代价值。目前针对《记住乡愁》的研究方兴未艾。

1. 国内相关研究的学术史梳理及研究动态

对《记住乡愁》系列纪录片内容总结较为全面的是江西美术出版社出版，中央电视台编著的《记住乡愁》（第一、第二季）丛书，学习出版社和《记住乡愁》栏目组联合于2018年8月出版的《记住乡愁》（第三、第四季）丛书。全国出现25个省、市电视台热播现象，对《记住乡愁》的研究和关注方兴未艾。

通过检索中国知网、维普网、万方数据知识服务平台等相关文献检索网站，共找到与《记住乡愁》系列纪录片相关的文献将近200篇，年份集中在2015年后的近三年，尤其是学术关注度和学术传播度都呈现增长的趋势。数据显示，截至2018年4月，《记住乡愁》第四季的全球网络总点击量已超过38亿，观众规模达16.68亿。

（1）从传统文化视角研究

廖祥忠、曾庆江、杨嫦君、王煜、王海涛、张兵娟、夏语檬、张丹凤、郝雨、刘凯等[①]学者认为：这些古村落，展现的主要是传统的儒家思想和伦理道德观念，把经典的传统文化泥土化，贴近百姓，贴近生活，更有亲和力和说服力，更深层次的是唤醒人们内心深处对礼文化的认同和归属。郭文斌、王海涛、郝雨、刘凯等[②]认为：纪录片立足于中华优秀传统文化，是对我们文化自信的支持和肯定，表现出的中华优秀传统文化是中华民族的根系和魂魄。郭文斌、包月英、苗丽、俞虹、陆奇等[③]认为：纪录片做到固守传统和创新表达相结合，精神高度和通俗表达相结合，对于生态文明建设具有积极的启示意义。

（2）新闻传播学研究视角

戴蔚、杨紫娟、欧阳宏生、胡畔、郝雨等[④]认为：视觉化建构后的乡愁意韵，乡愁不仅具有自然美、情感美还有文化美和境界美。纪录片展现、再现和体验三种表达方式，认为利用影像来对传统文化进行诠释与传播更高效也更生动，传播的内容和效果，对新农村

① 杨嫦君、王煜等.《纪录片如何通过地域文化彰显核心价值观——以〈记住乡愁〉第三季为例》，《中国电视》2017年第10期。

② 王海涛等：《讲好中国故事 致敬中华优秀传统文化——大型纪录片〈记住乡愁〉的探索与思考》，《现代视听》2018年第5期。

③ 包月英、苗丽、邓建兴等：《精神荒漠里的一股清泉——〈记住乡愁〉的社会价值探讨》，《新闻战线》2016年第6期。

④ 戴蔚、杨紫娟等：《〈记住乡愁〉：对乡愁的视觉化建构》，《青年记者》2017年第12期。

建设起到积极推动的作用，运用传播学分析结构框架，挖掘中华民族文化传统，纪录片的传播形式，使其得到更加广泛的传播与推广。唐玉霞、郝赫、方毅华、万媛等[①]认为：纪录片注重个体与家庭、乡村基层文化的故事，是国家与民族乡愁情绪的表达，表达了对故乡的怀念、对传统美德的守望以及对历史文化的珍惜，有利于提升我们对中华文化的维护和热爱。艺术上多重视角、叙事空间交织，音画和谐考究，达到了传播学的宣传效果。

（3）美学研究视角

胡晓春、刘精科、焦道利等[②]认为：纪录片具有较高的美学价值，通过古朴自然的乡村环境、丰富多样的民俗仪式和独特深厚的文化信仰来表现，这是农村文化纪录片应具备的美学元素。《记住乡愁》的美学建构，推动中华优秀传统文化在海内外传播发挥了积极有效的作用。从主流价值观、生活事例承载的文化故事、影像艺术表达和纪实美学四个方面论述，认为《记住乡愁》挖掘激发了观众的文化认同感。

（4）地理学、城市建设规划与保护研究视角

曹东、汪芳、孙瑞敏等[③]认为：以受乡愁影响的生态地理学为研究对象，寓乡愁于原生态的地理教学中，采用内容分析法，归纳出传统村落集体记忆的主体要素、客体要素、时间要素以及传统村落集体记忆的变化，在未来村庄规划设计中可以予以参考，以增强村落的地方性和可识别性。刘爱华、刘沛林等[④]认为：从城镇化的语境

---

① 唐玉霞等：《乡愁的生命力离不开地域文化传承——芜湖日报大型系列策划“记住乡愁”解析》，《新闻战线》2016 年第 3 期。

② 胡晓春等：《农村文化纪录片的美学元素与传播——以〈记住乡愁〉为例》，《新闻战线》2017 年第 6 期。

③ 曹东等：《乡愁浸润的原生态地理教学》，《中学地理教学参考》2015 年第 12 期。

④ 刘爱华、刘沛林等：《新型城镇化建设中“留住乡愁”的理论与实践探索》，《地理研究》2015 年第 7 期。

下，加强民俗文化的保护，观照人的现实生活世界，是安放乡愁与加快推进新型城镇化建设健康发展的重要路径。

（5）社会心理学研究视角

林剑、潘安成、肖宇佳、刘洁等①认为：从乡愁社会情感出发，在城镇化进程加速建设的今天，考虑到农民工等新生的弱势群体的出现，淡化与化解乡愁，减轻这些弱势群体在身份转化时所面临的情感阵痛。乡愁是一种传统价值观的释义，是一种社会观察性的反思，更是一种文化认同感的建构，而非浅显理解的情绪化和泛文化的表层概念，变得更加深刻透彻。宋颖、肖晶、李蕾蕾②认为：纪录片运用大量民俗文类描述村落生活，增加趣味的同时也将生活文化和价值观念通俗化，迎合贴近当下，避免对传统文化的误用和滥用，表现出现代性反思，又为中华文化的表述树立典范。提出了乡愁的离散与还乡的具体表现类型，并根据不同的类型提出现实的路径，更多的是城镇化趋势下的情系家乡。总结得出乡愁的官方版、房地产版、文学版和媒体社会学版，进而得出乡愁的理论化，乡愁与地理、历史、公共和自我密切相关，又从乡愁的理论出发考察研究当前急需解决的文化遗产保护问题。

（6）哲学、美学研究视角

倪沫③提出：《记住乡愁》对乡村图景的重构，重构的不仅是物理空间还有人伦空间，分析重构乡村图景的文化动因，一方面是对传统古村、镇的价值重拾，另一方面是对乡土价值观的重建，从哲学、美学两个角度说明乡愁是：重构乡村图景的最终目的在于记住乡愁。

---

① 林剑等：《也谈乡愁：记住抑或化解》，《学术研究》2017 年第 7 期。

② 宋颖等：《乡愁情怀的多诉求视听语言表达——以国家重点工程百集大型纪录片〈记住乡愁〉中对赫哲族的表现为例》，《民族艺术研究》2015 年第 8 期。

③ 倪沫：《纪录片〈记住乡愁〉对乡村图景的重构》，《电视研究》2016 年第 11 期。

（7）民俗学研究视角

覃璐、宋颖[①]认为：纪录片本身具有较高的历史文献价值，拍摄的100多个古村镇，记录下的各类风俗民情，也让纪录片具有了民风民俗价值。它以赫哲族为切入点，通过视听手段的运用，将赫哲族文化融入中华民族的文化认同中。强调少数民族身为国家一分子的身份，是少数民族题材纪录片所需要凸显的地方，也是今后纪录片所追求的目标和方向。

2. 国外研究现状

国外专门研究《记住乡愁》系列纪录片的文献很少，主要在Facebook、Twitter、Tumblr等社交网站上对纪录片内容进行评价和讨论。2015年《记住乡愁》第一季开播仅一个多月，节目视频在这些海外社交平台发布的主题帖总曝光就达1301万次，可以说在海外引发了一轮新的学习了解中国文化的热潮。2018年第四季《记住乡愁》全球网络点击量更是达到了38.65亿次，不少旅居海外的华人和华侨也在微博、微信等平台留言，积极参与互动。

第二节　发挥地方特色优势创造性转化和创新性发展

一　孔子故里——山东曲阜

2013年11月26日，历史的高光时刻聚焦在孔子故里——山东曲阜。这一天，习近平总书记来到这里考察，发表重要讲话强调，一个国家、一个民族的强盛，总是以文化兴盛为支撑的，中华民族伟大复兴需要以中华文化发展繁荣为条件。对历史文化特别是先人传承下来的道德规范，要坚持古为今用、推陈出新，有鉴别地加以

---

① 覃璐、宋颖：《纪录片〈记住乡愁〉的人文价值研究》，《湖北社会科学》2018年第6期。

对待，有扬弃地予以继承。

中国孔子研究院院长杨朝明认为，习近平总书记的重要讲话传递了大力弘扬中国传统文化的明确信息，体现了党中央弘扬优秀传统文化、建设社会主义核心价值体系的坚强决心。

党的十八大以来，以习近平同志为核心的党中央高度重视中华优秀传统文化的传承发展，始终从中华民族最深沉精神追求的深度看待优秀传统文化，从国家战略资源的高度继承优秀传统文化，从推动中华民族现代化进程的角度创新发展优秀传统文化，使之成为实现“两个一百年”奋斗目标和中华民族伟大复兴中国梦的根本性力量。习近平总书记作出的一系列重要论述，为传承和创新发展中华优秀传统文化指引了方向。

如何秉承中华传统文化的智慧之光，守护好中华民族的精神血脉？如何在推进国家治理体系和治理能力现代化进程中实现传统文化与现代社会的有效对接？如何在利益错综复杂的国际社会中克服困难、加快发展？五年来，山东在这些方面进行了积极的探索和实践，并形成了一系列模式创新。

（一）如何服务“以文化人”的时代任务——努力实现传统文化的“创造性转化、创新性发展”

北东野村是山东省泗水县尼山脚下一个很普通的小山村，距离传为孔子出生地的夫子洞不远。前些年，村里一个不孝顺媳妇对婆婆经常打打骂骂。可是，这两年，恶媳妇却像变了个人似的，不仅主动替婆婆干活，还大老远地跑到集市上给婆婆买衣买帽。

变化缘何如此大？北东野村党支部书记庞德海说，这得益于村里的儒学讲堂，是儒学讲师用故事教育了乡亲们。回忆起当时的讲课情境，庞德海记忆犹新：“当时村里的儒学讲师给村民们上了一堂关于孝道的课。说是古代一个村庄家里老人满七十岁后，就会被送到大山里自生自灭，有位老人被儿子挑进山里，孙子却把扁担捡了回来，还说，等你老了，我也用这条扁担来担你，吓得儿子赶紧将老人背回家……”

庞德海说，很多不孝顺老人的孩子，听了孝道课，脸上都挂不住，开始慢慢改变了对老人的态度。

“尼山是儒家创始人孔子的出生地，然而，儒学对于一墙之隔的北东野村村民来说颇有距离。”中国社会科学院研究员赵法生说，2012 年年底，他和山东大学的颜炳罡等儒学研究者到这里考察，发现圣人故里伦理状况堪忧，道德失范时有发生。村里老人住的房子被称为老人房，居住条件相对较差。有人不仅不愿意负担父母的生活费，而且每年几十元的新农合都不愿缴。

为了重建被破坏的乡村文化，2013 年，赵法生、颜炳罡等学者决定在农村开办儒学讲堂，从孝道入手重建乡村儒学。同年 1 月 16 日，第一期“乡村儒学课堂”在这里开课，以颜炳罡、赵法生为代表的专家团队通过事例和道理结合的方式，讲授《论语》《弟子规》《孝经》等经典，每月两次授课，农忙时也不间断。一年下来，举办了 20 多次，每次开课日，都有三四百人来听。慢慢地，儒学讲堂改变了村子的风气——婆媳纷争的现象已经没有了，以邻为壑乱倒垃圾的少了，孝亲模范越来越多，助人为乐成为村民的新风尚。

2013 年 11 月 26 日，习近平总书记来到曲阜考察，他强调，中华民族伟大复兴需要以中华文化发展繁荣为条件，对历史文化特别是先人传承下来的道德规范，要坚持古为今用、推陈出新，有鉴别地加以对待，有扬弃地予以继承。

对传统文化，照搬照抄、拿来就用肯定是行不通的。最科学的传承方式，正如习近平总书记多次强调的，是要处理好继承和创造性发展的关系，重点做好创造性转化和创新性发展。

如何转化，怎样创新？作为孔孟故里，中华文明的重要发祥地和儒家文化的发源地，山东努力实现传统文化的“创造性转化、创新性发展”，使之“在继承中发展，在发展中继承”，并与现实文化相融相通，共同服务以文化人的时代任务，使优秀传统文化的优秀价值理念、道德精髓与当今社会发展需要相契合，通过现代化的传播手段让优秀传统文化在民众心里落地生根，为民族复兴提供坚实的文化支撑。

沉睡多年的儒学文化在泗水慢慢苏醒的同时，开始浸润整个齐鲁大地。2014 年起，山东开始以基层综合性文化服务中心为主阵地建设乡村（社区）儒学讲堂，并列入公共文化服务体系建设目录。在民间和政府的大力推动下，如今山东乃至全国的很多村镇共建立了 1 万多个儒学讲堂，人们从传统文化中汲取向善向上的力量。

山东深入挖掘齐鲁优秀传统文化的道德资源，丰富实践载体，推动中华传统美德融入群众生活，融入社会实践。全省文明创建整体提升，全国文明城市创建成绩名列前茅，入选“中国好人榜”、全国道德模范数量居全国前列。全省建成善行义举四德榜 9.5 万多个、基层道德讲堂 5.6 万多所。积极打造干部政德教育基地，以弘扬优秀传统文化特别是儒家思想为核心和主线，着力提升广大干部的为政之德。深入推进“厚道鲁商”倡树行动，推出一批诚信企业品牌。加强和改进典型宣传，使榜样人物更有感染力、更可信可学。实施乡村儒学和社区儒学推进计划，创新推进“图书馆 + 书院”模式，全面推进优秀传统文化进校园、进教材、进课堂，经典诵读、礼仪教育在全省中小学全面推开。举办三届“国学小名士”经典诵读电视大赛、全省高校学生“论语大会”、国际中学生儒学辩论大会。发挥优秀传统农耕文化教化群众、淳化民风的作用，深入挖掘优秀传统农耕文化蕴含的道德规范，谋划推进新时代文明实践中心。

（二）如何守护优秀传统文化这轮“皎月”——打造多元、立体的文化传承体系

“惟殷先人，有册有典”，数千年来，中华典籍文献记载着中华民族过往的辉煌，铭刻着先民的创造，延续着民族精神的血脉，成为中华优秀传统文化的重要载体。

2018 年 4 月，山东重大文化工程“全球汉籍合璧工程”正式启动。合璧工程是对境外中华古文献进行调查、回归、整理和研究的综合性文化工程，旨在完善中华古文献存藏体系，为传承发展中华

优秀传统文化提供系统典籍资源。这不仅造福学界，更造福传统文化，造福中华民族的文化延续。

在5000多年文明发展中孕育的中华优秀传统文化，积淀着中华民族最深沉的精神追求，代表着中华民族独特的精神标识，是中华民族生生不息、发展壮大的丰厚滋养，是中国特色社会主义植根的文化沃土，是当代中国发展的突出优势。

习近平总书记提出“四个讲清楚”：要讲清楚每个国家和民族的历史传统、文化积淀、基本国情不同，其发展道路必然有着自己的特色；讲清楚中华文化积淀着中华民族最深沉的精神追求，是中华民族生生不息、发展壮大的丰厚滋养；讲清楚中华优秀传统文化是中华民族的突出优势，是我们最深厚的文化软实力；讲清楚中国特色社会主义植根于中华文化沃土、反映中国人民意愿、适应中国和时代发展进步要求，有着深厚历史渊源和广泛现实基础。为深入贯彻落实习近平总书记重要讲话精神，山东大力实施一批重大研究项目，充分发挥理论研究的引领作用，扎实做好中华传统美德和齐鲁优秀文化的研究和阐发，打通历史与现实、马克思主义与儒学、中华传统文化与中国特色社会主义的路径。

在地处山东大学校园西北隅的文史楼里，有一间普通办公室，被学生们称为“校经处”。从2012年开始，山大儒学高等研究院教授杜泽逊和他的学生一直在这里进行着汇校《十三经注疏》的工作。这部总量达万余页的大书，版本复杂，各版本间的文字千差万别，始终没有一种为学界普遍认可的当代整理本，学者们最常使用的，只能是近200年前清代嘉庆年间刊刻的版本。对《十三经注疏》主要版本进行全面系统的校勘，吸收历代成果，形成完整记载异文材料为主体的《十三经注疏汇校》，这一工作将为深入研究、释读儒家经典提供重要的文字参考，也为进一步整理出版具有当代水平的《十三经注疏》通行本打下坚实的基础。

而这只是山东大学“儒学重大基础研究工程”的7个子课题之一。旨在对历代数以十万计的儒家典籍资料进行整理和研究的“儒学重大基础研究工程”，还包括《百年儒学精华·孔孟荀编》《儒家史论文献萃编》《集部儒学文献萃编》《中国正义论》《儒学小丛书100种》《韩国集部儒学文献萃编》等其他子课题。目前，7个子课题均已取得初步成效，总成果将达到一亿字以上，成为海内外研究儒家文化的重要基础，对弘扬优秀传统文化，增强民族自信心，服务于当代文化建设，具有极其重大的意义。

立足齐鲁文化资源优势，山东积极整合传统文化研究力量，组织实施《子海》《齐鲁大典》等典籍整理工程，开展《孔孟正源》《儒道同源》《公道文源》《儒家思想与现代治理》等重点课题研究，深入挖掘中华优秀传统文化的时代价值，推出一批普及优秀传统文化的系列通俗读物；成立专门课题组，组织制作大型文化政论片《国运文脉》，策划推出同名系列图书，深入阐发中华优秀传统文化与中华民族伟大复兴、“四个自信”、中华智慧与全球治理等重大课题，加深对习近平总书记有关文化自信重要论述的领会和把握，努力为中华优秀传统文化的研究和传播做出贡献。

多年的积累使得山东优秀传统文化传承工作取得了阶段性成果：实施了“弘扬中华优秀传统文化与现代化研究”等重大课题研究，面向海内外征集了弘扬中华优秀传统文化研究阐发方面的重点项目29项，在国家社科基金立项传统文化研究课题102项，《儒藏》编纂工程出版“史部”274册，《孟子文献集成》出版明代以前部分等。除此之外，还开展了一系列普及教育、实践养成活动，形成了群众集体参与传承传统文化的新局面。

放眼山东，一个多元、立体的传统文化传承体系逐渐形成：立足学术，成立山东省齐鲁优秀传统文化传承创新工程学术委员会，加强对齐鲁文化研究规划、论证指导；招揽贤士，制订“传统文化人才引进和培养”计划，造就高层次领军人物和高素质人才队伍；打造品牌，依托尼山世界文明论坛和世界儒学大会等国际性重大活动，创造国际化儒学研究与交流机会；设置平台，建立传统文化研究阐发网络信息平台，集中发布优秀传统文化重大成果；创设奖项，以学术委员会名义设立传统文化研究重大奖项，对中华优秀传统文化研究成果进行分类评选表彰。

山东还大力加强文化遗产保护传承，系统普查传统文化资源，以文化遗产有效保护、合理利用、传承发展为主线，实施一批文物和非物质文化遗产保护项目。“曲阜优秀传统文化传承发展示范区”列入国家“十三五”规划纲要，示范区建设规划编制完成，孔子博物馆、尼山圣境等重点项目加快推进，同时加快“齐文化传承创新示范区”规划建设。

（三）如何面对“世界怎么了？我们怎么办？”的时代之问——努力构建人类命运共同体

错综复杂的国际社会应当如何共存？变幻莫测的未来又将走向何方？世界怎么了？我们怎么办？面对这一时代之问，习近平总书记给出的“中国答案”是：构建人类命运共同体。[①]

党的十八大以来，习近平总书记在不同场合多次提出构建人类命运共同体的倡议。5 年多来，这一倡议得到越来越多国家和人民的欢迎和认同，并被写入联合国重要文件。人类命运共同体理念是我国为全世界贡献的解决全球危机和全球挑战的中国智慧与中国方案。

中华文化崇尚和谐，中国“和”文化源远流长，蕴含着天人合一的宇宙观、协和万邦的国际观、和而不同的社会观、人心和善的道德观。在 5000 多年的文明发展中，中华民族一直追求和传承着和平、和睦、和谐的坚定理念。人类命运共同体理念，蕴含了中华优秀传统文化“天人合一、天下为公、协和万邦、和而不同”的思想和智慧，具有深厚的文化品格。

1. 构建人类命运共同体思想基于中华文化和中国实践

2018 年 9 月 26—28 日，第五届尼山世界文明论坛在山东曲阜举办。来自海内外的 260 多位专家学者，围绕本届论坛主题“同命同

---

① http：//cpc. people. com. cn/n1/2017/0119/c64094 - 29034230. html，2017 年 1 月 19 日。

运，相融相通：文明的相融与人类命运共同体”，聆听世界不同声音，共话人类共同命运。

尼山世界文明论坛，是以开展世界不同文明对话为主题，以弘扬中华优秀文化、促进中外交流、推动建设人类命运共同体为目的的国际思想文化对话交流平台，每两年举办一届，至今已经连续举办五届，对促进世界不同文明之间的交流互鉴、推动建设和谐世界发挥了重要作用。尼山论坛正引领着人类文明对话的持续深入与和谐发展。

尼山论坛现在已成为全球知名的“世界思想哲学论坛”。与尼山论坛相呼应的，还有世界儒学大会等大批文化活动；以孔子诞生地——尼山命名的“尼山书屋”2013 年首次落户马耳他，之后又在亚洲、欧洲、美洲、大洋洲的十几个国家落地；2017 年 4 月，齐鲁文化丝路行启动，计划与“一带一路”沿线国家建立政府间交流合作机制，把山东打造成“一带一路”国际人文合作交流中心和重要基地。

2. “计利当计天下利。”“一带一路”也是构建人类命运共同体的典范实践

2013 年，习近平总书记以贯通古今的战略眼光，提出“一带一路”倡议，得到国际社会高度关注。千百年前，我们的祖先在大漠戈壁上“驰命走驿，不绝于时月”，在汪洋大海中“云帆高张，昼夜星驰”。当下，“一带一路”又将沿线各国人民的美好梦想相互连接在一起。这条从历史深处走来的合作共赢之路，目前已经得到 100 多个国家和国际组织的积极响应并参与，带动了各国经济发展，创造了大量就业机会，倡议来自中国，成效惠及世界。

习近平总书记出席中国共产党与世界政党高层对话会开幕式并发表主旨讲话强调，我们不“输入”外国模式，也不“输出”中国模式，不会要求别国“复制”中国的做法。他还强调，世界各国人民应该秉持“天下一家”理念，彼此理解、求同存异，共同为构建人类命运共同体而努力。——这是中国共产党人的自信与自省、责

任和使命。

今天的中国，正以更为成熟、稳健的步伐，日益走近世界舞台中央，困扰全球的普遍难题和诸多挑战，期待着中国智慧和中国方案，越来越多好奇的目光投向了历史悠久的中国，投向了中华优秀传统文化。世界看好中国，也在关注中华文化“天人合一”“和而不同”“厚德载物”等理念与情怀的当代实践，这正迫切需要更多的如山东这样的路径探索、模式创新。

“周虽旧邦，其命维新”，中华传统文化正日渐焕发出新的生机。走在伟大民族复兴道路上，中华民族的发展，要从中华传统文化中汲取力量；面临诸多困境，人类要进步，就要从中华传统文化中寻找智慧。让我们面向未来，不断增强中华优秀传统文化的生命力和影响力，不断创造中华文化的新辉煌。

（四）“推进中华优秀传统文化创造性转化创新性发展”理论研讨会概况

2018 年 11 月 25 日，由中共山东省委、中国社会科学院、光明日报社主办的“推进中华优秀传统文化创造性转化创新性发展”理论研讨会在曲阜举行。会议深入学习贯彻习近平新时代中国特色社会主义思想和习近平总书记关于传承弘扬中华优秀传统文化的重要论述，坚定文化自信，担当文化使命，推动中华优秀传统文化创造性转化、创新性发展，为繁荣发展中国特色社会主义文化、建设社会主义文化强国做出新贡献。

山东省委书记刘家义同志出席会议并讲话，山东省委副书记、省长龚正同志致辞，中国社科院副院长李培林同志、光明日报社总编辑张政同志讲话。

刘家义同志在讲话中说，文化自信关系国运兴衰、文化安全和民族精神独立性。坚定文化自信是实现中华民族伟大复兴的必然要求。只有坚定文化自信，才能培固民族精神之“根”，熔铸理想信念之“魂”，涵养核心价值之“源”，共筑伟大复兴之“梦”。坚定文化自信来自对中华优秀传统文化独特优势的深刻认知。山东是儒家文化的发源地，也是中华优秀传统文化的重要发祥地，在灿烂辉煌的中华传统文化“谱系”中占有重要地位。齐鲁文化所承载的“天人合一”“大道之行”的哲学理念、“为政以德”“仁民爱物”的治政思想、“修齐治平”“经世致用”的家国情怀、“刚健有为”“革故鼎新”的进取精神、“和而不同”“协和万邦”的和谐观念等，正是坚定文化自信的底气所在，文化自强的优势所在，共筑民族复兴中国梦的力量所在。坚定文化自信要以客观科学礼敬的态度对待优秀传统文化。要坚守文化本根，反对虚无主义；坚持推陈出新，警惕复古主义；坚信文化理想，抵制功利主义；坚定开放包容，避免封闭主义；坚持与时俱进，防止停滞主义。坚定文化自信必须在实践中推动“两创”落实落地。要大力实施中华优秀传统文化传承发展工程，让优秀传统文化新起来、活起来、兴起来，在研究阐发、公共普及、提升能级上探索实践。山东将当好优秀传统文化的守护者、传承者，当好创造性转化创新性发展的探路者、先行者，当好文明交流互鉴的友好使者，讲好中国故事山东篇章，为中国智慧贡献山东力量。

龚正同志在致辞中说，习近平总书记对山东发展非常关心、厚望如山，对山东传承弘扬优秀传统文化高度重视、饱含期望。我们的全部工作、全部实践，都是按照习近平总书记要求展开的、推进的；我们取得的发展成就、形成的良好局面，都是坚定贯彻习近平总书记重要讲话精神的结果。我们自觉担负推进优秀传统文化创造性转化、创新性发展的光荣使命，发挥齐鲁文化资源丰厚优势，系统构建优秀传统文化研究阐发体系、普及教育体系、实践养成体系、保护传承体系、传播交流体系，以重点工程、重大项目、特色活动，带动优秀传统文化春风化雨、泽润齐鲁。我们一定以更大力度推动优秀传统文化与时代精神在齐鲁大地交相辉映、绽放光芒，为建设社会主义文化强国、实现中华民族伟大复兴的中国梦，贡献山东力量。

李培林同志说，中华优秀传统文化博大精深，是中国特色社会主义植根的文化沃土，是中华民族发展振兴的根本力量。弘扬中华优秀传统文化是哲学社会科学的重要使命，要准确把握文化发展方针，善于继承中华文化精髓，不忘本来、吸收外来、面向未来，结合新的时代条件传承和弘扬中华优秀传统文化，推动文化相融相通，协力解决人类发展的未来问题。

张政同志说，中华优秀传统文化是中华民族的血脉，是中华民族共同的精神家园，既需要传承和弘扬，更需要与时俱进、创新发展。山东着力挖掘和升华优秀传统文化中含蕴的“中华民族的基因、文化血脉、精神命脉”，赋予其崭新的时代内涵，使其与现代生活深度融合。《光明日报》将以更加积极的态度和饱满的热情，为优秀传统文化的宣传报道搭建更大平台。

会上，山东省特聘儒学大家、美国学者安乐哲先生，山东省特聘儒学大家、清华大学国学院院长陈来先生，中国社科院文学所所长刘跃进先生和部分专家学者作了发言。

山东省领导王清宪同志、关志鸥同志、唐洲雁同志，山东大学党委书记郭新立同志，国家有关部委，省、市有关单位负责同志，国内外知名专家学者参加会议。

二　洛阳优秀传统文化创造性转化和创新性发展

马克思主义文化观认为，文化是人类从事社会实践的产物，不同地域和人群、不同政治制度和经济环境，会呈现出不同的文化特色。文化具有实践性、人民性、创新性、包容性、传承性等特征。文化的价值主要在于服从服务于实践和人民的适应性，简言之，文化需要传承和发展。

源远流长的华夏文明史，创造了博大精深的优秀传统文化，不仅为中华民族生生不息提供精神滋养，也是一座取之不尽用之不竭的文化宝库。习近平总书记强调：“我们要善于把弘扬优秀传统文化和发展现实文化有机统一起来，紧密结合起来，在继承中发展，在发展中继承。”“要处理好继承和创造性发展的关系，重点做好创造性转化和创新性发展。”①

“两创”理论内涵深刻，体现了文化的实践性、人民性和创新性特征，是对马克思主义文化观的新发展、新论断，是新时代中国特色社会主义文化建设的指针。创造性转化和创新性发展既紧密联系，又各有侧重。创造性转化，就是要按照时代特点和要求，对那些至今仍有借鉴价值的内涵和陈旧的表现形式加以改造，赋予其新的时代内涵和现代表达形式，激活其生命力。创新性发展，就是要按照时代的新进步、新进展，对中华优秀传统文化的内涵加以补充、拓展、完善，增强其影响力和感召力。

历史上，洛阳曾长期作为中国的政治、经济、文化中心，在华夏文明发展史上有着举足轻重的地位，对中华优秀传统文化的形成发展做出了重大贡献。洛阳文化厚重、多元、包容和开放，文化资源极其丰厚。实现洛阳优秀传统文化创造性转化、创新性发展，对破解洛阳文化发展难题，具有重大现实意义。

推动洛阳优秀传统文化创造性转化、创新性发展，应以建设国际文化旅游名城为统领，以保护、展示、研究、产业为抓手，以弘扬优秀传统文化和发展现实文化为目标，强化洛阳文化记忆，坚定洛阳文化自信，形成洛阳全民文化自觉，全力推动新时代洛阳文化事业繁荣兴盛。

要加强文化遗产保护，夯实传承基础。文化遗产的不可再生性，凸显了保护的重要性，可以说，没有保护就没有传承，只有保护好，才能传承好。目前，洛阳实施大遗址保护工程、隋唐洛阳城国家历史文化公园建设、“博物馆之都”建设及历史文化名城名镇和文化街区保护等都十分重要。要注重发挥人民群众的主体作用，增强全民保护意识，形成全民保护自觉，确保文化遗产安全。

要加大文化遗产展示力度，激活优秀传统文化生命力。传统静

① 《在文艺工作座谈会上的讲话》，www. xinhuanet. com/politics/2015 - 10/14/c_1116825558. htm。

态化陈列式展示对文物安全固然重要，但“活”力稍显不足，应当运用现代科学技术，充分挖掘传统文化优秀元素，结合时代需要，多元素开发，多形式展示，提高全民参与度和体验度。

要注重学术研究，强化提升洛阳优秀传统文化学术研究地位。首先要依托驻洛高校平台，吸引国内外学术研究高端人才，组成强大研究团队。其次要通过主办承办国际国内高端学术交流研究会议，深化对洛阳文化的系统性研究，挖掘洛阳文化的内在价值，强化洛阳文化学术研究地位。最后要主动对接国内外著名高校，建立教学研基地，培育研究传播洛阳文化的新生代人才队伍。

要突出文化创意，发展文化产业。发展文化创意产业，第一要大力培育引进和培养创意人才。文化创意产业的核心是创造力，创造力的关键是人，一个人或一个创意团队往往蕴含巨大的生产力，一个好的创意产品不仅能带来强烈的视觉冲击和审美享受，还能带来巨大的经济效益和社会效益。第二要加大政策扶持力度。主要是政府要重视创业环境的培育，特别是要加大对创意产品的宣传力度和资金扶持。第三要抓好文化创意产业集聚园区建设，吸引国内外优秀文化创意企业入驻，着力培育本地文化龙头产业。

总之，推动洛阳优秀传统文化创造性转化和创新性发展，要坚持文化的实践性、人民性、创新性等基本观点，激活优秀传统文化基因，结合时代需要，发展现实文化，续写洛阳文化新辉煌。

三　地方传统文化资源的创造性转化与创新性发展

中国是一个有着五千年悠久历史的文明古国，几乎每一个地方都有独特的传统文化资源，包括名山大川、神话传说、历史人物、物质和非物质文化遗产等，如何顺应国家文化发展大势，保护、传承与利用好传统文化资源，促进传统文化的创造性转化与创新性发展，推动文化旅游深度融合，是当前各地普遍面临的文化建设难题。笔者在参与大量的地方文化项目调研、规划评审和策划基础上，总结出几个在活化文化资源过程中要把握好的关键性问题，以供参考。

（一）保护利用的前提：认清传统文化资源的价值和意义

我们在各地考察，经常会发现很多地方容易出现这样的情形，有些地方官员、文保人员认为，只要是老祖宗留下的东西，不管是什么内容，先保护起来再说。至于，为什么重要？重要性在哪里？他们并不能说得很清楚，这样就容易出现眉毛胡子一把抓的情况。

从文化价值来看，有些传统文化资源具有地缘唯一性和独特性，尤其是很多少数民族的文化资源，它虽然不具有普世性，却是人类文明发展和延续的结晶和文化多样性的重要证据。有些传统文化资源具有价值的永恒性。它们之所以流传至今，背后有当时的创造者的生存智慧和造物哲学，这些智慧、思想、审美不会随着时代的变迁而出现价值消退，对人类而言具有永恒的价值，比如敦煌莫高窟。还有些传统文化资源具有现代生活的启发性。现代社会受科技进步、商业社会的冲击，一方面人类的知识增长、生活便捷性、时空流动性都在加速，另一方面人也因为更多被物和技术包裹，而呈现出某种机械理性和异化现象，传统文化资源往往诞生于人类社会发育早期，那是天地人之间的互动沟通更加直接与自然，这些文化传统为现代人重新理解生命、理解人之为人的根本，有某种启示意义，这也是儒家、道家、佛家经典至今仍散发魅力的原因。

总之，思想决定行动，没有从认知上理解这些传统文化资源的价值，我们在具体的保护利用行为上，就会容易出现轻重不分，张冠李戴的现象，也会造成不合理的保护、破坏和开发行为。

（二）从散落的文化资源到线性的历史文脉和文化叙事

每一个地方的文化资源，往往呈现散落化、隐形化、基因化的特征，其中的原因有：

一是当前的行政区划划分，一定程度上阻碍了对传统文化的形成和演进线路的系统化认知和整合；

二是随着时间的流逝，很多文化信息被掩埋在“黄沙”下，存储在历史典籍、地方志、出土文物中；

三是随着人类知识体系的日益专业化和细分化，往往某一个专业系统、某一种类型的专家并不能呈现某一类资源背后的文化信息全貌。

这就需要我们通过跨学科的协作与努力，把这些散落的、隐形的文化信息重新梳理出来、挖掘出来，通过历史文脉和历史叙事的梳理，把内在的文化精神提炼出来。比如，从历时性维度，应该如何进行前后历史的延展和定位？这些文化资源与历史前后的典故、遗址的关系如何？从社会文化的共时性维度，这些文化资源与当时的社会、文化背景的关系如何？是什么样的政治制度、社会思潮影响下诞生了这样的文化资源？从文化地理的空间维度，是什么样的地理地貌、空间环境下形成了这样的文化资源？它们与周边地理环境中的其他文化遗存的关系如何？如果不从历史的时间维度、社会的生态维度、地理的空间维度等多层面来进行深入的定位、挖掘和解剖，如果仅仅是在共同的文化符号的浅层来挖掘和讲故事，我们就会发现很多地方讲故事的方式很浅层化，或者在重复地讲一个故事，而且讲不进去。比如我们看到大运河沿岸的诸多城市、村落往往在讲一个故事，山西的诸多城市和区域都讲晋商故事，黄河沿岸的诸多城市、村落也在讲故事。

总之，从文化资源到文化叙事，最大的区别是，前者回答的是我有什么的问题，后者回答的是我是谁的问题。只有从文化资源走向文化叙事，才能真正树立当地文化的主体性，真正塑造一个有灵魂，有体温的文化母体，也才能真正吸引别人来感受、来品鉴、来回味。

（三）软性文化内容项目为先，硬体投入项目垫后

改革开放 40 年来，是中国各地房地产建设、城镇基础设施建设、交通基础设施建设迅猛发展的 40 年，很多地方领导把这种大兴土木的思维简单移植到文化建设上，于是各地的文化古街、文化古城如雨后春笋，迅速建立起来。但是，笔者在地方考察经常遇到的情境是，投资几个亿复原了一座古城，老百姓迁走了，人气上不来，白天游客门可罗雀，晚上成了一座“鬼城”，地方政府左右为难。

这里的关键性问题可能有两个：一是与古城当地老百姓的生活脱离；二是自身文化品牌效应没有形成，吸引不来游客。所以，地方文化 IP 或品牌的培育，是一个久久为功的工作，需要巧劲，更需要耐力。硬体项目投入大，聚集人气周期长，建成了再拆，得不偿失。而软性的文化项目，比如拍一部电影，创作一台舞台剧，在打磨剧本的过程中，就是我们盘清家底、厘清思路、梳理文脉的过程，软性文化内容项目返工容易，修改成本低，而且软性文化项目往往是给当地树品牌，培养认知度，积累游客粉丝的重要阶段。

比如，前几年山西的文化建设，无论是舞台剧《立秋》《一把酸枣》，还是电视剧《乔家大院》，都是软性文化建设的成功案例，投入成本并不高，但对地方文化影响力的传播贡献很大。而且，乔家大院依托之前电视剧所形成的知名度和品牌效应，之后在旅游目的地开发上也大获成功。因此，先上文化内容型的软体项目，积累到一定品牌认知度后，再来上实体文化旅游项目，是比较科学理性的文化建设思路。

（四）从流动的文化到文化场景的营造

美国芝加哥大学社会学系克拉克教授领衔的研究团队提出了文化场景理论，他的文化场景主要有五大构成要素：社区、建筑、人群、文化活动、公共空间。这是一个由硬件设施和软件系统构建的一个系统，硬件包括建筑与空间，软件主要指的是这些设施与活动背后所体现的审美趣味、价值观、生活方式和体验等文化性要素。

笔者认为文化场景营造是地方文化资源活化需要高度重视的一个方面，它不同于前文所提到的简单的硬体投入或复古建筑，它核心强调了人的作用，以及人与文化、空间、社区之间的互动关系，它强调如何通过软硬体的凝固作用，来实现文化的物理化表达，以及传统文化与现代生活之间的无缝连接和互动，而建筑、景观等均是文化表达的空间载体。

文化是润物细无声的，像空气一样无影无形，无处不在。这种流动的文化要让普通人感知到、体悟到是非常困难的，这就需要借助文化场景的力量。文化场景能让我们把要表达的文化价值观物象化、凝固化，这样的文化场景不仅让当地老百姓在日常生活的凝视过程中，不经意间受到冲击、唤醒记忆、产生共鸣，也能让参观的游客在场景空间内感受到强大的文化磁场，瞬间产生仪式感、庄严感。我们看到，日本广岛的世界和平公园，通过诸多公共艺术空间、雕塑的文化场景营造，让世人铭记战争的恐惧和对人类和平的向往。德国的奥斯维辛集中营，通过昏暗的、惊悚的、残忍的文化场景营造，让世人在凝视那一刻产生对纳粹罪行的深刻反思。

（五）建立保护、传承、利用之间的榫卯结构

榫卯结构是中国古建筑、古家具领域里的两块木结构之间采用凹凸部位相结合的一种连接方式，不用钉子，但能做到严密扣合，达到“天衣无缝”的程度，体现了中国古人的营造智慧。榫卯结构的特点有几条：一是相互嵌入，但不失本体。每一个木结构都有自己的主体，用凹凸部分来实现与对方的嵌入和连接，不是简单地迎合对方。二是相互成就。每一个木结构都是一个基本单元，但是共同铸就了美轮美奂的古建筑和古典家具，实现了整体的价值放大。三是相互制衡。在榫卯结构中，不允许对方越位，失去原则，互相制衡，互相监督。

当前，我们普遍遇到的传统文化资源保护、传承与利用之间的矛盾，从本质上不是事物自身发展变化的矛盾，而是外部各方力量之间，比如文物保护部门、旅游开发部门之间相互掣肘的矛盾，从根本上看，是每一方分别站在自己的角度来审视事物，放大自身价值和简单否认对方价值造成的。文化资源的保护、传承、利用就是一个相互嵌入、相互成就、相互制衡的关系，没有好的保护，更不用谈传承，没有好的传承，也不能谈合理利用。同时，传承是保护的目标，利用是当代价值的体现，无视保护传承的盲目开发，最终带来的必然是文化断层的灾难。为了保护而保护，只会陷入故步自封的泥潭。在保护的基础上开展的文化研究、文脉整理工作，尽管并不能直接带来商业价值，但是这是必须经历的阶段和过程。因此，

在传统文化资源的保护、传承、利用过程中，不能两耳不闻窗外事，各家自扫门前雪，而是如何借鉴中国古建筑，如古家具中榫卯结构的营造智慧，实现共赢与共生，是破题关键。

（六）以汇智为核心来营造文化创新创业生态

在知识经济和后工业社会发展阶段，生产要素已经由原来的土地、资本转移到人的创造力上，智力因素、人才因素显然是每一个地方创新发展的关键性因素。地方文化建设和传统文化资源的活化，需要人才智力资源、创意资源的注入，因此，如何汇智变得尤为重要。

很多地方政府领导抱怨，我们这里的经济发展水平不高，地理位置也不优越，如何吸引智力资源？

首先，今天的智慧资源是流动的，知识也是流动的，分享而不占有，是今天思考互联网共享经济的重要维度。我们每一个地方不要想着把最优质的智慧资源吸引到当地驻扎下来，甚至把这些智慧资源独享，这是不可能实现的，问题的关键是如何吸引到真正匹配的智慧资源为当地的发展所用。

其次，随着人类物质层面需求的不断满足，通达能力的不断提升，原来制约智慧资源进入的门槛，比如交通等因素都不再是关键性问题。反而是这些软性因素，如当地人的开放程度，干事创业的决心，与谁一起工作等，成为吸引人才和智慧资源的决定性因素。现代化的物质条件不一定吸引到文化创意人才，返璞归真的自然生态和人文环境，反而更能打动创造性人才。

最后，对于基于文化资源活化的文化创意产业而言，文化创意产业具有版权经济、轻资产、轻实物、数字流动等特征，各地要改变不是一定不要在当地建多大的园区、有多少就业工人的工业化思维，广泛地开展与发达城市和市场的连接与合作，实现飞地经济的跨越式发展。在产业培育上，不要进行过多产业引导和产业规划，而是把更多精力投入创意创业氛围的营造、环境的优化、创新文化的培育上，让市场更多地发挥决定性作用，实现市场自然的优胜劣汰。

（七）研究梳理文化资源的文化生态与社会演进逻辑

每一种文化记忆、文化遗产在当时得以被创造，得以繁华，离不开当时的社会文化条件，也就是当时得以生存的文化生态。

比如，昆曲是一门典型的文人艺术。它的直接来源是唐诗宋词，所依据的基础是宋元的南北曲，带有中国古代士人所特有的“书卷气”，昆曲在宋元时期的繁荣离不开当时的文人雅士的陶养性情、邀友雅集文化需求。今天要复兴昆曲，需要找到昆曲在今天得以生存和发展的文化土壤和特殊的文化情境。又比如，大运河文化在古代主要承担运输、水利功能，今天水利条件和运输条件发生了极大的变化，我们需要重新来梳理和寻找大运河与今天周边居民的生产、生活现实连接的可能，比如休闲功能，水体景观功能，还是航船游览功能?

因此，我们在研究梳理传统文化资源的活化问题时，不能忽视社会文化条件的演进，以及这类文化资源文化功能的演进和变化，否则我们就会陷入想当然的思维误区，我们所有的活化行为都仿佛如在真空中探索，仿佛营造了一个与现代社会绝缘的温床，可能一时因为外在的注力，获得了暂时的繁华，但是一旦外力消失，它就会迅速枯萎。只有真正找到文化资源在今天的文化生存土壤和生存条件，找到与当地、当代人的生活连接，将传统文化资源的血液融入现代人的生产生活中，形成日用而不觉的效果，才能真正让传统文化焕发新的活力。

第三节 创造性转化、创新性发展中构建少数民族现代文化产业体系

当前，在工业化、城市化、信息化、农业现代化快速发展的背景下，我国少数民族传统文化出现了难以适应消费者审美趣味变化、

受众面小、共享程度低、有效供给不足等问题，制约了少数民族传统文化魅力的发挥。在文化与数字科技融合趋势凸显、文化产业结构升级、文化消费模式和需求发生变化的新时代，少数民族文化要实现繁荣发展，必须在坚持创造性转化、创新性发展中构建少数民族现代文化产业体系。

一　少数民族传统文化的创造性转化、创新性发展

习近平总书记在2014年召开的中央民族工作会议上指出："弘扬和保护各民族传统文化，要去粗取精、推陈出新，努力实现创造性转化和创新性发展。"坚持创造性转化、创新性发展是少数民族传统文化在当代的必然出路。在《辞海》中，"创造"被解释为"做出前所未有的事情"，强调原创性和首创性。"创新"则强调"把旧事物变成新事物"。在英文词典中，"创造"（create或creation）指靠想象力产生的全新东西，"创新"（innovate或innovation）指一项新技术被首次使用、尚未被大众适应。可见，传统文化创造性转化与传统文化创新性发展，两者既有区别，也有联系。坚持文化创造性转化，是指在传统文化和现代文化矛盾发展过程中，以前人未曾有的思维、做前人所未做的事情，赋予传统文化新的时代内涵，充分展示文化的独特魅力和时代价值。坚持文化创新性发展，是指采用各种新技术、新方法，对传统文化的内涵加以补充、拓展、完善，增强其表现力、传播力、影响力，使其获得一种传承发展能力。

因此，少数民族传统文化创造性转化侧重于挖掘传统文化价值和人文内涵，产生新概念、新知识、新思想，把传统文化转换为现代文化和大众话语，以人们喜闻乐见、具有广泛参与性的方式推广开来。少数民族传统文化创新性发展则强调文化价值和文化内涵的表现力、传播力和影响力，通过融汇现代科技、文化创意、文化产业提高文化生产能力和服务能力，使传统文化焕发新的光彩。前者表现为对传统文化理念、思维、观念的超越，是产生于本民族内部

的文化自觉行为；后者侧重于各类要素优化组合，是需要依靠群体力量、多部门协作完成的系统工程。只有两者相互补充，才能构建少数民族现代文化产业体系。

二 少数民族传统文化向现代文化转型的方式

（一）实现传统文化创造性转化

少数民族传统文化大多源于采集渔猎社会、游牧社会或农耕社会。为了满足现代社会人们对美好生活的需求，需要通过历史性诠释、批判性继承和综合性创造、实践性超越等环节，对少数民族传统文化进行现代转化。

一是对少数民族传统文化进行历史性诠释、批判性继承。历史性诠释和批判性继承主要依靠本民族权威来完成，经过他们重新解读，使传统文化的精神内涵与合理内核能够被社区成员所接受，并演变为一种群体行为。苗寨发展旅游业为例。按照苗族风俗，在农忙季节开展吹芦笙、跳木鼓舞等娱乐活动，会亵渎神灵，对农业发展不利。经过村主任和巫师等村寨权威人物的劝导，村民开始转变观念，如“祖先定的规矩，不允许农忙时吹芦笙，是为了村寨安心耕作，而为了搞旅游业吹芦笙，本身就是工作，祖先不仅不会生气，反而会高兴”，由此，一些苗寨的传统文化成功转化为现代旅游业的一部分。

二是对少数民族传统文化进行综合性创造和实践性超越。综合性创造，指将传统文化与外来文化结合起来，根据两方之长加以新的发展，转化成为一个新的事物。比如，有 300 年历史的乌铜走银是国家级非物质文化遗产。为了让这一绝技发扬光大，云南昆明官渡古镇65 岁的传承人金永才创办了乌铜走银传习馆，先后收徒 12 人，并打破了传统技艺只限于家族内部的传承方式，面向社会公开招收学员传授制作工艺。再如，云南省澜沧拉祜族自治县酒井乡老达保村村民李娜倮带领其他村民在传承民歌调子《牧帕密帕》等拉祜族非物质文化遗产的基础上，谱写和演唱了不少拉祜族歌曲。

2013 年，当地农民自发、自创成立了演艺有限公司，采用“公司 + 农户”的发展模式，把村寨做成了企业，村民全部入股，家家户户都参与演出或做服务工作。这些创造性转化都来自实践，既借助于传统，又超越传统，并赋予传统文化新的时代内涵。

（二）实现传统文化创新性发展

少数民族传统文化的创新性发展，是以文化传播为主，通过文化与其他行业和新技术的结合，推动文化产业的快速发展。

一是“文化 + 数字科技”的形式。即少数民族传统文化通过与现代数字科技、互联网结合，增强自身的传播力。比如，2016 年，因与科技创新结合，传统藏戏实现了三大转变：八大剧目结束了“无剧本”的历史；实现舞台化；完成数字化。2016 年 3 月，电脑版、WAP 手机版“中国 · 拉萨 · 藏戏网”公开面世，“藏戏迷”足不出户，就可在电脑或移动客户端上观看到藏戏经典名家名段表演。同年，蒙古族史诗《江格尔》也完成动画片制作，在爱奇艺等各大网站播出。

二是“文化 + 旅游”的形式。发展文化旅游是少数民族文化产业发展的主要途径。少数民族文化与旅游产业的结合，有助于拓展传统文化的消费空间，如绿色消费、健康消费、信息消费、娱乐消费等。比如，呼伦贝尔市推出的冬季黄金旅游品牌“中国冰雪那达慕”，以北方民族生产生活为依托，既有蒙古、达斡尔、鄂温克、鄂伦春等民族的舞蹈表演和民俗体验活动，还有以俄罗斯的圣诞节、芬兰的驯鹿文化等为主题的表演项目，吸引了大量国内外游客。此外，位于呼伦贝尔草原腹地的呼和诺尔旅游景区还有滑冰、雪地摩托车、雪地爬犁、冰车等体验项目以及设施完备的滑雪场。在这里，不同文化、不同产业的跨界结合，大大增强了文化消费的“品牌效益”。

三是“文化 + 公共服务”的形式。即通过政府购买公共文化服务的方式，把少数民族传统文化转变为公共文化服务产品，以满足各族群众对美好生活的需求。如新疆石河子市社区组织少数民族文艺人才传授民间舞蹈技艺，使民族舞变身为广场舞，吸引了成百上千的群众参与到跳民族舞的行列中。藏族的锅庄舞，蒙古族的安代舞，苗、侗、水等民族的芦笙舞，土家族的摆手舞，黎族的竹竿舞等，都因其韵律明快节奏强、动作简单幅度小，成为深受各族群众欢迎的广场舞。政府还可与企业合作，为居民提供文化活动信息，引导企业实现社会效益与经济效益双丰收，为文化产业发展铺路。

三　在坚持“双创”原则下构建少数民族现代文化产业体系

《文化部“十三五”时期文化发展改革规划》提出，到 2020 年，“文化产业成为国民经济支柱性产业”。总体上看，近年来，我国少数民族文化产业发展保持快速增长的态势，文化产业与旅游、科技融合发展态势良好，文化市场主体发展壮大。但是，对于我国丰富多彩的少数民族文化资源宝库而言，少数民族传统文化转化的整体能力偏弱、发展方式粗放、产品同质化等问题比较突出。这需要在坚持创造性转化、创新性发展中构建结构合理、门类齐全、科技含量高、竞争力强的少数民族现代文化产业体系。

（一）利用数字科技要素创造文化产业新业态

当前，与互联网、数字科技相关的产业形态逐渐上升为主导性产业和最大的经济增长点。而少数民族文化产业大多还处于表演、观赏的阶段，尚未进军到影视、动漫、创意设计、网络文化、工艺美术、文化会展、文化装备制造等主流文化产业。少数民族文化与高科技结合，不仅是简单地用新技术展示文化内容，而且是以“创意 + 文化 + 科技”的方式，实现传统文化创新发展。比如，敦煌研究院推出的时长为 32 分钟的动画短片《降魔成道》，在尊重史实和传统文化精神的前提下，用形象、生动且故事性强的方式，为公众讲解那些鲜为大众熟知的文物知识，获得了很好的社会反响。少数民族文化宝库中大量典藏、史诗、佛学、医学、诗歌、绘画等内容都未能以方便而浓缩的方式展示给观众，大多数消费者因文化知识障碍不能欣赏到少数民族文化精髓。比如唐卡艺术讲述了藏族文化起源、演进的历史，一般观众很难看懂它所表达的内容、意义和价值。所以，应用数字技术对传统文化进行创造性转化和创新性发展，首先要让普通群众在数字化体验过程中理解少数民族传统文化的精粹，以提高人们的文化程度和审美水平。其次要凝练出少数民族传统文化中崇尚自然、爱惜生灵、热爱生活、勤劳俭朴、各族相亲、守望相助等文化精髓，以弥补现代工业化社会出现的人文精神供给不足。比如，贵州苗族岜沙人“生也一棵树，死也一棵树”的朴素生态环境保护观念，广西巴马长寿村瑶族群众的良好生活方式、合理膳食结构与和谐社会关系等，都能让消费者从少数民族文化的历史积淀、人文内涵中获取新的价值和力量。

（二）加强文化产业链与品牌建设

少数民族文化产业的发展不仅在于“量”的增长，更应注重“质”的提高。传统文化产业化最大的挑战在于围绕文化品牌形成合理的产品结构布局和完备的产业链。创意设计是推动传统文化创造性转化、创新性发展的重要媒介和手段，同时，历史文化资源只有转化为具有知识产权的资本要素，才能成为产业意义上的生产要素。例如，美国动画片《功夫熊猫》展示了中国的功夫文化，中国传统经典故事《花木兰》在美国被制作成动画片，都表明了文化资源具有公共性，谁拥有创意设计能力，谁就实质上拥有这些资源。目前，少数民族文化自身创意转换的能力和竞争力有待提升，大量文化资源没有发挥出生产力的要素作用。创意设计要面对时代变迁和生活节奏加快的特征，将民族文化元素简约化、时尚化，才更容易适应现代人的文化需求，更容易走进生活、走向世界。近年来，各地举办的创意产品大赛、旅游产品大赛促进了少数民族文化品牌的诞生。比如，2018 年 8 月，51 岁的二连浩特市乌兰牧骑队长张雪冰设计的作品“伊林盛装”，荣获首届蒙古族时装与帽饰设计大赛成人组运动休闲装一等奖，这件作品既包含民族元素，又富有时尚感，在日常生活中穿出来也不违和，受到现代时尚人群的青睐。所以，“文化 + 创意设计”是确立现代文化产业体系及其竞争优势的核心支撑。

（三）不断加深文化产业市场化程度

少数民族文化产业进入市场，需要注意三个关键问题：

首先，创造需求才是最好的保护。少数民族文化产品市场销路不畅，就难以规模生产，制约着传统文化产业化发展。“非遗”文化项目之所以还没有能够吸引到资本的广泛关注，与“非遗”文化产品消费者的相对小众有一定关系。少数民族文化产业发展需要密切关注市场营销，通过产品设计体现出它的文化价值，使其与当代人的需求形成关联，培育喜爱少数民族文化产品、艺术品的消费群体。

其次，建立符合市场营销的现代企业制度。推进国有经营性文化单位转企改制，加快公司制、股份制改造，拓宽融资渠道，形成具有文化特色的现代企业制度，打造知名文化企业和品牌，善于运用融资等手段开拓市场。比如，2017 年北京市文化产权交易所建立了“非遗”交易板块，可为“非遗”项目传承保护导入基础性金融工具，并通过交易规则设计发现“非遗”项目的市场价值。

最后，必须重视文化产品的标准化和权属问题。有必要建立非遗项目的准入机制，防止无序竞争带来同质化竞争、假冒伪劣产品影响文化产业的健康发展。对此，近年来民族文化“标准”纷纷出台。继 2012 年内蒙古首发《蒙古族部落服饰》地方标准以来，针对苗族刺绣与银饰、蒙古族马鞍具、蒙古族乐器等，有关部门一一制定出了地方标准，并出台了有关文化商标、文化专利等相关政策法律法规。在制定相关标准的同时，还要做好“非遗”权属界定工作，使“非遗”文化符号通过规范程序授权市场生产，进入大众消费市场。

四 新时代青海民族文化资源需要创造性转化和创新性发展

文化是民族的血脉，也是人民的精神家园。习近平总书记在 2014 年 9 月中央民族工作会议暨国务院第六次全国民族团结进步表彰大会中就曾指出：“少数民族文化不能等到失去才懂得珍惜，弘扬和保护各民族传统文化，不是原封不动，更不是连同糟粕全盘保留，而是要去粗取精、推陈出新，努力实现创造性转化和创新性发展。”同时又在党的十九大报告中再次强调：“要推动中华优秀传统文化创造性转化、创新性发展，继承革命文化，发展社会主义先进文化，不忘本来、吸收外来、面向未来，更好构筑中国精神、中国价值、中国力量，为人民提供精神指引。”可以说，这一思想的提出为未来民族文化建设指明了方向。

青海是一个多民族、多宗教、多文化的地区，千百年来，各民族共同在这片土地上生产生活、和谐共处，创造了悠久而灿烂的文明史，多彩的生态旅游文化资源、独特的民俗文化资源、厚重的古文化资源、浓郁的宗教文化资源、丰富的民族民间艺术文化资源共同交织，形成了青海地域独特、民族浓郁、风格迥异的民族文化。如今，在旅游及其他相关产业的带动下，青海民族文化资源不断得到开发与利用，各民族文化呈现出多样性发展的繁荣景象。据青海省文化和新闻出版厅提供的数据显示，2017 年，青海省文化及相关产业实现增加值 63.77 亿元，比上年增长 16.5%，占全省地区生产总值（GDP）的比重为 2.48%。可见，着力推动青海民族文化发展，促进文化消费提升行动，实现其资源的创造性转化和创新性发展，成为青海地区未来社会经济发展的重要命题。

（一）青海民族文化资源的创造性转化和创新性发展是新时代的必然要求

第一，青海民族文化资源的创造性转化和创新性发展是弘扬青海各民族优秀传统文化的重要途径。随着各民族的交往交流交融，民族文化不断地丰富着中华文化的内涵，为其提供生命力与创造力，也增强了中国传统文化的认同感和凝聚力，然而民族文化也因其占比小、抵抗全球市场经济的冲击能力较差等特性，部分民族文化流失现象频现，各民族传统文化的传承与发展面临极大的挑战。青海民族文化资源的创造性转化和创新性发展，不仅可以对各民族传统文化在发展中面临的问题和困境做出合理的回应，同时其自身的返本开新更是增强了民族凝聚力，为各族传统文化的传承与创新起到了带动作用，也对保存本民族特色产生了重要的影响。如青海藏毯国际展览会、青洽会、清真食品用品展览会等平台都充分利用、挖掘了青海优秀民族文化资源，成为弘扬青海各民族优秀传统文化的重要途径。

第二，青海民族文化资源的创造性转化和创新性发展是青海各民族社会经济顺应新时代发展的需要。民族文化是一个民族政治经济的反映，同时也影响和作用于该民族的社会政治和经济。在青海，少数民族经济已经有所发展，但贫富差距仍然较大，特别是生活在牧区和山区的各民族经济生活相对贫困，除了有历史、地理环境、政策等方面因素的影响，文化因素也不可忽视。目前，青海多数民族文化资源的开发仍需要强化品牌意识，深度挖掘青海多民族聚居、多元文化、多宗教共存的历史文化资源，有效发挥民族文化旅游带动区域社会经济发展的作用。

第三，青海民族文化资源的创造性转化和创新性发展可以为人民提供丰富多样的精神食粮。中国特色社会主义进入新时代，文化成为地区改善民生、提高人民幸福感的重要标志，青海各族人民对文化的需求也开始多元化和多样化，原有的民族文化在其内容和形式上都与当前社会发展的文化基因不完全适应，也无法更好地满足各族人民日益增加的文化需求，因此，青海民族文化资源只有通过实现文化的现代化转型，创造出更加丰富且适合不同层次需求的文化服务及产品来契合当今社会的发展和时代的变革，才能更好地满足民族地区人民对多元精神文化的需求，提高青海各族人民群众的文化情操和文化素养。

（二）青海民族文化资源创造性转化和创新性发展应注意的几个问题

第一，坚持正确的政治原则和根本方向。进入新时代，青海民族文化资源如何转化、如何创新都要有一个根本的判断标准和正确的政治方向，这是转化和创新的基础和前提。坚持和采用马克思主义的方法和态度，辩证地处理好青海民族文化资源与中华民族优秀传统文化之间的关系，认识到青海民族文化不是独立存在，而是深受中华民族优秀传统文化的影响，是其发展中的一元；同时也要始终以社会主义核心价值观引领青海民族文化资源的创造性转化和创新性发展，既不能固守传统，也不能脱离传统而创新，要坚持古为今用、推陈出新，推动青海各民族文化交往交流、交融创新，增强其时代性、包容性与共同性。

第二，有效发挥政府主导、群众参与的作用。如今，在地区民族文化发展的过程中政府扮演的角色越来越重要，因此，在文化资源创造性转化和创新性发展的前期阶段，政府部门应发挥主导作用，科学规划，加大宣传，将民族文化资源作为地方形象及展示品牌与地方特点的象征资本，本着创造和创新民族文化资源的原则，制定、完善有关政策法规，同时也要确立监管体系，逐步规范民族旅游的市场秩序，杜绝民族文化资源过度的商业化炒作，不能完全以市场为导向，要兼顾经济效益和社会效益。群众、企业、专家及学术研究机构也要积极参与其中，因政府的倡导而主动以自身的文化资本进行置换、创新或重组，由此使即将衰落和消失的民族文化重新获得了再生和发展的契机。

第三，依托民族文化资源，大力发展青海民族文化产业。青海民族文化产业的发展是青海民族民间文化资源实现创新性发展的必然趋势和重要手段，也是青海各族人民就业增收、脱贫致富的重要平台和渠道。青海可充分借力于公共文化服务体系推动地区文化产业发展，维修改造现有文化馆、博物馆等，提升已有基层场馆的服务质量和水平，使其焕发新的活力和生命力。建设一批群众艺术馆、非遗博物馆、体育馆等具有民族特色、青海特点的标志性文化设施，以推进民族文化产业重点工程建设；牢固树立人才是第一资源的观念，稳定人才队伍，引进或培养一批既懂青海民族文化，又懂产业经营的专业人才，加快提升青海民族文化产业队伍人才的素质；树立长期经营民族文化品牌的发展理念，打造具有国际竞争力的青海民族文化品牌及企业，构建自身的核心竞争力，也可充分利用青海各民族刺绣、服饰、节庆、饮食、婚俗等方式建设民俗精品风情园，举办人民群众喜闻乐见的文化活动来打造青海特有的民俗文化品牌和群众性文化活动品牌。

第四，积极拓宽青海民族文化资源创造性转化和创新性发展的其他路径。通过系统整理青海民族文化资源中的积极因素，借助影视、技艺展演等多种平台宣传手段，让存活在古书籍里、民间流传中的优秀文化遗产、民族文物都能活起来，对于那些失去实用价值和商业价值的民族文化也应加以保护，列出清单，用于补充和完善民族文化资源，使其呈现完整的特性；强化青海民族文化资源开发的创新意识，根据青海民间文学、美术、传统戏剧、传统手工技艺、民俗及口头文学等不同民族文化资源的特点，借助网络、手机、数字影视等新型科技手段创新民族文化产业的传播形式、开发系列衍生文创产品以提高青海民族资源开发的利用率，发展文旅产业。

第四节　具有行业特色的创造性转化、创新性发展

一　戏曲艺术如何实现创造性转化和创新性发展

党的十九大报告指出，没有高度的文化自信，没有文化的繁荣兴盛，就没有中华民族伟大复兴。要坚持中国特色社会主义文化发展道路，激发全民族文化创新创造活力，建设社会主义文化强国。

戏曲艺术是传承和弘扬中华优秀传统文化的一个载体。中华优秀传统文化和地方文化习俗是戏曲艺术的源泉和宝藏，蕴含着一方水土人们所共有的情怀，其中有着中华文脉的深深烙印和文化基因。随着戏曲艺术的繁荣发展，一批经典保留剧目浸润了人们的心灵，滋养了中华民族的精神家园。以晋剧《富贵图》为例，自从1989年上演，连演了28年，演出了2000余场，代代传承，跨时代温暖了多少观众，是以什么样的文化品质去传承传统文化、弘扬传统文化

的？或许，能给我们带来深深的启迪。

（一）传统是戏曲艺术的深厚底蕴

党的十九大报告指出，深入挖掘中华优秀传统文化蕴含的思想观念、人文精神、道德规范，结合时代要求继承创新，让中华文化展现出永久魅力和时代风采。浩瀚的中华优秀传统文化，历史悠久，不乏生动的故事，是戏曲艺术用之不竭的源泉和动力所在。晋剧《富贵图》是20世纪80年代末由曲润海根据传统剧目《少华山》和古本《双莲配》改编而成，讲述了一个充满传奇色彩、迂回曲折、才子配佳人的爱情故事。唐代新野县令臧昂强抢民女尹碧莲成婚，碧莲在路经少华山途中又被山大王袁龙劫下。为救碧莲，书生倪俊假意与她成亲，离别之际互赠图留念。碧莲痴心一片，去倪家认母遭拒，回乡苦度岁月。次年倪俊得中，四处找寻碧莲，两人终成眷属。编剧曲润海对中华优秀传统文化深有研究，对地方戏曲更是熟悉，对剧种剧目有着敏锐的感受力和超前的创作意识。他谈及改编心得时说，要做到两个“一定”：一定要了解原本，认准精华和糟粕；一定要有新的完整构思，既要尊重前人成果，又要有所创造。基于此，《富贵图》的改编结合了时代背景，汲取了传统精华，剧情设置符合20世纪90年代以来人们对美好爱情的向往与憧憬，从而更好地满足了当代人的精神文化需求。

（二）传承是经典剧目的留传根本

戏曲艺术的传承，不仅是传统文化的传承，还有剧种、剧目、戏曲精神的代代传承。《富贵图》成为山西省晋剧院每个台口必演的经典保留剧目。

首先是演员精湛的演技传承了《富贵图》。该剧导演温明轩、作曲刘和仁将戏和曲的精华元素都用在这部戏里，可以说是戏、曲经典的浓缩。一导一曲，使得《富贵图》立体生动起来。历经28年，始终如初，剧中舞台表演和音乐范式被很好地传承下来。《富贵图》从救女、烤火、赠图、认母、合图几个场次来演绎。该剧的第一代表演，把“戏”做得很足的是“烤火”那场碧莲和倪俊的对手戏。

碧莲（王晓萍扮演，冀派传人）每个眼神每个细节都表演得出神入化、拿捏有度，让观众心领神会。倪俊（张智扮演，郭派传人）面对碧莲的深情，他虽有觉察，但装聋装傻，种种情感全凭表演来支撑，真正体现了“戏”的张力。“认母”一场里，倪母（陈转英扮演，王派传人）的一大段平板唱腔“三月里春风暖万物欣荣，梨花白桃花红杨柳青青”，把晋剧唱腔的味儿唱了出来，如山西老陈醋般，还未喝味已入心脾、沁入脑海，观众百听不厌，成了流传最广的经典唱段。

此外，《富贵图》的传承还体现在培养了一批演员。剧中人行当齐全，个性鲜明。无论是王晓萍、张智、陈红、陈转英，还是杜玉丰、栗桂莲、苗洁，或者是现在的一些青年演员，他们都传承了老一辈晋剧艺术家的艺术精华，形神兼备，在“戏”上下足了功夫。一招一式坚守如一，使之味儿醇根儿正。陈红被戏称为这部戏的“老丫鬟”。从 1989 年排练伊始，她就扮演丫鬟秋香，直到现在还在演出。其表演既稳重舒展大气，又靓丽活泼流畅，兼冀萍的风范，融田桂兰的台风，有着鲜明的艺术色彩和人物形象，人送称号“最佳丫鬟”。很难说是演员成就剧目，还是剧目成就演员，剧目和演员始终是相互促进、相互映衬的。

第三，《富贵图》使剧院良好的传承模式得到发扬。党的十九大报告指出，加强文艺队伍建设，造就一大批德艺双馨名家大师，培育一大批高水平创作人才。老一辈晋剧艺术家牛桂英、郭凤英、冀萍、田桂兰、王爱爱等注重传承，因戏结缘，采用师承模式培养了王晓萍、张智、陈红、陈转英、苗洁等数名青衣小旦和生角演员。28 年来，这些后生继承老一辈艺术家壮志，坚持在演出第一线，成为剧院承上启下的骨干力量。而且，这种传承生生不息，后继有人。党的十八大以来，国家对戏曲艺术扶持力度加大。2016 年，“晋剧《富贵图》青年表演人才培养”国家艺术基金 2016 年度艺术人才培养资助项目开班，项目学员将《富贵图》完整全面地继承下来。新鲜血液的不断补充，使这部优秀保留剧目有了新意，焕发着青春的光彩。

（三）弘扬是戏曲精神的初心坚守

弘扬中华优秀传统文化，是每一位戏曲艺术工作者的初心和执着坚守，更是一种戏曲精神。《富贵图》不仅在山西演出，京、津、沪、陕、滇、川、湘、冀和内蒙古等地都留下了它的足迹，影响广泛，深受好评，开启了划时代的演出市场。看戏，是农耕文明的一种习俗，是民众在农忙之后消遣、秋收之后庆祝、重大节日庆典和庙会祭祀的重要娱乐活动。如今，在农村，每逢庙会、农贸交易会等，当地都会请剧团去助兴演出。拿山西各地来讲，是月月有庙会、会会有演出。《富贵图》几乎是必点剧目，深受民众喜爱。进入21世纪，现代城市的大剧院、演出中心等如雨后春笋般纷纷建立起来，常年走村串户的《富贵图》，也成为城市舞台的常客。而且，随着演出市场的不断拓宽，《富贵图》的影响力与日俱增，各剧种都想移植演出。曲润海经过反复锤炼，先后推出了蒲剧、晋剧、黄梅戏、昆曲、京剧等多个版本。跨剧种、跨地区、广为流传，使晋剧《富贵图》入选新中国百种戏种名录，国外喜爱戏曲的友人学唱晋剧也绕不开它。

党的十九大报告强调，要坚持为人民服务、为社会主义服务，坚持百花齐放、百家争鸣，坚持创造性转化、创新性发展，不断铸就中华文化新辉煌。展望未来，坚定文化自信，为实现中华民族伟大复兴的中国梦，戏曲艺术迎来了时代机遇。《富贵图》成为经典保留剧目，有偶然性，也有必然性，更有时代性。当初的主创人员没有想到该剧会连演28年，只是用心做好自己该做的事情，深入生活，扎根基层，默默耕耘。

新时代、新使命、新思想、新征程。繁荣发展戏曲艺术，用中国特色、中国风格、中国气派的文化产品去感化人、教育人和引导人，全面提升国家文化软实力和中华文化的国际影响力，需要戏曲工作者用心去汲取中华优秀传统文化之精华，赋予时代精神。戏曲工作者若能站在地方群众的角度去创造戏曲，定会令地方群众产生共鸣使得作品在地方流传。而与时代精神的结合则是作品是否能抛开地域限制流传的关键。在特定的历史时期，戏曲工作者若能把当时的时代烙印和当下的时代精神相结合，那么作品不仅能够流传一时一地，更是具有内在的生命力，能跨越时空，在自我修复中不断满足人民群众的美好生活需要。

二 推进中医药文化创造性转化与创新性发展

习近平总书记在全国宣传思想工作会议上的重要讲话引起各界热议，中医药领域人士在交流与学习讲话精神中，更加坚定了以文化自信为基础的中医药文化创造性转化、创新性发展的信心与决心，增强统一思想、凝聚力量、弘扬新风正气的责任感、使命感。作为国家非物质文化遗产（中医生命与疾病认知方法）传承人，第十一、十二届全国政协委员曹洪欣表示："感到弘扬中医药文化、建设健康中国的责任重大、任务艰巨、使命光荣。"

习近平总书记指出，中医药学是中国古代科学的瑰宝，也是打开中华文明宝库的钥匙。中华文明宝库蕴含着深厚的哲学思想、文化知识与经济社会资源，凝聚着丰富的中华传统文化精华，是中华民族的血脉和灵魂。中医药理论的形成与发展及其历代名著的问世，既汲取当代中华文化的先进理念，又有机地结合对人的生命与疾病发生发展规律的认识，有效地保障中华民族的生生不息、繁衍昌盛，为传承弘扬中华优秀传统文化发挥了重要作用。

（一）中医药文化的历史价值与作用

中医药根植于中华文化，中医药文化是中华优秀传统文化不可分割的组成部分。中华传统文化是中医药理论产生、形成与发展的基础，深受中国古代哲学思想的影响，是一种生命文化，是有关生命与疾病的认知文化。中医药理念与《周易》相通，注重人体"象"与"道"的把握，融入儒、释、道文化精华，吸收历代自然科学成果，形成人文、生命与疾病防治规律相融合的医学知识体系。

中医药文化是中医药学发生发展过程中形成的精神财富和物质

形态的总和，是几千年来中华民族认识生命、维护健康、防治疾病的思想和方法体系，是中医药理论与实践的内在精神和学术基础，充分展示中华优秀传统文化的当代价值与世界意义的精髓。如中医认为人体内外是一个有机的整体，“天人合一”指自然界和人是一体的，相互联系、相互影响；“形神统一”就是说人不是单独存在的形体，还有“神、魂、魄、意、志”，包括精神、意识、思维活动等；“脏腑和调”即脏腑、气血津液、经络、体窍的协调平衡，共同维持着人体的生命活动。中医诊疗理念不是对抗治疗，而是讲究中和、协调人与自然、形体与精神和脏腑气血经络平衡，调动人体自身的抗病能力而防病治病。如中医治疗肿瘤，不仅是单纯抗肿瘤，而且还调动人体正气抑制肿瘤发展，实现带瘤生存、达到提高生活质量的目的，这是中医药文化和西医治疗理念的不同。

中医药文化贯穿于其理论与实践中，如中医学“治未病”的早期干预思想、以人为本的个体化诊疗模式，以及整体调节、扶正祛邪、急则治其标、缓则治其本的治疗观念等在防病治病中具有疗效确切、不可替代的作用。

推进中医药文化知识的传播，是弘扬中华优秀文化，服务健康中国，维护人类健康，促进中华民族的伟大复兴的战略选择。

（二）中医药学是打开中华文明宝库的钥匙

几千年来中医药学不断汲取历代中华文化精华，有效与人的生命和疾病防治规律相结合，形成了人文与生命科学相融的系统整体的医学知识体系。一方面理论与实践至今有效地指导着人们的养生保健、防病治病；另一方面蕴含着丰富的中华优秀传统文化，凝聚着中华民族从传统走向现代过程中维护健康、抵御疾病的人文与科学智慧。

核心内容主要体现在：首先，中医药是中华优秀文化的宝贵资源。中医药学把中华优秀文化与健康维护的实践有机结合，升华了中华文化内涵，形成鲜明的中医药文化特色。如生、长、壮、老、已的动态生命观，阴平阳秘的平衡观，以及整体调节、扶正祛邪、疏通经络的治疗法则等，有效地升华了中华优秀传统文化的内涵。其次，中医药是中华优秀传统文化的重要载体。在防病治病实践中，传播与弘扬中华优秀文化。如“仁者寿”的道德健康理念、“医乃仁术”的医德观、“大医精诚”的职业追求等。再次，中医药是中西文明对话的窗口。西学东渐对中华文化的冲击，民族文化自信与自觉丧失，中医药以包容的胸怀，通过中西会通、中西医结合汲取西医科学理念，并没有被西医淹没，在现代化时代，其理论与实践不断丰富发展，自觉走向世界，在服务人类健康中逐渐被世界人民认可而发挥其应有作用。最后，中医药是传统知识创新的优势领域。如青蒿素治疗疟疾对人类的贡献——屠呦呦研究员获诺贝尔生理学或医学奖、三氧化二砷治疗白血病、小檗碱治疗代谢性疾病等均源于中医药，中医药治疗慢性病、疑难病、肿瘤与突发性疾病的作用，彰显中医药知识创新的优势领域。

（三）发掘中医药精华为人类健康做贡献

在全面深化改革、建成小康社会、建设健康中国的伟大实践中，不断完善中医药事业发展的政策和机制，推进中医药知识保护、传承与利用，坚持中医药主体发展与协同创新，不断丰富发展中医药理论与实践，提高防病治病能力，创新中医药医疗保健服务模式，满足人民不断增长的维护健康与医疗保健需求。

运用传统方法与现代科学技术发掘中医药宝库精华，发挥中医药“治未病”养生养老、亚健康调理以及防治慢性病、疑难性疾病、突发传染性疾病与疾病康复的优势作用。推广中医药文化知识，提高中医药知识的认知度，营造了解中医药、享受中医药的良好社会氛围，引导民众应用中医药防病治病的技术和方法，达到不得病、少得病、晚得病与不得大病重病的目的，使中医药在民众养生保健与医疗服务中发挥更大作用。

加强中医文化资源开发利用，研发新型文化产品，打造中医药文化品牌，促进中医药文化产业发展。加强中医药文化普及基地建设，发挥新传媒作用，在养生保健、防病治病、疾病康复、旅游养老等方面，为民众提供全方位全周期的健康服务，推进中医药文化多元化、创造性转化与创新性发展。

立足国家利益，服务人类健康，以中医药服务“一带一路”建设为契机，全面规划中医药国际发展战略，拓宽中医药走向世界的领域与途径，展示中医药的安全性、有效性、科学性、特殊性及其与西医药的互补性，使中医药在服务人类健康中促进中华优秀文化的广泛传播。同时，有计划地在国外建设一批高水平中医临床基地，构建中华优秀传统文化可持续传播平台；充分利用现代信息技术和网络技术，借助新媒体、国际会议等，促进中医药知识与中华优秀文化广泛传播。加强中医药世界非物质文化遗产和世界记忆工程的保护与利用，建设国家中医药博物馆，推进《中华医藏》编撰，着力培养一批临床能力强、科研水平高、具有对外交流能力的人才队伍，为中医走向世界、弘扬中华优秀传统文化奠定坚实基础。

紧紧围绕落实《中医药发展战略规划纲要（2016—2030 年）》《健康中国 2030 规划纲要》各项重点任务与主要措施，依靠《中医药法》，完善中医药文化全面发展的保障机制与措施，把中医药学是打开中华文明宝库的钥匙精神落到实处。以历史的责任感和使命感，推进中医药走向世界，弘扬中华优秀文化，在服务人类健康中，形成文化认同与共识，为实现中华民族的伟大复兴贡献力量。

三　民间文化的创造性传承与创新性发展

《周易》有言：“刚柔交错，天文也。文明以止，人文也。观乎天文，以察时变。观乎人文，以化成天下。”这是我们祖先最早关于“文化”的界说。时至今日，虽然文化的概念、内涵、功能、意义已经发生了诸多变化，但是，人们对于文化的认识却是相同的。即文化是民族的血脉，是人民的精神家园。不管物质如何丰富，科技如何发达，人们对于精神世界的追求却永不止步。特别是对于生活在

21世纪的人们，文化的重要性日益凸显。

（一）新时代提出新问题：民间文化如何传承

经过改革开放40年的发展，人民生活水平实现了历史性跨越，对美好生活的向往更加强烈，人民群众对于精神文化的需要呈现多样化、多层次、多方面的特点。这些特点，对于文化工作提出了新的要求。除了继续推动文化自身的健康发展，还要着重解决文化供需不平衡、不充分、不对位的问题，大力推进文化体制和机制改革，解放文化生产力，为广大人民群众提供更为丰富多样的精神文化食粮，更好地满足广大人民群众日益增长的精神文化需要，从而推动人的全面发展，促进社会的全面进步。

中华民族是世界上伟大的民族，几千年的文明史，创造了独具特色、博大精深的中华文化，为中华民族克服困难、生生不息提供了强大的精神支撑。民间文化作为中国传统文化的有机组成部分，是几千年来历史长河积淀的结晶，内容异常丰富。中国人的生存方式、生活方式、处世方式、审美方式以及对于家庭、家族、民族、国家的认知和情感，都是通过民间文化延续下来的，它与我们所说的主流文化、精英文化具有同等的文化价值。因此，保护传承民间文化有利于保护民族文化和地域文化的多样性；有利于增强中华民族的文化认同感、向心力、凝聚力；有利于当代中国的文化创新和文化发展；有利于增强中国文化软实力和文化竞争力。

（二）当前，中国民间文化的传承与发展主要面临三个问题

1. 外来文化的冲击

随着全球化浪潮的铺天盖地，中华民族的习俗、节日、信仰、习惯、爱好，也受到了前所未有的冲击，文化的个性和多样性受到严重威胁，民间文化的生存面临空前危机。美国的好莱坞电影、韩国的影视剧、日本的动漫大量进入中国市场，外来文化的大举进入，使原有的民族文化遭受冲击。它不仅改变着我们的生活习惯，也改

变着我们的文化价值观。以节日为例，现在越来越多的青少年喜欢过圣诞节、情人节、愚人节等，而对中国的春节、元宵节、清明节、中秋节、重阳节却并不了解，对洋节的崇拜和对中国节日的隔膜，反映了民族文化的认知和认同危机。

2. 现代化进程的影响

随着人们生产方式和生活方式的改变，民间文化遗产正以人们难以想象的速度消亡。中国大量的民间文化遗产基本上是农业时代的产物，生产力的不发达、科学技术的落后、生活环境的封闭和人们外出机会的稀少是许多文化遗产存在的社会生态条件，但是，一旦这些情况发生改变，民间文化遗产的存在与传承就面临着许多困难。还有一些地方的城市化，使农村变成了城市社区，农民变成了市民，村庄消失了，村名消失了，郑州的“丁楼村”变成了“翰林国际”，“石佛村”变成了“钱隆城”，类似的例子比比皆是，乡土记忆、乡村记忆、几百年的历史记忆被城市化彻底打碎抹去。

3. 传统传承方式的困境

从民间文化自身来说，它是以代际传承为特点的。随着社会的发展变化，这个传承链正在断裂。过去不少家庭是因为穷，才去送孩子唱戏和学手艺。现在首先考虑孩子上学找工作，到外边去。所以，现在一些民间手工艺随着老艺人的不断离去，年青一代子承父业的越来越少了。如果这个行当能赚钱，孩子可能还会继续学。如果这个行当不赚钱，孩子就可能另找生路。特别是一些“90”后、“00”后年轻人，宁可外出打工，也不愿从事这些传统行业，一些民间文化遗产正面临着人亡艺绝的危险。

在这种情况下，我们应当有一种危机感、紧迫感、使命感，有意识地去保护我们的民族文化、民间文化，抢救、传承正在消失和行将消失的民间文化遗产。如何让民间文化传下来、活下去，让民间文化广泛融入我们的生产、生活、家庭、社会之中，是一个亟须思考和解决的大问题。

（三）新时代需要新思考：创造性转化与创新性发展

新的时代需要对民间文化的发展作出新的思考。习近平同志多次强调，要努力推动中华优秀传统文化的创造性转化、创新性发展。“创造性转化、创新性发展”就是一种适应时代发展的新命题、新话语、新思维。那么，什么是“创造性转化与创新性发展”？如何理解“文化双创”的概念？

对于中国传统文化而言，首先要把过去的好的东西传下来。怎么传？毕竟过去的东西有它特定的文化土壤、文化环境和历史条件，有特定的内涵与表现形式。而要把它传下来，就不能不考虑今天的社会环境、生活环境、文化环境，人们的接受心理、授受条件。因此，在传承过程中，必须有自己的立场、观点、原则、方法。这一传承的过程，实际上就是“转化”的过程，因为它不是机械的、不加鉴别的、没有选择的，它一定充满了“创造性”。所以，文化传承是一个“创造性转化”的过程。同时，对于一个民族的文化而言，仅有“转化”是不够的，它还必须有“创新和发展”。它要结合今天的现实生产力状况、科技发展状况、人们的生产生活状况、文化欣赏消费状况，与时俱进，创作生产出人们喜闻乐见的文艺作品、文化产品，因此，这个发展又是一个充满创新的过程。也正是由于今天的创新，才形成了今天的时代风貌和时代特征，形成了今天中国文化的软实力。

总之，坚持“创造性转化与创新性发展”，就是坚持辩证唯物主义和历史唯物主义，它是“转化”与“发展”的统一，是历史与现实的统一，是扬弃与进取的统一，是时代性与民族性的统一。创造性转化与创新性发展，“一定要秉持客观、科学、礼敬的态度，要不断赋予传统文化新的时代内涵和新的表达形式，使中华民族最基本的文化基因与当代文化相适应、与现代社会相协调。”① 创造性转化与创新性发展的核心是传统文化的“当代化、生活化、创意化、品

---

① 中共中央办公厅、国务院办公厅：《关于实施中华优秀传统文化传承发展工程的意见》，《新华社》2017 年 1 月 25 日。

牌化”。近年来，我们看到一些电视节目如《记住乡愁》《大国工匠》《中国诗词大会》《中国汉字听写大会》《国家宝藏》《见字如面》等就是传统文化转化创新的尝试，正是因为它适应了今天的发展环境，才在观众中引起了强烈的反响和好评。

（四）要做到对民间文化的创造性转化与创新性发展，必须处理好几种关系

1. 正确处理物质与非物质的关系

民间文化基本上都是非物质文化遗产，而非物质文化遗产重在它的非物质性，对于非物质文化遗产的“非物质”特征的认知，辽宁大学乌丙安教授这样描述：“老艺人做出了精美的木雕装饰艺术作品，任何人都是可以看得见摸得着的。但是，那位老艺人身怀绝技的手艺，从他口传心授的传承，到艺术构思和操作的手法技巧，雕刻过程中的行业规矩，信仰禁忌等，往往都是人们难以看到和难以触摸到的，这就是‘无形的’‘非物质的’文化遗产。”[①] 由此可见，非物质文化遗产也有物质性。非物质文化遗产的物质性与非物质性是一个有机的整体，在保护过程中绝不可将它们对立、孤立起来看待。现在民间文化、非物质文化遗产的传承出现了一些误区，物质性强调过多，非物质性强调较少，以致一些地方的非物质文化遗产中酒类和食品类占据很大比例。而且，这些酒和食品主要是想借“非物质文化遗产”这个招牌来赚钱，至于其中的技艺与文化既讲不清楚，也不去深究。这就造成了人们知道这是非物质文化遗产，但并不知道这项非物质文化遗产所蕴含的文化价值的现状。有形文化偏多，无形文化偏少，这是当前非遗传承的突出问题。我曾多次应邀参加婚礼，发现现在的婚礼场面十分豪华，但在婚礼仪式上却有重大缺陷。过去传统婚礼中都有一拜天地、二拜高堂、夫妻对拜这三项，现在，最前边一项“拜天地”没有了，大多只剩后边两项，而且很不严

---

① http：//www.cctv.com/science/special/C15516/20060612/101249.shtml，2016年6月10日。

肃，变成了喝酒喝茶、亲吻搂抱、嬉戏打闹。人们对于天地自然生命的敬畏没有了，对于父母的孝敬没有了，夫妻双方互敬互爱没有了，婚礼仪式的严肃感、神圣感、庄重感没有了，婚礼的非物质文化属性正在弱化，这不能不引起人们对非物质文化遗产传承的反思。

2. 正确处理继承与创新的关系

民间文化、非物质文化遗产是历史遗留下来的产物，对于优秀的民间文化、非物质文化遗产的保护必须体现其“原真性、完整性和活态性”。民间文化、非物质文化遗产就是要保护和传承“经典、精华、精品”，同时，作为文化，也需要不断创新发展。现在有一些人把两者割裂开来，一味地强调抢救、保护、传承、原汁原味，一味否定创新，从而形成一种误导。而不加鉴别、不加批判地保护和抢救，只能使不良文化沉渣泛起，毒害百姓。比如木版年画中有一幅刘海戏金蟾的版画，有人非要说成刘海戏“金钱”，这样就会带来负面影响。如果我们不加区别地保护继承这种以“权”“钱”为导向的文化，那只能说是一种历史的倒退。所以，保护继承必须加以鉴别，同时，我们必须强调创新，离开了创新，民间文化、非物质文化就不能发展。25 岁的郑州艺人魏世豪，他把动漫人物植入面塑，创作了不少年轻人喜欢的面塑动漫人物。在制作方法上，传统的面塑大多都是一根竹签，上面粘一个人物，制作简单，主要是在传统庙会上形成的，而现代生活，更需要收藏价值。针对现代人的文化消费特点，他创新了制作方法，做出来的面塑不仅时尚，而且克服了传统面塑一碰就碎、一碰就裂的缺陷，这一改良让他的面塑更像雕塑，每次在展会一亮相，都会成为关注的焦点。① 如果我们还是因袭传统，被淘汰将是必然的。现在很多非物质文化遗产之所以消失得特别快，除了外部环境的原因，自身不能适应时代变化也是一个重要原因。由此可以看到，非物质文化遗产要想在当代延续下去，文化自身的创新也非常关键。因此，强调民间艺人适应新的环

① 秦华文：《创新，让古老的非遗融入现代生活》，《郑州日报》2008 年 1 月 18 日。

境的变化，在原有的基础上进行内涵和形式创新是非常必要的。

3. 正确处理保护与开发的关系

现在有一些专家认为民间文化、非物质文化遗产的保护与开发是矛盾的，对于民间文化、非物质文化遗产的开发，只能导致非物质文化遗产的过早死亡。这种观点听起来很有道理，其实并不一定符合实际。我认为，民间文化、非物质文化遗产的保护与开发并不矛盾。如果只保护，不开发，文化遗产就传不下去。从某种意义上说，开发也是有效地保护，是文化遗产得以传承的重要条件。比如，我们讲保护春节、保护中秋节、保护元宵节，其实，不用多说，现在的饺子、月饼、元宵已经成为大产业。如果我们只讲问题的一面，而忽略了另一面，非物质文化遗产是没法传下去的。虽然，目前政府通过申请“非遗”，以“非遗”名录方式保护非物质文化遗产，但这其实仅仅是“非遗”保护的一个方面。事实上，真正要延续藏于深闺的非物质文化遗产的生命，焕发它的光彩，还得靠老百姓，还需要让非物质文化遗产走进当代生活，变成实实在在的产业。而且也只有通过“生产性传承”变成产业，成为人们的衣食之源，非物质文化遗产才能传承下去。现在河南民间文化传承比较好的地方，都是产业发展比较好的地方。河南禹州神垕的钧瓷、汝州的汝瓷、洛阳的唐三彩、南阳镇平的玉雕、濮阳东北庄的杂技、洛阳平乐的牡丹村、商丘民权王公庄的画虎村等。不仅从业人员多，而且影响大，成了当地的特色产业。有的地方吸引了不少艺术家、高校毕业生进入这些行业。由此可见，文化遗产不能仅仅停留在博物馆和国家名录上，还必须把它做成产业，变成老百姓发家致富的手段，文化遗产才能焕发生机、产生活力。现在人们之所以对非物质文化遗产开发多有诟病，主要是因为在开发过程中有些产品艺术水平不高、内容不健康、丧失了作为文化的精髓，成为低层次的重复。但这些问题都可以通过市场的调节来改变。因为随着人们文化水平的不断提高，低俗的文化、不健康的文化、质次价高的文化都会被市场所淘汰。

（五）新时代呼唤新方法：“文化双创”的重点

《周易》有言：“变则通，通则久。”时代变了，民间文化要适应社会发展的节奏和环境，必须与时俱进，思考新的出路与方法，抓住重点，实施“文化双创”五大工程。

1. 民间文化数字化典藏与传播工程

随着科学技术的进步，数字化记录保存已成为民间文化的重要传承方式。现在民间文化的抢救、保护、转化、传播都离不开数字化和大数据。目前，我们已有四批国家级非遗代表性项目 1372 项，世界非遗项目 39 项，中华老字号 1128 个。[①] 如此庞大的数目，确实需要国家投入，政府部门和高校科研单位建立非遗数据库和非物质文化遗产数字博物馆。这是一个刻不容缓的浩大工程。中国民间文艺家协会组织编辑的《中国民间文学大系》和《中国民间工艺集成》也需要通过数字化典藏的方式，实现文化资源、文化信息的互联共享。同时，利用网络做好民间文化、非物质文化遗产的传播工作，也是非常重要的一项工作。比如鼓励民间力量拍摄短视频和开设公众号。这一点“老家河南”微视频大赛就做得不错。河南“豫记”微信公众号，专门挖掘乡土文化，每年完成 100 万字的原创内容写作与编辑。2017 年总阅读量已经达到 2933 万人次，总推送量 2. 16 亿人次，总评论量 3 万人次。

2. 传统村落普查与保护工程

传统村落是中国乡村文明的见证，是中国人的“乡愁”。“乡村文明是中华民族文明史的主体，村庄是这种文明的载体，耕读文明是我们的软实力。”[②] 但是随着城镇化和现代化的推进，大量传统村落正在消失，代之而起的是钢筋水泥的现代化建筑。据国家相关部门公布，中国目前有历史文化名镇 252 个，名村 276 个，传统村落

---

① http：//npc. people. com. cn/n1/2017/1225/c14576 – 29726955. html，2017 年 12 月 23 日。

② 潘鲁生：《乡土文化根不能断》，《人民日报》2017 年 12 月 10 日第 10 版。

4153 个。[①] 但是纳入国家保护计划的村落依然是有限的，还有大量没有纳入保护计划的也需要保护。这其中有一个突出问题需要解决，即观赏性与实用性的矛盾。传统村落看起来很美，有文化特色，但年久失修，实用功能差，已经不适合现代人的生活。如何解决这一矛盾，一些地方正在探索。比如河南信阳的郝堂村就是在原有村落基础上进行创意改造，既保留了原来的风貌，又时尚实用美观。现在的郝堂村成了当地的一个旅游景点，每年都吸引来自不同地方的游客。现在所提倡的“乡村振兴计划”，就是如何吸引出去的人回来，安居乐业。所以传统村落的保护、利用、开发、改造是一个必须面对的现实问题。国家应启动传统村落保护工程，改善居住环境，发展特色产业，纯化乡风乡俗，让农村的物质文明与精神文明都得到提高。

3. 传统节日文化传承与振兴工程

中国传统节日是中国特有的非物质文化遗产，它包含着中国人的风俗习惯、文化礼仪、精神信仰。节日文化既有物质层面，也有精神层面。现在中国人也过节，但不少人过节，除了大吃大喝，就是外出旅游。传统节日的内涵、仪式、习俗都在淡化。特别是外来节日的冲击，这种淡化日趋强烈。因此，必须在国人中深化“我们的节日”主题活动。以春节、元宵、清明、端午、七夕、中秋、重阳、腊八为重点，挖掘节日文化内涵，恢复节日文化仪式，重建节日文化信仰，营造节日文化氛围，开发节日文化产品，让优秀节日文化走进人们的日常生活、浸润人们的精神世界。要依托传统节日反对铺张浪费、炫富攀比、天价彩礼、大操大办等陋习，大力倡导勤劳、朴素、节俭、文明的节日风尚，倡导健康生活方式，改变落后风俗习惯。

4. 民间文化产业创意与提升工程

当今时代，文化经济化，经济文化化，文化经济一体化已经成

---

① http：//npc. people. com. cn/n1/2017/1225/c14576 - 29726955. html，2017 年 12 月 23 日。

为一种重要趋势。民间文化的发展不是抗拒这种趋势，而是要顺应这种趋势。与时俱进，把握机遇，通过生产性传承不断发展壮大。在这方面，要解决的一个突出问题就是如何生产出人们喜欢的文化产品？如何适应新的业态的发展，将文化资源通过文化创意变成文化产品和文化品牌？在这种情况下，我们需要转变生产理念。放弃过去重、大、笨、粗、价格高的做法，而尝试小、轻、精、巧、价格适中的做法，以旅游纪念品、文化礼品、生活用品作为切入点打开市场。比如河南禹州钧瓷以前主要是政府礼品和艺术收藏，随着国家宏观政策的变化，钧瓷生产就要适时做出调整，向日常生活的实用器具转变。如果能抓住“餐具、茶具、酒具”这三项，实际上就抓住了大市场。这些实用文化产品，也是需要有创意和品牌的。其他的民间艺术门类也是如此。抓住了市场，提升了产品质量，才能塑造独特的文化品牌。要让民间文化获得持久生命力的唯一动力就是让民间文化融入现代生活，融入广大人民群众的文化需求、文化体验、文化消费之中，文化只有活在当代，才可能走向未来。

5. 民间文化人才培养与推介工程

文化发展要以人为本，人是文化发展的根基，也是文化创造的源泉。目前，在民间文化人才方面，重点是要培养一支具有敬业精神、热爱民间文化、淡泊名利、甘于奉献、潜心钻研、具有“工匠精神”的人才队伍。专注、坚守、敬业，对作品产品一丝不苟、精益求精，这是“工匠精神”的体现。在人才问题上，最重要的是发现人才、培养人才、推介人才、使用人才。比如河南的李仁清经过30多年的探索实践，终于攻克了高浮雕传拓技艺这一历史难题。他将三维变成二维，用二维表现三维，使得中国大量的石窟造像和石刻都可以通过这种技艺用文本的形式记录和传承下来。他的传拓作品不但能真实全面地反映石刻和石窟的全貌，而且具有很高的审美价值和艺术价值。2008年他为嵩山“天地之中”申报世界文化遗产做了高浮雕拓片精品档案。李仁清这样的工匠代表着中国水准，完美诠释了“工匠精神”。2016年中央电视台《大国工匠》栏目专门对他作了报道。其实，在现实生活中还有千千万万像李仁清这样的人物为我们民族的文化大厦在默默无闻地做着工作。他们所付出的艰辛和努力，值得我们发现、挖掘、推介和弘扬。对于民间文化人才，我们要向他们提供机遇和平台，帮助他们成就自己的事业。通过调动民间文化人才的积极性、主动性，发挥他们的自觉性和创造性，中国的民间文化事业就会传承并发扬光大。

第五节　中华民族优秀传统文化资源在高校思政课中的运用

一　背景

目前，传承和弘扬中华优秀传统文化已在社会上形成了广泛共识。中华优秀传统文化对高校思想政治教育具有独特价值，是涵养社会主义核心价值观的深厚土壤和精神源泉，是提升高校育人效果的重要抓手，根据时代要求和现实条件，将中华优秀传统文化中的爱国主义、孝道、诚信、勤俭节约等思想融入思高校想政治教育中，确定了中华传统文化融入高校思想政治教育的现实路径，融入理念体制、融入教学活动、融入校园文化、融入社会实践。党的十八大以来，习近平系列讲话中高度重视中华优秀传统文化的传承创新问题。教育部 2014 年 3 月《完善中华优秀传统文化教育指导纲要》文件要求："大学阶段，以提高学生对中华优秀传统文化的自主学习和探究能力为重点，增强学生传承弘扬中华优秀传统文化的责任感和使命感。" 2017 年 1 月中共中央、国务院办公厅《关于实施中华优秀传统文化传承发展工程的意见》，强调"要把中华优秀传统文化全方位融入思想道德教育"。如何落实中央精神，如何把中华民族优秀传统文化资源在高校思政课中运用，实现立德树人的根本任务，是新时代提出的重要课题。

二　国内外对此问题的研究现状

1. 中华民族优秀传统文化资源内涵界定

学者姜国峰指出，优秀传统文化资源是在中华民族历史发展长河中经过继承、发展和创新而形成的文化元素，是人类除自然资源外最重要的资源，它存在于物质领域，又存在于精神领域，构成了人类赖以生存的基础，也是人类社会发展的重要推力。优秀传统文化资源作为中国特色社会主义文化的重要组成部分，对于构建民族特色文化样态、提升国家文化软实力、滋养和哺育全体社会成员尤其对青少年进行引导和教育具有重大作用。高晓雷指出，传统文化资源是相对于现代文化资源而言的，是人们在长期的生产生活实践活动中积累和保存下来的，具有一定稳定性和概括性的物化精神形态，广泛显现和分布于社会文化思想、生产技术、各种艺术形式、吃穿住行、风俗习惯等之中。

2. 中华民族优秀传统文化资源的当代价值研究

（1）“古为今用”。毛泽东在《新民主主义论》中指出：对中国固有文化，从孔夫子到孙中山，都应予以研究。继承发扬其精华，扬弃其糟粕。习近平指出：在带领中国人民进行革命、建设、改革的长期历史实践中，中国共产党人始终是中国优秀传统文化的忠实继承者和弘扬者。学者罗国杰、夏伟东、周玉清等认为：坚持古为今用传承中华优秀文化；古为今用、推陈出新。邓纯东、冯颜利认为：这是培育社会主义核心价值观的一个重要原则。

（2）是中华民族的“根”和“魂”、中华民族的文化基因和精神家园。学者吴潜涛、骆郁廷、刘梦溪等认为：它是中华民族深层次的一种精神追求、文化基因，其中有很多跨越时空、具有超越性的价值理念、人文精神和道德观念，能够为增强社会主义文化自信提供力量支撑。是中华文明延续着我们国家和民族的精神血脉。

（3）是社会主义核心价值观的营养源泉。学者张岂之、高长武、黎昕等认为：中华民族优秀传统文化是核心价值观的基础。是以德治国、以文化人的根本，优秀传统文化促进人与自然和谐共生，促进和谐社会、和谐世界构建。是实现中国梦的重要思想支撑，是走中国道路的思想源泉，是民族精神、时代精神的内在动力等。

中国台湾学者傅佩荣、曾仕强等说：《易经》在德性修养的提高都有着很强指导意义，这是中国五千年来的社会文化精髓。港、澳地区学者周振基、何鸿斌认为，要积极传播中华优秀传统文化，让其焕发活力，服务于民生。

3. 关于优秀传统文化资源与思想政治教育结合的意义

（1）张应强、董泽芳等认为：传承文化是现代大学的重要功能，创新文化是现代大学的崇高使命，研究文化是现代大学全部活动的基础。文化的传承创新才使得大学职能丰富多元。（2）严玉明、王文东等认为：能改变大学生的知识结构，提升其综合素质，弘扬和培育民族精神，增强思想政治教育立德树人的实效性，是一项紧迫任务。（3）学者宋毛平、魏涛等指出：中华优秀传统文化具有深厚底蕴的道德规范体系，它蕴含的道德观念、价值理想和情操美德等对大学生进行思想政治教育提供了宝贵、丰富的精神文化内涵。（4）学者张国献、黎昕等指出：正确处理“守”与“变”、“中”与“外”关系，更好构筑中国精神、中国价值、中国力量。

4. 关于优秀传统文化资源与高校思想政治教育结合的内容

习近平指出挖掘中华文化中的：讲仁爱、重民本、守诚信、崇正义、尚和合、求大同的时代价值。强调注重家庭、家教、家风教育，把爱家和爱国统一起来。继承五四运动以来的革命文化传统等。学者们认为，国学教育是中国传统文化教育同义语，应成为现代思想政治教育观念补缺的借鉴。中国传统文化的主要精神，即创造精神、刚柔相济的辩证精神、天人合一的和谐精神、厚德载物的人文精神、和而不同的会通精神、天下为公的责任精神等。

5. 关于优秀传统文化资源与思想政治教育结合的主要问题

陈先达指出：应该用历史唯物主义观点处理马克思主义与中国传统文化的关系，反对蔑视以儒学为主导的中国传统文化的文化虚无主义，也要防止以高扬传统文化为旗帜，反对马克思主义、拒斥西方先进文化的保守主义思潮的沉渣泛起。刘象彬、吕世荣等指出：树立社会主义义利观，在弘扬传统文化中反对功利主义。学者们认为：弘扬中华优秀文化要坚持文化自信，反对复古主义思潮。传统文化理论研究基本相同，实践应用研究多为经验性表述。传统文化教育的主动性、针对性不够，载体比较单一。批判性吸收传统文化，是必要内容、必然途径。

王庆指出，重视传统文化的理论教学，忽视其实践价值；传统文化的利用浅显于表面，未能同步高校思想政治教学体系。学者朱景林指出，理论性研究的方式基本相同，影响研究的拓展和意义；实际应用研究多停留在经验性表述阶段，有待进行深入的价值发掘。

6. 关于优秀传统文化资源与高校思想政治教育结合的途径

陆松福，何伟认为，传统文化资源如何通过创造性转化，焕发其时代生机和活力，具体来讲，即“传统文化题材 + 现代创意”“中国传统文化元素 + 西方制作技术”“传统文化 + 现代阐释”。

学者朱景林指出，一方面我们应深化理论研究，形成研究共识，便于今后这方面研究的集中展开；另一方面要加强组织，形成利用传统文化资源进行思想政治教育的合力，避免各自为政。

学者们认为，应与显性思想政治教育相结合，实践上应整合社会力量，注重新媒体的运用等。强调教育过程的渗透性、教育方法的内省性、教育效果的实践性。

7. 儒家文化圈国家的经验和启示

学者们指出：这些国家注重传统文化的现代价值转换、重视与本国国情相结合、吸收古今东西文化的精华为我所用、隐性教育与显性教育结合，营造思想政治教育的浓厚氛围，形成家庭、学校、社会三位一体的合力教育构架，强调知与行的统一等。日本、新加坡经验是：高校思想政治教育要加强绩效评估，内容要贴近时代、贴近实际、贴近学生。强调知与行的统一。韩国政府主导政治倾向鲜明；汲取和运用传统道德教育，培育民族精神；注重与其他学科的整合与渗透。

8. 国外相关研究的学术史梳理及研究动态

马克思、恩格斯指出："人们自己创造自己的历史，但是他们并不是随心所欲地创造，并不是在他们自己选定的条件下创造，而是在直接碰到的、既定的、从过去承继下来的条件下创造。"列宁指出：传统文化具有双重性特征，既有属于过去的部分，又有属于未来的部分。文化发展是在既有条件下的创造，无产阶级文化不能凭空杜撰和臆造，而首先在于对现有优秀成果的继承与发扬，是对传统文化的一种扬弃的过程，并在无产阶级革命实践中赋予它无产阶级的属性。

（1）美、英对传统文化资源的重视。亨廷顿的"美国国民特性"论强调，作为立国根基，文化传统比意识形态更为重要。托妮·莫里森的《家》论述了美国黑人特色的传统文化。从黑人群体对基督教的虔信、独特的超自然认知方式以及黑人姓名所蕴含的文化三方面来展现黑人对传统文化的传承，进而彰显了瑰丽的黑人传统文化魅力以及民族价值观与民族智慧。实用主义是美国教育的特色，重视对传统文化注重多元文化教育。学者们认为：英国对传统文化侧重于跨文化传统的教育与研究。还通过传统文化教育促进学生在精神、道德、文化和身体方面的发展。充分利用丰富的社会文化遗产资源，以丰富多彩的形式对青少年进行传统文化教育。

（2）俄罗斯关注民族文化和文化传统资源的教育与研究。俄罗斯剧作家洛博焦罗夫以传统的家庭观念为主线，阐述了农民为俄罗斯传统文化的守望者的民间立场。学者们认为：在俄罗斯漫长而曲折的历史发展进程中，东正教深深地融入俄国人民的生活中，保护俄罗斯文化、传承民族精神，成为俄罗斯人民精神生活发展的不竭动力。《俄罗斯联邦教育法》对俄罗斯传统文化和地区文化的发展提供了法律保障，把促进民族传统文化发展写入国策。保护俄联邦所有民族的语言和文化；注重教育内容体现多元传统文化等。

（3）德国对传统文化、文化遗产教育从小抓起。德国哲学家赫尔德指出：现代的一切成就都是在吸收古人和同时代所有人智慧的基础上得到的，所以应该重视传统。学者们认为：德国建立文化遗产保护的学校和科研机构，将博物馆纳入国民教育体系；设立“文化遗产日”，发挥相关民间组织的作用；减免文化遗产景区的门票价格。主要是：加强政府立法，注重政策引导，保护文化遗产，开展文化遗产的社会教育等。

（4）韩国把儒家文化与现代文明完美结合。韩国崔昌圭说：“孔子不仅是中国的，也是世界的。韩国有将近80%的人信奉儒教或受过儒教思想的熏陶”“忠孝仁爱，信义和平”等儒家理念，已经深深地根植于韩国文化之中。韩国著名儒教学者宋荣陪说，当代多元价值社会面临价值混乱的危机，使个人在做人处事上难以找到标准的生活规范，在传统精神文化与现代物质文明的冲突中，传统的儒家伦理仍然具有现代意义。把儒家文化与现代文明有效地结合起来。

9. 以往研究的不足

（1）国内外学者的相关研究成果大多是单独研究中国传统文化或高校思想政治教育，这方面研究成果很多。而把二者融合一起研究的成果寥若晨星，尤其是如何将中华民族优秀传统文化资源在高校思政课上具体运用非常欠缺。

（2）以往的研究缺乏对文化发展谱系相近国家经验的借鉴，长期停留在研究中国的狭小视域。

（3）以往的研究多从单一层面展开，未能将此作为一项综合系统工程来进行通盘考虑，探索建立有效的机制和路径成果很少。笔者在原来研究的基础上，试图弥补这些研究不足。

三　对此问题研究的学术价值和应用价值

1. 学术价值

（1）拓展高校思想政治教育理论研究。高校思想政治教育必须植根于中国传统文化，从中汲取有益成分，高校思想政治教育理论研究才能不断发展与创新。深入发掘和充分运用这一资源是高校思想政治教育的重大理论关切。当前，对这一理论关切的研究亟待加强。

（2）丰富中国传统文化创新理论研究。在相当长的一段时间里，中国传统文化精神与思想政治教育有机结合处于若即若离状态，使得高校思想政治教育与中华优秀传统文化精神之间出现了断层。高校的思想政治教育必须植根中华文化沃土、适应中国和时代发展进步，继承和创新中华优秀传统文化，这是对传统文化创新研究的丰富与拓展。

（3）充实大学生素质教育理论研究。当代大学生受拜金主义、实用主义、享乐主义、个人主义和自由主义误导，自我中心主义盛行，心理健康及人格异化，传统文化知识匮乏，传统的道德精神在大学生价值观中淡薄。研究此问题，探寻传统文化的当代教育价值，有利于充实大学生素质教育理论研究。

（4）深化社会主义核心价值观研究。社会主义核心价值观体现了中华民族的传统美德和时代要求，是社会主义道德建设的纲领。研究此问题是深化社会主义核心价值观研究的需要。

2. 应用价值

（1）有助于促进大学生健康成长。传统文化融入高校思想政治教育有助于培养大学生健全的人格和进取的精神，培养大学生爱国主义精神和高度的社会责任感，磨砺大学生自强不息、刚毅有为的意志，坚定大学生忠于国家和民族事业、担当精神的理念。

（2）有助于提升立德树人的实效性、针对性。研究优秀传统文化传承，改进教育教学方法，丰富理论内容，充实文化认知，探寻民族哲理，纠正重理论重教书，轻实效轻育人的错误理念，增强高校思想政治教育的吸引力、渗透力，以达到立德树人的目的。

（3）为教育行政部门的决策提供参考依据、为实施中华民族优秀传统文化资源在高校思政课中运用系统工程提供参考。

四　探讨中华民族优秀传统文化资源在高校思政课中运用的现实性、必要性

1. 现实性

党的十九大报告指出，要深入挖掘中华民族优秀传统文化蕴含的思想观念、人文精神、道德规范，结合时代要求继承创新，让中华文化展现出永久魅力和时代风采。中华优秀传统文化资源既包括物质领域，又包括精神领域，是物质文化、制度文化和人文精神的总和。中华民族优秀传统文化资源在高校思政课中运用既有现实性。

新时代的要求。从党的十八大到党的十九大会议至今为区间，以马克思列宁主义、新时代习近平中国特色社会主义思想为指导思想。教育部关于《完善中华优秀传统文化教育指导纲要》，从宏观上提出了中华优秀传统文化教育的指导意见。中共中央、国务院办公厅《关于实施中华优秀传统文化传承发展工程的意见》，突出了政策、制度层面的保障机制。这是新时代坚持和发展中国特色社会主义、实现中华民族伟大复兴中国梦、实现人民对美好生活向往、提高国家文化软实力的必然要求。

实现中华民族伟大复兴的需要。文化兴国运兴，文化强民族强。我国对外开放日益扩大、互联网技术和新媒体快速发展，各种思想文化交流交融交锋更加频繁。迫切需要对中华民族优秀传统文化深化认识、挖掘其价值内涵、加强政策支持，构建起传承发展体系。没有文化的繁荣兴盛，就没有中华民族的伟大复兴。

践行社会主义核心价值观的需要。党的十九大报告指出："发挥社会主义核心价值观对国民教育、精神文明创建等引领作用，把社会主义核心价值观融入社会发展各方面，转化为人们的情感认同和行为习惯。"深入挖掘中华民族优秀传统文化资源蕴含的思想观念、人文精神、道德规范等，并把它融入高校思政课中，践行社会主义核心价值观。

高校立德树人的需要。习近平指出，"高校要坚持把立德树人作

为中心环节，大学的立身之本在于立德树人，特别是帮助青年学生树立正确的世界观、价值观，定位人生的航向”，中华民族优秀传统文化资源在高校思政课中运用能为高校思想政治工作注入新的活力，实现立德树人的目标。

2. 必要性

亟须对传统文化创造性转化、创新性发展的深入研究。创造性转化就是要按照时代特点和要求，对那些至今仍有借鉴价值的内涵和陈旧的表现形式加以改造，赋予其新的时代内涵和现代表达形式，激活其生命力。创新性发展，就是要按照时代的新进步、新进展，对传统文化的内涵加以补充、拓展、完善，增强其影响力和感召力。

亟须对中华民族优秀传统文化资源在高校思政课中运用的理论与实践研究。党的十九大报告、习近平系列讲话精神以及教育部等有关文件是指导方向，但还需要教育主管部门的顶层设计、全社会的积极参与、高校的具体操作、建立联动机制、考核督促机制等。研究其理论与实践显得尤为必要，能提升高校思政课教学的实效性、培养中国特色社会主义事业接班人和建设者起到促进作用。

面向世界，学习和借鉴国外经验。党的十九大报告指出：坚持文化自信，做到不忘本来、吸收外来、面向未来。学习和借鉴西方国家、东亚儒家文化圈国家对待传统文化的经验，做到“洋为中用”。因此对其研究也十分必要。

五　中华民族优秀传统文化资源在高校思政课运用中的时代价值

1. 中华民族优秀传统文化资源

（1）物质层面。主要有：建筑、园林、书法等实用艺术；绘画、雕塑等造型艺术。传统物质生活方式主要包括饮食、礼仪和传统节日习俗、饮食文化、饮食结构、制作工艺、饮食方式等方面。

（2）精神层面。中华民族优秀传统文化，既是我们文化的基因、精神的基因，也是精神的标识、丰厚的滋养。是中国人积极的人生态度的最集中的理论概括和价值展现。

（3）行为层面。主要从传统美德与传统教育思想两方面的价值观角度理解。中华民族的传统美德是传统文化的道德精华，也是社会主义道德文明建设的源头活水。中国古代的教育思想是优秀传统文化薪火相传的基础和原动力，对高校思政课都具有借鉴价值。

2. 中华民族优秀传统文化资源的时代价值

（1）它是中华民族的“根”和“魂”、中华民族的文化基因和精神家园。从中华民族兴衰成败的高度，运用全面、发展和实践的观点，深刻分析中华传统文化基本内涵、演化进程和本质特征的基础上，论证传统文化在民族延续和传承发展中的重要地位和作用。

（2）它是文化强国的历史支撑、文化自信的坚实根基和突出优势。优秀传统文化塑铸文化强国的民族自豪、支撑文化强国的文化自觉、感召文化强国的心理自信、凝结爱国主义民族精神、弘扬红色文化精神、承托文化强国的精神积淀。

（3）它是社会主义核心价值观的营养源泉。从国家、社会、个人层面上诠释24字的文化历史渊源，传承汲取传统价值的精华，以传统价值作为基本资源，进行新诠释，赋予新内涵。引导大学生树立正确的世界观、人生观、价值观。

（4）它促进人与自然和谐共生，促进和谐社会、和谐世界构建。提炼优秀传统文化中人对自然依存关系的正确认识、提供正确处理人与自然关系的有益借鉴，为和谐社会、和谐世界构建提供借鉴。

（5）它是实现中华民族伟大复兴的思想基础。是实现中国梦的重要思想支撑，走中国道路的思想源泉、民族精神、时代精神的内在动力等；进一步厘清中华民族优秀传统文化与中国梦、中国道路、民族精神、时代精神间的文化渊源和逻辑关系。

（6）有助于发挥高校思政课立德树人的育人功能。中华民族优秀传统文化资源在高校思政课中的运用，实现高校思政课教学效果最大化，提升高校思政课教师的基本修养、培育学生自觉行为习惯素养。

六　中华民族优秀传统文化资源在高校思政课运用中存在的问题

1. 齐抓共管的局面远未形成

（1）全社会还没有达成共识，缺乏思想认识上的高度，没有统一的实施方案。各自为政，缺乏统一的组织、实施、督促协调机制。（2）高校内部缺少统一规划，没有形成合力、同向同行。（3）社会企业、个人等各唱各的调，理论与实践脱节，在创造性转化、创新性发展方面极易出现偏差。

2. 不平衡性

（1）重视优秀传统文化资源的理论教学，轻视实践价值。对中华民族优秀传统文化资源的利用不足，在与高校思政课教学体系方面未能有效衔接，呈现支离破碎不平衡性。

（2）出现“机械融合”“过度转换”两种倾向。存在资源、师资、课程不足等现象；还存在课程内容设置随意性、不系统性。加之，重专业轻文化，脱离实际“说教式”的教法效果不佳等，统一组织机制缺失，同向同行意识差。

（3）家庭、学校、社会脱节、理论与实践脱节，缺少三者互动、联动机制。

3. 受历史虚无主义、复古主义、功利主义的影响

青年学生容易受到历史虚无主义、复古主义、功利化思想的影响。三者在社会上产生了恶劣影响，起到消解社会主义核心价值观、文化自信、民族精神，危害国家意识形态安全等作用；起到了败坏社会道德伦理、社会风尚的恶劣作用。

4. 受西方错误思潮的影响

改革开放以来，各种西方思潮涌进，泥沙俱下，西方的拜金主义、个人主义、享乐主义、实用主义等思潮严重干扰和冲击高校的

思想政治教育。

5. 缺乏国际视野

中华民族优秀传统文化资源在高校思政课运用中，视域狭窄，缺乏国际视野。只注重国内该领域的理论与实践，很少学习和借鉴欧美等西方国家、儒家文化圈国家在此领域的经验。

七　中华民族优秀传统文化资源在高校思政课运用中的原则和内容

1. 原则

（1）坚持以马克思主义为指导。以党的十九大报告、习近平系列讲话的有关精神为指导思想。坚持马克思主义立场观点方法，运用马克思中国化最新成果来指导。

（2）坚持创造性转化、创新性发展。创新创造是文化的生命所在、本质特征。要客观科学礼敬地对待中华民族优秀传统文化资源，结合新的时代条件和实践要求对其内涵和表现形式加以补充、拓展、完善，赋予其新的时代内涵和现代表达形式，增强其影响力和吸引力。

（3）坚持百花齐放、百家争鸣。只有营造生动活泼、宽松和谐的文化氛围，才能焕发文化生命力、创造力。尊重差异、包容多样。辨析主流与支流、区分先进与落后、划清积极与消极，营造风清气正的文化生态。

2. 内容

（1）核心思想理念教育。中华民族在修齐治平、尊时守位、知常达变、开物成务、立业等过程中培育和形成的基本思想理念，如革故鼎新、与时俱进、脚踏实地、实事求是、惠民利民、安民富民、道法自然、天人合一的思想等。传承弘扬讲仁爱、重民本、守诚信、崇正义、尚和合、求大同等核心思想理念。

（2）精神层面：中华人文精神教育。中华民族优秀传统文化是珍贵的精神财富，如求同存异、和而不同的处世方法，文以载道、以文化人的教化思想，形神兼备、情景交融的美学追求，俭约自守、中和的生活理念等。是中国人民思想观念、风俗习惯、生活方式、情感样式的集中表达，滋养了文学艺术、科学技术、人文学术，至今仍有深刻影响。

（3）物质层面：主要有建筑、园林、书法等实用艺术；绘画、雕塑等造型艺术。传统物质生活方式主要有饮食、礼仪和传统节日习俗等。每个部分的精华，都有教化人们的道德功能，是中华民族的瑰宝、智慧的结晶，都需要我们传承和弘扬。

（4）行为层面：中华优秀传统文化蕴含着丰富的道德理念和规范，如天下兴亡、匹夫有责的担当意识，精忠报国、振兴中华的爱国情怀，崇德向善、见贤思齐的社会风尚，孝悌忠信、礼义廉耻的荣辱观念等；评判是非曲直的价值标准，潜移默化着中国人的行为方式。弘扬自强不息、敬业乐群、扶危济困、见义勇为、孝老爱亲等中华传统美德。

八　中华民族优秀传统文化资源在高校思政课中的运用、途径

1. 运用

（1）建议：一是在通编教材五门思政课里统筹规划，设置中华民族优秀传统文化资源内容。如在形势与政策课里安排求大同、和谐世界等内容；在思想道德修养与法律基础里增添精忠报国、红色文化等资源内容；在马克思主义基本原理课程里设置儒、释、道思想阐释，等等。二是让博物馆、科技馆、历史遗迹、古村落等资源说话、动起来；增加实践教学的效果。三是发挥那些传家宝的作用。如古法造纸、杨柳青年画，等等。四是发挥那些国家非物质文化遗产传承人的作用，等等。

（2）坚持“八个统一”原则。习近平在3·18学校思政课教师座谈会上提出教学改革的“八个统一”，这“八个统一”是推动思政课改革创新的原则，也是中华民族优秀传统文化资源在高校思政课中运用的原则。

一是坚持政治性与学理性相统一。中华民族优秀传统文化资源在高校思政课中运用，就是坚持它的政治属性，坚持马克思主义的指导思想，坚持社会主义社会主流意识形态。讲清楚优秀传统文化资源是我们中华民族的“根”与“魂”，它滋润涵养着社会主义核心价值观。从逻辑上、时空上讲清楚彼此的来龙去脉关系，从而增强它的解释力、说服力。

二是坚持价值性与知识性相统一。既要传授我们传统文化博大精深的知识精髓，讲清楚儒、释、道等诸子百家思想的精华，还要有正确的价值引领。青少年正是“拔节孕穗”时期，帮助他们树立正确的判断能力，帮助他们系好人生第一粒扣子，树立正确的世界观、价值观、人生观。

三是坚持建设性与批判性相统一。就是“破”和“立”的相统一，也就是坚持正确的，反对错误的。传统文化中随着时间的推移，有些观念已经是过时的、腐朽的、不合时宜的，就应该批判，就是“破”。但那些符合社会主义核心价值观，就要建设、坚持，这就是“立”。旗帜鲜明地坚持主流意识形态，弘扬和践行社会主义核心价值观。

四是坚持理论性与实践性相统一。中华民族优秀传统文化资源广博、深邃，蕴含着大智慧和深奥的道理，是我们中华民族几千年积累的智慧结晶。层次分明，逻辑性强，核心理念突出。这需要我们在高校思政课堂上讲清楚这些理论渊源。坚持理论性固然重要，还必须注重实践性，二者相统一，坚持知行合一、学思用贯通。二者结合才能内化于心、外化与行。

五是坚持统一性和多样性相统一。高校思政课运用中华民族优秀传统文化资源必须按照中宣部、教育部文件规定，使用马克思主义理论研究和建设工程的统编教材、统一教学大纲、教学目标、课程设置等。坚持马克思主义一元化指导思想。还要坚持多样性，尊重特殊性，因为存在地域、民族、民俗等差异。还要传承红色基因，因地制宜。达成的共识是一致的，实现立德树人的根本任务。

六是坚持主导性和主体性相统一。在运用过程中教师起主导作用，学生是主体，二者相统一。教师要梳理好中华民族优秀传统文化资源，归类成若干模块。把教材体系转化为课程体系，再把课程体系设计为问题导向，转化为教学、科学研究，弘扬社会主义核心价值观，正确引领学生。尊重学生主体性作用，培养学生独立的思考、判断能力，提高学生明辨是非、应对问题的能力。

七是坚持灌输性与启发性相统一。“灌输”是我们高校思政课的政治属性，也是我们中国特色社会主义社会的本质属性，这是不可动摇的原则。“灌输”不等于强制，方法不能简单，要遵循学生自身成长、教育规律，多采用启发式教法，激活学生学习积极性。引导学生去发现问题、分析问题，提升解决问题的能力。

八是坚持显性教育与隐性教育相统一。多年来中国优秀传统文化资源就是通过公开场合、平台，有组织、有系统的形式进行宣传教育，取得了可喜成绩，这就是显性教育。隐性教育是以隐蔽的形式让人们在长期的潜移默化中得到教育。二者互为补充，相辅相成。新时代下还要运用互联网交流平台多媒体载体，使显性教育与隐性教育相得益彰。

2. 途径

中华民族优秀传统文化资源在高校思政课教学中运用是一个系统工程，需要形成合力，打好“组合拳”，才能取得理想效果，达到立德树人目的。

（1）宏观上：以习近平在学校思想政治理论课教师座谈会上的讲话、关于传承传统文化讲话精神为指导思想。以 2017 年 1 月中共中央、国务院办公厅《关于实施中华优秀传统文化传承发展工程的意见》的“多元支撑、组织实施和条件保障”为具体指导原则。

（2）微观上：形成学校、社会、党委、政府四位一体的联动机制。顶层设计、问题导向。要有一个前瞻性、站位高的通盘规划。

针对不同中华民族优秀传统文化资源，按学校类型、不同区域，思政课不同课程，区别对待，要有问题意识，来解决问题。提高到学科建设的高度对待。加强师资队伍建设，按照习近平对思政课教师提出的“六个标准”严格执行。

参考文献

一　著作类

习近平:《习近平谈治国理政》(第二卷),外文出版社2017年版。

《党的十九大报告辅导读本》,人民出版社2017年版。

《记住乡愁(第一季)》,江西美术出版社2015年版。

《记住乡愁(第二季)》,江西美术出版社2017年版。

邓球柏:《中国传统文化与思想政治教育》,首都师范大学出版社1999年版。

顾友仁:《中国传统文化与思想政治教育的创新》,安徽大学出版社2011年版。

沈壮海:《思想政治教育的文化视野》,人民出版社2005年版。

赵康太、李英华:《中国传统思想政治教育理论史》,华中师范大学出版社2006年版。

福建省炎黄文化研究会编:《传统文化与思想道德建设》,海峡文艺出版社2001年版。

都培炎:《"思接千载"和"与时俱进"——中共对传统文化认识的历史考察》,华东师范大学出版社2007年版。

杨延东:《传统文化与思想品德教育》,大连理工大学出版社2007年版。

张世欣:《中国古代思想道德教育史》,浙江大学出版社2010年版。

中国文化书院演讲录第一集:《论中国传统文化》,生活·读书·新知三联书店 1988 年版。
陈立思:《当代世界思想政治教育》,中国人民大学出版社 1999 年版。
梁忠义:《日本的经济现代化与教育——战后日本教育》,吉林教育出版社 1988 年版。
苏振芳:《当代国外思想政治教育比较》,社会科学文献出版社 2009 年版。
叶圣陶研究会:《传统文化与现代化》,安徽教育出版社 2005 年版。
田广林:《中国传统文化概论》,高等教育出版社 1999 年版。
曹胜高:《国学通论》,北京大学出版社 2008 年版。
赵洪恩:《中国传统文化通论》,人民出版社 2003 年版。
冯天瑜等:《中华文化史》,上海人民出版社 1990 年版。
张岱年、程宜山:《中国文化与文化论争》,中国人民大学出版社 1990 年版。
白全贵、师全民:《中国传统文化概论》,郑州大学出版社 2003 年版。
陈江风:《中国传统文化导论》,北京航空航天大学出版社 2010 年版。
北京大学日本文化研究所编:《中日比较文化论集》,吉林教育出版社 1990 年版。
[日] 依田嘉家:《日中两国现代化比较研究》,卞立强译,北京大学出版社 1997 年版。
闵永新:《大学生思想政治教育整体有效性问题研究》,中国社会科学出版社 2012 年版。

二 论文类

曲江滨、张薇:《传统文化在大学生思想政治教育中的价值与应用》,《学校党建与思想教育》2012 年第 1 期。
靳义亭:《论中韩两国青少年思想政治教育培养目标的差异》,《河南工业大学学报》（社会科学版）2014 年第 2 期。

靳义亭：《日本对青少年思想政治教育的经验及启示》，《国外理论动态》2009 年第 8 期。

靳义亭：《论韩国青少年思想政治教育的成功经验及启示》，《当代世界与社会主义》2011 年第 5 期。

白海燕：《中韩两国青少年家庭教育比较研究》，《中学政治教学参考》2015 年第 1 期。

张林：《传统文化与思想政治教育研究综述》，《重庆广播电视大学学报》2013 年第 6 期。

罗莹、曾长秋：《近 20 年中国传统文化研究综述》，《船山学刊》2003 年第 2 期。

李宗桂：《试论中国优秀传统文化的内涵》，《学术研究》2013 年第 11 期。

陈方刘：《论对中国传统文化的批判与继承》，《思想理论教育》2014 年第 12 期。

高长武：《理解马克思主义与中国传统文化关系的三个维度》，《党的文献》2015 年第 1 期。

赵泽林：《传统文化融入当代青少年学生思想政治教育的思考》，《湖北民族学院学报》（哲学社会科学版）2014 年第 6 期。

刘淑霞：《中华传统文化与高校思想政治教育融合之实然状态与应然态势》，《唐都学刊》2011 年第 1 期。

郭艳英：《新时期高校思想政治教育的实效性探究》，《湖北民族学院学报》（哲学社会科学版）2013 年第 2 期。

任燕：《论中华民族传统文化学习与思想政治教育之融合》，《中国党政干部论坛》2014 年第 7 期。

帖伟芝：《浅谈优秀传统文化与高校思想政治教育》，《教育与职业》2013 年第 1 期。

迟成勇：《论中华优秀传统文化与高校思想政治理论课教学的融合》，《思想理论教育》2014 年第 12 期。

贾钢涛：《论以传统文化为载体的高校思想政治理论课程体系构建》，《学校党建与思想教育》2011 年第 7 期。

王威威：《中国传统文化与思想政治教育——思想政治教育研究的新方向》，《华北电力大学学报》（社会科学版）2011 年第 4 期。

王文：《中国传统文化与当代大学生思想政治教育》，《郑州轻工业学院学报》（社会科学版）2010 年第 5 期。

刘张飞：《基于传统文化的大学生思想政治教育资源探析》，《湖北师范学院学报》（哲学社会科学版）2014 年第 3 期。

严春宝：《儒家传统文化在思想政治教育中的作用》，《思想政治课教学》2013 年第 9 期。

张仙智、赵铮、刘佳、吴涵：《中国优秀传统文化融入大学生思想政治教育的路径探析》，《上海电力学院学报》2014 年第 11 期。

张祥浩、石开斌：《中国传统文化与思想政治教育的创新》，《东南大学学报》（哲学社会科学版）2008 年第 5 期。

陈占安、赵为民、潘成鑫等：《当代大学生与中国传统文化》，《北京大学学报》（哲学社会科学版）1996 年第 1 期。

刘吕高、田崇军：《中国传统文化对大学生思想政治教育的影响及作用》，《中华文化论坛》2014 年第 3 期。

冷剑丽：《韩国道德教育课程设置的主要特色及启示》，《思考与借鉴》2006 年第 4 期。

胡红霞：《韩国道德教育的战后演变及现行改革》，《北京青年政治学院学报》2007 年第 10 期。

谭菲、张盈：《浅析韩国道德教育的成功之处》，《教书育人》2006 年第 10 期。

孙玉杰：《关于韩国民族精神培养体系的几点思考》，《科学社会主义》2005 年第 5 期。

蔡旭群：《韩国民族精神教育探略》，《教育评论》2009 年第 6 期。

宇文利：《学校国民精神教育：韩国的特色与启示》，《中国青年研究》2008 年第 2 期。

田玉敏：《韩国的青少年民族精神教育》，《外国中小学教育》2007年第4期。
孙玉杰：《关于韩国民族精神培养体系的几点思考》，《科学社会主义》2003年第5期。
艾政文：《中国与韩国青少年民族精神教育比较及启示》，《教学与管理》2014年第6期。
艾政文：《中国与韩国思想政治教育方法之比较》，《教育探索》2010年第1期。
胡培培：《对中国传统文化的再认识——基于大学生思想政治教育文化载体的思考》，《华北电力大学学报》（社会科学版）2011年第12期。
贾钢涛：《论以传统文化为载体的高校思想政治理论课程体系构建》，《学校党建与思想教育》2011年第3期。
廖礼平：《中国传统文化的网络传播》，《唯实》2010年第12期。
杨芳：《传统文化融入高校思想政治理论课的思考》，《巢湖学院学报》2012年第2期。
徐晓丹等：《试论高校传统文化教育的内涵和功能》，《科技教育创新》2007年第6期。
欧海燕：《论大学生文化自信的培育》，《教育评论》2014年第9期。
朱仁宝：《论中华民族传统文化的教育价值》，《浙江社会科学》2005年第5期。
石晓霞：《论中国传统文化对推进高校校园文化建设的现实意义》，《常州大学学报》（社会科学版）2014年第5期。
应广兴：《论高校校园文化的内涵》，《理论界》2008年第9期。
欧阳秀敏：《高校校园文化建设中加强传统文化教育的策略》，《湖北第二师范学院学报》2012年第6期。
郑秀英、李涵：《全员育人的内涵、意义与策略》，《北京教育》2013年第2期。
姚立迎：《论构建高校全员育人的组织体系与实践格局》，《中国青年研究》2008 年第 11 期。

容中逵：《家庭教育——你在传统文化传承中都做了些什么?》，《教育理论与实践》2008 年第 6 期。

樊志辉：《文化的全面自觉与学者的使命》，《学术交流》2012 年第 2 期。

解丽霞：《制度化传承·精英化传承·民间化传承——中国优秀传统文化传承体系的历史经验与当代建构》，《社会科学战线》2013 年第 10 期。

李超：《〈记住乡愁〉：中国传统文化的电视传播》，《当代电视》2017 年第 3 期。

焦道利：《〈记住乡愁〉：传统价值观点诗意表达》，《中国电视》2016 年第 6 期。

肖晶：《〈记住乡愁〉离散与还乡的文化表达》，《当代电视》2016 年第 12 期。

郭讲用：《〈记住乡愁〉：儒家文化电视传播中的价值重构》，《当代传播》2016 年第 3 期。

翁虹、李蕊：《〈记住乡愁〉一种对文化的追寻》，《电视研究》2015 年第 11 期。

廖韦铭：《〈记住乡愁〉找到文化自信的源泉》，《西部广播电视》2017 年第 5 期。

谢琦：《优秀传统文化资源融入高校思想政治理论课教学中的路径》，《教育教学论坛》2018 年第 6 期。

教育部：《完善中华优秀传统文化教育指导纲要》（教社科〔2014〕3 号）。

中共中央办公厅、国务院办公厅：《关于实施中华优秀传统文化传承发展工程的意见》，《中国勘察设计》2017 年第 2 期。

尹明明：《传统文化资源的创新性开发利用》，《江西社会科学》2015 年第 11 期。

三　报纸新闻类

习近平:《坚持中国特色社会主义教育发展道路培养德智体美劳全面发展的社会主义建设者和接班人》,《人民日报》2018 年 9 月 11 日。

习近平:《在北京大学师生座谈会上的讲话》,《人民日报》2018 年 5 月 3 日。

习近平:《决胜全面建成小康社会　夺取新时代中国特色社会主义伟大胜利——在中国共产党第十九次全国代表大会上的报告》,《人民日报》2017 年 10 月 28 日。

《中共中央办公厅、国务院办公厅印发了关于实施中华优秀传统文化传承发展工程的意见》,《人民日报》2017 年 1 月 26 日。

《关于实施中华优秀传统文化传承发展工程的意见》,《人民日报》2017 年 1 月 26 日。

《习近平在全国高校思想政治工作会议上强调把思想政治工作贯穿教育教学全过程开创我国高等教育事业发展新局面》,《人民日报》2016 年 12 月 9 日。

《习近平在纪念孔子诞辰 2565 周年国际学术研讨会暨国际儒学联合会第五届会员大会开幕会上的讲话》,《人民日报》2014 年 9 月 25 日。

《关于实施中华优秀传统文化传承发展工程的意见》,《人民日报》2017 年 1 月 26 日。

楼宇烈:《增强中华文化主体意识——从"仁者自爱"说开去》,《人民日报》2015 年 2 月 6 日。

中央编译局列宁斯大林著作编译室:《对列宁关于"爱国主义"的一处论述的译文的订正》,《光明日报》1985 年 10 月 13 日。

郭建宁:《马克思主义与儒学》,《中国教育报》2010 年 6 月 30 日。

李光耀:《东西方文化与现代化》,《新加坡联合早报》2004 年 4 月 22 日。

安乐哲:《儒学与世界文化秩序变革》,《人民日报》2014 年 11 月 7 日。

刘书艳:《杜维明:我不是新儒家代表》,《中华工商时报》2014 年 12 月 5 日。

王武子:《张君劢与〈新儒家思想史〉》,《光明日报》2009 年 5 月 18 日。

刘军宁:《儒家的困境:孔子思想中的自由与专制》,《东方早报》2010 年 4 月 18 日。

俞可平:《传统民本思想与西方民主思想有着本质区别》,《北京日报》2006 年 8 月 7 日。

余英时:《反智论与中国政治传统——论儒、道、法三家政治思想的分野与汇流》,http://www.aisixiang.com/data/75255.html。

杜维明:《儒家思想不等同“爱国主义”》,http://phtv.ifeng.com/program/sjdjt/detail_2011_08/01/8088614_2.shtm。

张澍军:《思想政治教育理论学科建设基础性问题的初步思考》,http://blog.sina.com.cn/s/blog_4291618401011gs6.html。

邵汉明:《儒学的未来》,《光明日报》2010 年 11 月 16 日,/history/xiandai/20141129116822.html。

刘周:《全世界都来践行大众儒学,促进和谐社会和谐世界建设(倡议书)》,http://blog.sina.com.cn/s/blog_4d8f263101000d4e.html。